Gary Smalley / John Trent

Das Geschenk der Ehre

Wie wir unseren Kindern ein gesundes Selbstwertgefühl vermitteln können

FRANCKE
Verlag der Francke-Buchhandlung GmbH

Dieses Buch ist Johns Mutter Zoa Trent gewidmet. Als vorbildliche Mutter, die ihre Kinder ehrt, war sie bei der Abfassung dieses Buches eine große Hilfe.

Die Deutsche Bibliothek – CIP-Einheitsaufnahme

Smalley, Gary:
Das Geschenk der Ehre : wie wir unseren Kindern ein gesundes Selbstwertgefühl vermitteln können / Gary Smalley ; John Trent. [Dt. von Leslie Richford]. – Marburg an der Lahn : Francke, 1992
(Das helfende Wort / Ratgeber)
Einheitssacht.: The gift of honor ‹dt.›
ISBN 3-88224-952-8
NE: Trent, John:

Originaltitel: The Gift of Honor

Published by Thomas Nelson, Inc., Nashville, USA

Deutsch von Leslie Richford
Umschlaggestaltung: Agentur Thomas Lardon, Wiesbaden
Satz: Druckerei Schröder, 3552 Wetter/Hessen
Druck: St.-Johannis-Druckerei, 7630 Lahr/Schwarzwald 27947/1992

Das helfende Wort – Ratgeber

Inhaltsverzeichnis

Vorwort

Ob wir es wahrhaben wollen oder nicht, der Wert, den wir Gott, unseren Kindern und uns selbst beimessen, bestimmt über Erfolg oder Mißerfolg all unserer Beziehungen. In der Tat, nichts trägt mehr zum Aufbau gesunder Familien bei, als wenn wir es lernen, Ehre zu erweisen und selbst Ehre zu empfangen.

Ganz gleich, wie alt unsere Kinder sein mögen, es ist nie zu spät, damit anzufangen, sie zu ehren. Wenn wir mehr über den biblischen Begriff der Ehre in Erfahrung bringen und dieses Prinzip auch anwenden, dann tun wir unser möglichstes, um unsere Kinder vor dem Herzeleid zerbrochener Beziehungen zu retten. Wir vermitteln ihnen die Grundlage, die sie brauchen, damit sie dann, wenn sie ihr Elternhaus verlassen und sich an einen Ehepartner binden, über den notwendigen Grad der Reife verfügen.

Kapitel 1

Zum Kampf gerüstet

Kinder in heutigen Familien stehen in einem erbitterten Kampf. Sie befinden sich oftmals in aussichtsloser Lage. Den Grund hierfür veranschaulicht eine Begebenheit aus dem Jahre 1944. Im Oktober dieses Jahres erhielt ein amerikanischer Hauptmann den Befehl, eine französische Kleinstadt von den Nazis zurückzuerobern. Man ließ ihn gleichzeitig wissen: Seit Wochen hatten französische Widerstandskämpfer ihr Leben aufs Spiel gesetzt, um Informationen über die deutschen Stellungen zu sammeln. Diese Informationen hatten sie aus der Stadt herausgeschmuggelt und an die Alliierten weitergegeben.

Die Résistance hatte den Amerikanern in der Tat etwas Unbezahlbares überreicht: einen detaillierten Stadtplan. Eingezeichnet waren sowohl die wichtigsten Straßen und Orientierungspunkte als auch Einzelheiten der feindlichen Verteidigungsanlagen.

In die Karte eingetragen waren auch die Läden und Gebäude, wo die deutschen Soldaten Quartier bezogen hatten und wo MG- oder Heckenschützen postiert waren. Die Franzosen lieferten einen detaillierten Bericht über alle deutschen Einheiten und Geschützstellungen, Häuserblock um Häuserblock.

Für den Hauptmann, der sich wegen der möglichen Verluste unter seiner Truppe große Sorgen machte, kam der Erhalt dieser Informationen einer Gebetserhörung gleich. Entgegen seinen ersten Befürchtungen würde er nun wohl doch nicht viele Briefe an Eltern oder Ehefrauen seiner Männer schreiben müssen, um ihnen mitzuteilen, daß ihre Lieben gefallen seien.

Ehe die Truppe zum Angriff vorrückte, gab der Hauptmann jedem seiner Soldaten eine Gelegenheit, den Stadtplan zu studieren. Und da er sichergehen wollte, daß sie ihn sich gut einprägten, ließ er sie in aller Eile eine Prüfung ablegen, bei der er sie nach den wichtigsten Orientierungspunkten und feindlichen Stellungen fragte. Der Hauptmann erteilte sogar Zensuren, bevor die Truppe vorrückte. Von einigen wenigen Ausnahmen abgesehen, bekamen alle eine Eins. In der Folge gelang es ihnen, die Stadt ohne schwere eigene Verluste einzunehmen.

Fast 30 Jahre später hörte ein Militärpsychologe diese Geschichte und entschloß sich, sie zur Grundlage einer wissenschaftlichen Studie zu machen. Das Projekt wurde in Frankreich durchgeführt, wohin der Psychologe statt Soldaten eine Gruppe amerikanischer Touristen einlud.

Man ließ die ganze Gruppe über mehrere Stunden den gleichen Stadtplan studieren, den sich die Soldaten damals einzuprägen hatten. Danach legten sie die gleiche Prüfung ab. Wie die Ergebnisse ausfielen, werden Sie sicherlich schon erraten haben. Ein Großteil der Touristen schnitt miserabel ab.

Der Grund für die unterschiedlichen Testergebnisse beider Gruppen liegt auf der Hand: Sie waren unterschiedlich motiviert. Die Soldaten wußten, daß ihr Leben auf dem Spiel stand. Sie waren deshalb stark daran interessiert, den Stadtplan in allen Einzelheiten auswendig zu lernen. Bei den Touristen hingegen stand überhaupt nichts auf dem Spiel. Die meisten unter ihnen hatten nichts zu verlieren – außer vielleicht ihren Stolz –, wenn sie bei der Prüfung durchfielen.

Was hat diese Geschichte mit der Ehre zu tun, die wir unseren Kindern entgegenbringen sollten? Eine ganze Menge. Die Ereignisse, die sich in jener Stadt abspielten, lassen sich durchaus mit dem Kampf vergleichen, dem viele Kinder in heutigen Familien ausgesetzt sind.

Während unsere Kinder in der säkularisierten Gesellschaft von heute mit dem Gefühl kämpfen, unbedeutend und von geringem Wert zu sein, verhalten sich viele unter uns wie jene Touristen. So als wären wir urlaubsreif, befassen wir uns nur oberflächlich mit der Bibel und christlichen Büchern und nehmen ihre Botschaft so undeutlich wahr wie die Landschaft aus einem fahrenden Auto heraus. Weil wir nicht wissen, was auf dem Spiel steht, geben wir uns keine besondere Mühe, unsere Kinder zu achten und ihnen ein Gefühl für den eigenen Wert zu vermitteln. Dabei scheint uns zu entgehen, daß viele Kinder – vielleicht auch eines, das unter unserem eigenen Dach wohnt – unter Beschuß stehen und einen aussichtslosen Kampf führen, Gott, sich selbst und andere zu ehren.

Mit diesem Buch wollen wir Eltern auf die Schlacht aufmerksam machen, die im Leben vieler Kinder ausgetragen wird. Wir wollen sie darauf hinweisen, welche furchtbaren Folgen es haben kann, wenn Kinder durch ein entehrendes Familienleben emotional verletzt werden. Darüber hinaus möchten wir Eltern einen detaillierten Plan in die Hand geben, der es ihnen ermöglicht, feindliche Festungen zu zerstören und von den sieben Sicherheitszonen Gebrauch zu machen, mit deren Hilfe sie ihren Kindern ein gesundes Selbstwertgefühl vermitteln können.

Unser „Ruf zu den Waffen" versteht sich allerdings nicht als definitives Handbuch darüber, wie man einem Kind oder einem geliebten Menschen das Gefühl vermittelt, wertvoll zu sein. Das wichtigste Buch zu diesem Thema ist die Bibel. Daneben gibt es viele andere hilfreiche Bücher über Kindererziehung aus christlicher Sicht[1]. Letztlich kommt es jedoch nicht darauf an, welche Bücher wir lesen. Nur wenn wir uns intensiv mit dem Thema befassen und die Bereitschaft mitbringen, das Gelernte in die Tat umzusetzen, werden wir in der Lage sein, ein Problem anzugehen, das unsere Kinder zu emotionalen Krüppeln machen kann.

Vom Segnen zum Ehren

Wie gravierend sind die Probleme eines Kindes, das ohne Liebe und Zuneigung aufwächst? Sind unsere Kinder wirklich an einer „Schlacht" beteiligt, oder handelt es sich eher um ein unbedeutendes Geplänkel?

In unserem Buch „Bitte, segne mich" sind wir bereits auf diese Fragen eingegangen[2]. Wir untersuchen dort die alttestamentliche Vorstellung des Segens, den Eltern auf ihre Kinder legen können, und weisen darauf hin, daß es schlimme Folgen haben kann, wenn Kinder ohne die Liebe und Zuwendung ihrer Eltern aufwachsen. Wir besprechen fünf Dinge, die Eltern in biblischer Zeit taten und heute noch tun können, um ihren Kindern Wertschätzung entgegenzubringen. Außerdem werfen wir einen Blick auf mehrere Familien, die diesen Segen verweigern, und machen auf die emotionalen Verletzungen aufmerksam, die Kinder meist davontragen, wenn sie in solchen Familien aufwachsen.

Seit dem Erscheinen von „Bitte, segne mich" ergießt sich eine wahre Flut von Briefen und Telefonanrufen über uns. Männer wie Frauen erzählen ihre eigene tragische Geschichte darüber, wie ihnen der Segen ihrer Familie vorenthalten wurde. Aus unserer Seelsorgetätigkeit und von Konferenzen her wußten wir zwar, daß dies ein Problem ist, doch hatten wir keine Ahnung, wie tief es geht und wie viele Menschen davon betroffen sind.

In „Bitte, segne mich" haben wir verschiedene Möglichkeiten aufgezeigt, Kinder zu stärken und zu ermutigen. Nachdem aber die Arbeit an diesem ersten Buch abgeschlossen war, begannen wir in der Bibel nach weiteren nützlichen Hinweisen zu suchen. Daraus ergab sich eine eingehende Studie über den Begriff „Ehre“. Wir stießen dabei auf sieben zusätzliche Maßnahmen, die Eltern ergreifen können, um ihren Kindern die Gewißheit zu vermitteln, daß sie geliebt und angenommen sind. Leider erfuhren wir dabei mehr, als wir jemals wissen wollten, über die verheerenden Folgen des Aufwachsens in einer „entehrenden“ Familie.

Die schädlichen Folgen eines entehrenden Familienlebens

Wie tief wird ein Kind verletzt, wenn es, statt geehrt zu werden, das Gefühl bekommt, seine Eltern und andere Verwandte würden ihm keinen großen Wert beimessen? Fragen Sie doch Denny. Er verbrachte viele Jahre in einer derartigen Umgebung. Dadurch wurden ihm bleibende seelische Schäden zugefügt – bis er eines Winterabends kurz vor dem Zusammenbruch stand.

Die Football-Trainingsstunde war zu Ende, und Denny tat alles weh. Er schleppte sich langsam durch die Reihen alter Mietskasernen, die ihm im Licht der untergehenden Sonne allesamt grau und trostlos vorkamen. Als er das Gebäude erreichte, in dem seine Familie wohnte, öffnete er mit einem Ruck die schwere Metalltür und stieg langsam die Treppen hoch. Die Wände des Treppenhauses waren schon seit Jahren mit Graffiti bedeckt, und überall bröckelte der Putz ab. Aber nichts erregte Dennys Aufmerksamkeit – bis er den Treppenabsatz der zweiten Etage erreichte.

Plötzlich hob er den Kopf und ließ seine Schulbücher fallen. Ein kalter Schauer lief ihm über den Rücken, als er aus der Wohnung das allzu vertraute, gellende Schreien seiner Mutter vernahm.

Denny hatte sich im Lauf der Jahre an die Tobsuchtsanfälle seines Vaters gewöhnt. Immer wenn sein Vater sich betrank, geriet er in maßlose Wut und schlug meistens eines der Geschwister – und häufig auch Dennys Mutter – grün und blau. Aber Denny war nicht länger bereit, das alles hinzunehmen. Diesmal würde endlich Schluß damit sein!

Denny, ein vielversprechender Footballspieler, riß die Wohnungstür auf und stürzte sich auf seinen Vater. über die Folgen seines Tuns machte er sich keine Gedanken – in diesem Moment dachte er nur an die vielen Gelegenheiten, bei denen sein Vater ihn brutal geschlagen hatte.

Als Kind hatte Denny niemals einen sicheren Zufluchtsort vor dem Zorn seines Vaters gefunden. Er hatte sich im Keller versteckt, aber sein Vater fand ihn dort und verprügelte ihn. Ein anderes Mal zwängte er sich in den engen Spalt zwischen Kühltruhe und Küchenschrank, aber sein Vater entdeckte ihn auch dort und versetzte ihm Fußtritt um Fußtritt, bis er den Spaß daran verlor. Dennys Mutter fing ihn oftmals abends an der Wohnungstür ab. Die Familie fuhr dann ziellos umher und wartete, bis der Vater so betrunken war, daß er besinnungslos umfiel.

Das alles mußte ein Ende finden! Denny war zwar mehrere Zentimeter kürzer als sein Vater, doch hatte er ihn durch Bodybuilding an Muskelkraft überflügelt. (Sein Vater war jahrelang Stahlarbeiter gewesen.) Das Adrenalin schoß ihm ins Blut. Mit vor Wut geröteten Augen zerrte er seinen Vater von der Mutter los, schlug ihn zweimal hintereinander in rascher Folge, und dann, als sein Vater zurücktaumelte, schrie er laut auf und versetzte ihm wütend einen solchen Kopfstoß, daß er zu Boden fiel. Die Erinnerungen an die jahrelangen Mißhandlungen weckten in Denny die Kraft eines jungen Löwen. Er hob seinen Vater auf und warf ihn – aus der zweiten Etage! – zum Fenster hinaus.

Das Geräusch zersplitternden Glases, das Schreien seiner Mutter und das Krachen, als sein Vater von einem Aluminiumvordach in den darunterliegenden Garten fiel, hallten durch das Zimmer. Denny sprintete die Treppe hinunter und erreichte als erster seinen Vater, der sich unten im Garten bereits aufgesetzt hatte. Alle waren erstaunt darüber, daß er zwar arg mitgenommen war und eine ganze Anzahl Schnittwunden hatte, seine Knochen jedoch heil geblieben waren. Denny packte seinen Vater beim Kragen, zog ihn hoch und schleuderte ihm die Worte ins Gesicht: „Wenn du noch einmal einen von uns anfaßt, bringe ich dich um!"

Kurz nach diesem Zwischenfall verließ Denny für immer sein Elternhaus. Aber ganz gleich, wie weit er reiste, er konnte seinen Erinnerungen nicht entfliehen. Weil er in einer entehrenden Familie aufgewachsen war, kannte er nur Zorn und Mißtrauen; Herzlichkeit und Wärme waren ihm fremd. Sämtliche Freundschaften und Beziehungen, die Denny einging – darunter zwei Ehen –, fielen seinem feurigen Temperament zum Opfer. Die Tragödie, die er hinter sich gelassen hatte, wiederholte sich ein Mal ums andere. Leider hatten viele seiner Probleme ihre Wurzeln im Alkohol, obwohl Denny sich geschworen hatte, er werde es dem Alkohol niemals erlauben, sein Leben so zu zerstören, wie er es bei seinem Vater beobachtet hatte.

Handelt es sich hier nur um die ganz gewöhnliche Geschichte eines Kindes aus tragischen Familienverhältnissen? Wohl kaum. Im letzten Kapitel dieses Buches berichten wir von dem einschneidenden Erlebnis, das Denny völlig umkrempelte, als er auf dem absoluten Tiefpunkt angelangt war.

Durch einen fürsorglichen Arbeitskollegen erfuhr Denny zum erstenmal, was es heißt, Gott zu ehren. Ihm wurde klar, daß er bislang nichts anderes getan hatte, als Gott zu verunehren. Sein ganzes Leben lang hatte er sich danach gesehnt, angenommen und geachtet zu sein. Jetzt entdeckte er die wahre Quelle aller Wertschätzung – und des Lebens selbst.

Denny lernte beides: Gott zu ehren und die Ehre auf wichtige zwischenmenschliche Beziehungen zu übertragen. Er entdeckte, daß Ehrerbietung nicht nur ein abstrakter Begriff ist, sondern etwas, was er seiner Frau, seinen Kindern, seinen Freunden und – durch ein Wunder – sogar auch seinem Vater entgegenbringen konnte. Als Denny die positiven Folgen erfuhr, die sich einstellten, als er Gott und andere zu ehren begann, veränderte sich sein Leben auf dramatische Weise. Viele Jahre nachdem er seinen Vater zum Fenster hinausgeworfen hatte, sah er sich imstande, diesen anzurufen und ihm zu sagen, daß er ihn liebe – ein Ereignis, das auch im Leben seines Vaters dramatische Folgen zeitigte.

Ein notwendiger Bestandteil des Familienlebens

Denny ist ein extremes Beispiel, das geben wir zu. Die meisten Eltern tun ihr Bestes und haben ihre Kinder wirklich lieb. Es gibt nur wenige Kinder, die auf so brutale Weise entehrt und verletzt werden wie Denny. Und doch: Eltern müssen erst lernen, welches Verhalten ihre Kinder ehrt und welches ihr Selbstwertgefühl beeinträchtigt.

Im Verlauf unserer Beratungstätigkeit konnten wir mit sehr vielen Menschen über dieses Problem sprechen. Dabei schälte sich die Erkenntnis heraus: Wenn Eltern sich gegenüber ihren Kindern entehrend verhalten, hat das oft langfristige Folgen. Wie viele wohlmeinende Eltern haben schon völlig schockiert und verwirrt bei uns im Büro gesessen und vom selbstzerstörerischen Verhalten eines Sohnes oder einer Tochter berichtet! Sie waren schier entsetzt, als sie entdeckten, daß ihre Kinder Rauschgift nahmen, wahllos Geschlechtsbeziehungen pflegten oder sich auf andere Weise selbst schadeten.

Viele der betroffenen Jugendlichen wiesen in ihrer Kindheit keine Anzeichen der Probleme auf, mit denen sie sich heute herumquälen. In den meisten Fällen stellten wir jedoch fest, daß ihre Eltern aus purer Unwissenheit in der Vergangenheit auf ein ehrendes Verhalten verzichtet hatten. Bei den Problemen, von denen die Eltern berichteten, handelte es sich um die Spätfolgen eines entehrenden Familienlebens!

Während des Zweiten Weltkriegs sagte Winston Churchill einmal:

„Soll das Böse in der Welt die Oberhand gewinnen, dann reicht es, wenn gute Menschen nichts tun." Wenn wir in der verdrehten Welt von heute dafür sorgen wollen, daß unsere Kinder vertrauensvoll und selbstbewußt aufwachsen, reichen gute Absichten nicht aus – wir brauchen einen Plan. Mag es unseren Kindern im Augenblick auch gutgehen, dennoch müssen wir jetzt die Offensive ergreifen und lernen, unsere Kinder zu achten, ihr Selbstwertgefühl zu stärken und Verhaltensweisen zu vermeiden, die sie entehren.

Vielleicht wenden Sie an dieser Stelle ein: „Mit derartigen Problemen könnte mein Kind es sicherlich nie zu tun bekommen!" Dann sollten wir uns einige der Probleme vor Augen führen, mit denen sich Kinder aus ganz „normalen" Familien häufig herumschlagen müssen – Kinder, deren Eltern die tragischen Folgen ihres entehrenden Verhaltens nie begriffen haben.

Folgen eines entehrenden Familienlebens

In den letzten Jahren sind in den Vereinigten Staaten zahlreiche wissenschaftliche Studien zu diesem Thema erschienen. Folgende Verhaltensstörungen können alle das Ergebnis einer gestörten Eltern-Kind-Beziehung sein:

- Alkohol- und Drogenmißbrauch
- ständiges Lügen
- Unentschlossenheit
- Überheblichkeit und Ichbezogenheit (Narzißmus)
- Arbeitssucht und übermäßiger Leistungsdrang
- emotionale Teufelskreise
- wiederholtes Fehlen im Gottesdienst und in der Schule
- übertriebene Unterwürfigkeit
- krankhafte Gesetzlichkeit
- streng zurückgezogener Lebensstil
- sexuelle Probleme in der Ehe
- geringes akademisches Leistungsniveau
- das Gefühl, das einem alles aus der Hand gleitet
- streßbezogene Herzprobleme
- Homosexualität
- ein Gefühl tiefer Einsamkeit
- Selbstmordgedanken und -versuche

- wiederholte Straffälligkeit
- Wahl eines ungeeigneten Ehepartners
- klinische Depressionen
- mangelnde Entschlußkraft
- verminderte Leistung im Beruf
- immer wiederkehrende Wutausbrüche
- mangelnde Energie bei der Erledigung schulischer und beruflicher Aufgaben
- übertriebene Selbstkritik
- Neigung zu Sekten und religiösen Randgruppen
- übertriebene Erwartungen an sich und andere

Psychisch gesunde Eltern möchten ihren Kindern das furchtbare Herzeleid ersparen, das solchen Schwierigkeiten unausweichlich auf dem Fuße folgt. Und doch: Aus Unwissenheit führen einige Eltern ihre Kinder in genau diese Richtung.

Wie können wir derartigen Entwicklungen im Leben unserer Kinder vorbeugen? Wie können wir Probleme dieser Art bekämpfen und das Selbstwertgefühl unserer Kinder stärken?

Wer seinen Kindern das Gefühl vermitteln will, wertvoll, geliebt und angenommen zu sein, der muß in allererster Linie eine Entscheidung treffen, sie zu ehren.

Ehre als Geschenk

Was kommt Ihnen in den Sinn, wenn Sie an den Begriff „Ehre" denken? Etwa eine Feier für jemanden, der in den Ruhestand tritt? Eine Begegnung mit dem Bundespräsidenten vielleicht? Oder die stürmische Begrüßung einer Fußballmannschaft durch die Fans nach einem überragenden Pokalsieg? „Ehre" dieser Art fließt in nur eine Richtung: Sie wird im Normalfall einem Höherstehenden erwiesen – oder jemandem, der sie „verdient" hat.

Die Bibel vertritt eine ganz andere Auffassung von Ehre. Einen anderen zu ehren, bedeutet nach der Schrift, ihn als eine kostbare Gottesgabe anzusehen und ihm mit liebevoller Achtung zu begegnen. In der Bibel werden wir aufgefordert, sowohl Gott als auch unsere Angehörigen zu ehren. Gott ist unserer Ehre würdig; wir sollten jedoch auch unseren Angehörigen Ehre erweisen, unabhängig davon, ob sie es verdienen oder nicht.

Mit folgender Definition des Begriffs „Ehre" fassen wir die ganze Botschaft dieses Buches zusammen:

> Ehre ist die bewußt getroffene Entscheidung, einer anderen Person einen hohen Wert beizumessen, indem wir sie als eine kostbare Gottesgabe betrachten und ihr einen Stellenwert in unserem Leben einräumen, der sie unserer Wertschätzung würdig macht. Die Liebe bringt es mit sich, daß wir diese Entscheidung in die Tat umsetzen.

Einmal wurde Jesus von einem jungen Schriftgelehrten gebeten, die wichtigsten Gebote der Bibel zu nennen. Jesus mußte nicht einmal darüber nachdenken, sondern erklärte sofort: „Du sollst den Herrn, deinen Gott, lieben von ganzem Herzen, von ganzer Seele und von ganzem Gemüt ... Du sollst deinen Nächsten lieben wie dich selbst" (Matthäus 22,37+39). Wir sollen also Gott lieben, unsere Mitmenschen lieben und uns selbst wertvoll finden. Für uns besteht gar kein Zweifel: Diese drei Aspekte der Liebe sind die effektivsten Waffen, die man im Kampf gegen die zerstörerische Macht eines niedrigen Selbstwertgefühls einsetzen kann. Und darum geht es in diesem Buch: wie wir unsere Liebe durch Taten weitergeben können.

Echte Liebe ist ein Geschenk. Sie muß nicht erst durch ein bestimmtes Verhalten „verdient" werden noch ist sie von unseren augenblicklichen Gefühlen abhängig. Sie kann zwar von starken Gefühlen begleitet werden, aber diese sind keineswegs ihre tragende Stütze. Im Gegenteil: Echte Liebe ist schlicht und einfach eine tägliche Willensentscheidung, einen anderen für besonders wertvoll zu halten.

Wie echte Liebe, so ist auch Ehre (oder Achtung) ein Geschenk. Noch bevor wir anfangen, liebevoll zu handeln, treffen wir eine Entscheidung, dem anderen einen hohen Wert beizumessen. Die Liebe zum anderen kann oftmals erst fließen, wenn wir die Entscheidung getroffen haben, ihn zu ehren.

In diesem Buch bekämpfen wir das weithin grassierende Problem des niedrigen Selbstwertgefühls. Zu diesem Zweck erklären wir dem Leser, wie er seine Angehörigen achten und ihnen zu verstehen geben kann, daß er sie für besonders wertvoll hält. Die Geschichte von Denny und unsere Aufzählung der Folgen eines entehrenden Familienlebens zeigen sehr deutlich, daß gerade Kinder auf diese Art von „Ehre" angewiesen sind.

Wir sollten unseren Kindern das Geschenk der Ehre geben. Wir sollten lernen, ihnen unmißverständlich klarzumachen, wie sehr wir sie lieben und schätzen. Auf diese Weise werden wir ihnen manche künftige Schwierigkeit ersparen.

Aus diesem Grunde sind wir von der Vorstellung begeistert, unsere Definition der Ehre mit Ihnen zu teilen und Ihnen sieben praktische Möglichkeiten aufzuzeigen, wie Sie andere im Alltag achten können. Wenn Sie täglich von diesen Möglichkeiten Gebrauch machen, werden Sie das Selbstwertgefühl Ihrer Kinder erheblich stärken. Wir möchten jedoch betonen: Bei jedem dieser sieben Aspekte der Ehre geht es in erster Linie um unsere innere Einstellung. Nur eine ehrende Einstellung kann elterliches Verhalten zum Positiven hin beeinflussen und Kinder auf Dauer ermutigen. Wir bieten hier also weder eine siebengliedrige Patentlösung noch „sieben Schritte zum sicheren Erfolg“.

Die sieben Aspekte der Ehre werden in einem je eigenen Abschnitt dieses Buches ausführlich dargelegt.

Wir geben unseren Kindern „das Geschenk der Ehre“, indem wir ...

- unsere eigenen Eltern ehren.
- ihnen helfen, schweren Erlebnissen Positives abzugewinnen.
- als Eltern unsere persönlichen Stärken und unseren persönlichen Stil identifizieren.
- in unseren Familien für ein gesundes Gleichgewicht sorgen.
- auf liebevolle Weise Grenzen setzen.
- eine positive Bindung an die Familie fördern.
- Gott die Ehre darbringen, die ihm gebührt.

Die sieben Aspekte der Ehre besprechen wir in erster Linie mit Blick auf unsere Kinder. Sie können aber auch andere Beziehungen bereichern. So können sie uns helfen, Gott einen höheren Stellenwert in unserem Leben einzuräumen. Sie können uns die Fähigkeit geben, unserem Ehepartner mit der gebührenden Achtung zu begegnen. Auch Freunde können einander Ehre erweisen, ebenso Kirchengemeinden. Arbeitnehmer werden hier einen neuen Grund entdecken, ihren Arbeitgeber zu schätzen, und Arbeitgeber, ihre Angestellten zu achten.

Zurück zum Kampf

Zu Beginn dieses Kapitels riefen wir Eltern auf, den Kampf gegen einen Erzfeind aller Kinder aufzunehmen – gegen ihr Gefühl, wertlos und unbedeutend zu sein. Wir können kaum dick genug unterstreichen, wie wichtig es ist, sich jeden Tag diesem Kampf zu stellen. Wenn wir uns zurücklehnen, die Arme verschränken und es unterlassen, das Selbstwertgefühl unserer Kinder aufzubauen, werden sich eines Tages in ihrem oder unserem Leben die weisen Worte Salomos bewahrheiten:

Noch ein wenig schlafen und ein wenig schlummern
und ein wenig die Hände zusammentun, daß du ruhest,
so wird deine Armut kommen wie ein Räuber
und dein Mangel wie ein gewappneter Mann.
(Sprüche 24,33+34)

Wenn wir faulenzen und die Aufgabe, unseren Kindern ein gesundes Selbstwertgefühl zu vermitteln, wie Touristen angehen, kann das Leid so unbemerkt in unsere Familie eindringen wie ein Einbrecher und die Mutlosigkeit so gnadenlos über uns herfallen wie ein bewaffneter Räuber.

Ganz gleich, wie alt Ihre Kinder sein mögen, es ist nie zu spät, damit anzufangen, sie zu ehren. Wenn Sie das Prinzip des Ehrens konsequent anwenden, werden Sie sie vor dem Herzeleid zerbrochener Beziehungen bewahren und ihnen die Grundlage vermitteln, die sie brauchen, um Gott, sich selbst und andere auf angemessene Weise zu achten.

Tun Sie Ihren Kindern – aber auch sich selbst – einen großen Gefallen. Geben Sie ihnen ein Geschenk, das sie ihr ganzes Leben lang stärken wird – ein Geschenk, das nicht aufhören wird, Ihre Kinder und sogar auch Ihre Enkelkinder zu erbauen und zu segnen: das Geschenk der Ehre.

Wie fangen wir damit an? Damit, daß wir uns über einen Schlüssel mit der Bezeichnung „Ehre“ ein klares Bild verschaffen. Und damit, daß wir begreifen: Wenn wir selbst unsere Eltern nicht ehren, werden wir beim Versuch, unseren Kindern ein gesundes Selbstwertgefühl zu vermitteln, womöglich vor verschlossener Tür stehen.

Anmerkungen

[1] Zu unseren Lieblingsbüchern über Erziehungsfragen zählen u. a.: James Dobson, Unsere Kinder sind unmöglich. Kindererziehung – ein Wagnis (Kehl: Edition Trobisch, 1982) und Henry R. Brandt/Phil Landrum, Mit Liebe und Humor. Eltern und Kinder im Familienalltag (Neuhausen-Stuttgart: Hänssler-Verlag, 1983).

[2] Gary Smalley/John Trent, Bitte, segne mich. Auf der Suche nach dem verlorenen Segen (Marburg: Verlag der Francke-Buchhandlung, 1989).

Kapitel 2

Das Geschenk der Ehre

Ist Ihnen schon einmal in einem Hotel der falsche Zimmerschlüssel ausgehändigt worden? Wenn so etwas passiert, sind alle Bemühungen, die Zimmertür aufzuschließen, umsonst. Wir können noch so aufrichtig sein – wenn der Schlüssel nicht paßt, hat es keinen Zweck, ihn verwenden zu wollen.

Das gleiche gilt für die Tür zum gesunden Selbstwertgefühl. Auch wenn jemand Ihnen einen ganzen Satz Schlüssel in die Hand drückt – Sie werden die Tür nur aufbekommen, wenn die Schlüssel wirklich ins Schloß passen. Fehlerhafte oder unpassende Schlüssel taugen nicht.

Aus diesem Grunde wollen wir an dieser Stelle den biblischen Begriff der Ehre genau definieren. Dieser Begriff ist der „Schlüssel", der es Ihnen ermöglichen wird, Ihren Kindern ein gesundes Selbstwertgefühl zu vermitteln. Und wir möchten sichergehen, daß Sie es von vornherein mit einem sorgfältig angefertigten, passenden Schlüssel zu tun haben.

Begriffsbestimmungen finden einige Menschen langweilig. Und doch: Wer gesunde Beziehungen aufbauen will, braucht unbedingt eine klare Vorstellung davon, was es bedeutet, Gott und die eigenen Angehörigen zu ehren. Deshalb wollen wir den Begriff selbst erläutern, bevor wir auf seine praktische Anwendung in der Familie eingehen.

Wir befassen uns zunächst mit dem Gegenteil von Ehre, mit der Unehre. Ein Vergleich beider Begriffe zeigt nicht nur, welche positiven Auswirkungen es nach sich zieht, wenn man einen anderen ehrt, sondern auch, welche negativen Folgen wir dadurch vermeiden können.

So wertlos wie Dunst

Vor einigen Monaten flogen wir nach Südkalifornien, um im Radioprogramm unseres guten Freundes Al Sander aufzutreten. Nach Abschluß der Sendung gönnten wir uns in einem bekannten Restaurant unser Leib- und Magengericht – Hähnchen –, danach mußten wir uns aber sputen, damit wir rechtzeitig am Flughafen einchecken konnten.

Dort stellten wir fest, daß sämtliche Flüge aufgrund einer leichten Dunstwolke, die vom Pazifik her herübergeweht worden war, Verspätung hatten. Und während wir darauf warteten, an Bord gehen zu dürfen, konnten wir beobachten, wie sich diese Dunstwolke zu einem undurchdringlichen Nebel verdichtete. Der Flughafen wurde stillgelegt, und uns blieb nichts anderes übrig, als eine weitere Nacht in Kalifornien zu verbringen.

Wer hätte gedacht, daß etwas so Unbedeutendes wie eine Dunstwolke so viele Probleme verursachen könnte? Sie brachte nicht nur unsere Reisepläne durcheinander, sondern bereitete Hunderten von Menschen Unannehmlichkeiten und kostete die Fluggesellschaften sehr viel Geld. Das bißchen Dunst hatte es geschafft, viele Menschenleben empfindlich zu stören.

Etwas Ähnliches läßt sich im familiären Bereich beobachten. Menschen, die als Erwachsene das Gefühl haben, wertlos und ungeliebt zu sein, sind gewöhnlich in einer „entehrenden" Familie großgeworden – in einer Umgebung also, in der sie von lieblosen Taten wie von einer Dunstwolke umgeben waren.

Entehrendes Verhalten fängt meistens mit einem kritischen Wort oder einem erzürnten Blick an und löst zunächst – wie die leichte Dunstwolke am Flughafen – keine größeren Probleme aus. Läßt man jedoch zu, daß es ungehindert seinen Lauf nimmt, so verdichtet es sich eines Tages zu einem undurchdringlichen Nebel aus verletzenden Worten und Taten. Ein Nebel dieser Art kann sich auf das Leben eines Kindes äußerst zerstörerisch auswirken. Jungen und Mädchen, die von einem solchen Nebel umgeben aufwachsen, tragen ein verletztes Gefühlsleben davon und haben es im späteren Leben schwer, gesunde zwischenmenschliche Beziehungen aufzubauen.

Das griechische Wort für „Unehre" kommt im Neuen Testament einige Male vor und bezeichnet stets etwas Unansehnliches oder Minderwertiges. Eine Nebenform mit der Bedeutung „Dampf" oder „Rauch" wird als Bild für die Vergänglichkeit verwendet (Jakobus 4,14). In einem frühchristlichen Schreiben wird dieses Wort als Bezeichnung für den Dampf gebraucht, der aus einem Topf kochenden Wassers aufsteigt[1].

Wenn die Griechen über etwas sprachen, was von denkbar geringem Wert war, bezeichneten sie es bildhaft als „Dunst" oder „Dampf". Dieses Wort bezog sich auf alles, was so geringwertig war, daß es zu nichts taugte, als beiseite geschoben zu werden. Wenn wir andere Menschen entehren, behandeln wir sie bewußt oder unbewußt so, als wären sie wertlos – wie Dunst.

Wann behandeln wir andere auf diese Weise? Hier einige Situationen, in denen wir vermutlich so reagieren: Ein Kind im Vorschulalter fragt uns ein Loch in den Bauch. Ein Sohn läßt zum wievielten Mal sein Spielzeug auf dem Fußboden liegen, so daß andere im Dunkeln darüber stolpern. Ein Jugendlicher scheint absichtlich zu vergessen, was man ihm gesagt hat. Eine Ehepartnerin besitzt die Unverfrorenheit, ihrem Mann während der Fernsehübertragung eines Fußballspiels eine Frage zu stellen oder ihn sogar zu bitten, im Haushalt etwas zu erledigen. Ein alternder Vater hat immer etwas zu mäkeln, wiewohl seine Kinder die Kosten für seine Unterbringung in einem Pflegeheim nur durch zusätzliche Arbeit aufbringen können. Gottes Wort erklärt, daß eine Handlungsweise, die das Familienunternehmen fördern würde, ethisch nicht vertretbar ist.

Wutausbrüche, bissige Bemerkungen, unberechtigte Kritik, unpassende Vergleiche, die Bevorzugung einer Person vor anderen, Inkonsequenz, Eifersucht, Egoismus, Neid, Rassismus und eine ganze Menge weiterer Übel – sie alle werden zuzeiten als „erlaubte Waffen" gerechtfertigt, mit denen wir gegen Menschen zu Felde ziehen dürfen, die in unseren Augen wenig Wert besitzen. Leider gilt das auch im familiären Bereich. Wenn wir auf einen Angehörigen zornig sind, kommt das meist daher, daß dieser etwas getan hat, was aus unserer Perspektive seinen Wert vermindert (so zum Beispiel, wenn ein Sohn oder eine Tochter abends sehr spät nach Hause kommt, ohne uns vorher zu informieren, oder bei einer Prüfung durchrasselt, oder freche Antworten gibt). Folgender Merksatz bringt die ganze Angelegenheit auf den Punkt:

> Je geringer der Wert, den wir einer Person beimessen, desto leichter fällt es uns, unser entehrendes Verhalten zu rechtfertigen, wenn wir diese Person anschreien oder auf andere Weise mißachten.

Die Bibel stellt klar heraus, daß wir Gott ehren sollen: „Singt zur Ehre seines Namens, rühmt ihn mit eurem Lobgesang!" (Psalm 66,2; siehe ferner Sprüche 3,9; Johannes 5,23). Der Apostel Paulus fordert uns auf: „Einer komme dem anderen [auch den Kindern!] mit Ehrerbietung zuvor“ (Römer 12,10). Wenn es wirklich unsere Absicht ist, Gott, unsere Kinder und andere zu ehren, dann müssen wir unserer natürlichen Neigung, sie geringzuschätzen, den Kampf ansagen. Aber wie?

Als erstes müssen wir uns mit zwei besonderen Aspekten des Begriffs Ehre vertraut machen. Diese bilden gemeinsam das Fundament, auf dem der Rest dieses Buches aufgebaut ist. Beide machen deutlich, wie wir zunächst Gott, dann aber auch unsere Familie und andere Angehörige ehren können. Beim ersten Aspekt geht es darum, daß wir jeden unserer Angehörigen für einen kostbaren Schatz halten, beim zweiten, daß wir jedem einzelnen einen hohen Stellenwert einräumen und liebevolle Achtung entgegenbringen.

Ein kostbarer Schatz

In den Schriften des Altertums wurde das Wort „ehrbar“ auf Gegenstände bezogen, die gewichtig, teuer, von hohem Wert oder kostbar waren[2]. Der altgriechische Dichter Homer meinte: „Je wertvoller das Geschenk, desto größer die Ehre“[3]. Auch die Verfasser der biblischen Schriften verwendeten das Wort in diesem Sinn. Der Prophet Hesekiel benutzte das Wort „Ehre“ als Bezeichnung für die silbernen und goldenen „Schätze“, die dem Volk entwendet worden waren. Und David schrieb in Psalm 139,17: „Wie köstlich [wörtlich: ehrbar] sind mir deine Gedanken, o Gott!“ Hier sagt David im Grunde: „Was für ein unbezahlbares Vorrecht es ist, die Pläne Gottes zu erforschen. Und dieses Vorrecht genießen Gläubige jeden Tag, wenn sie in seinem Wort lesen.“

In einem seiner Briefe fordert Paulus den jungen Timotheus auf, Gläubigen, die in die Sünde abgeglitten waren, neuen Mut zu machen. Er müsse sie auffordern, „Gefäße zu ehrenvollem Gebrauch“ zu sein. Sie sollen sich nicht als billige Tonkrüge auffassen – diese wurden für gewöhnliche („nicht ehrenvolle“) Zwecke benutzt –, sondern als kostbare Gefäße „aus Silber und Gold“ (2. Timotheus 2,20f.).

Das höchste Beispiel eines „kostbaren Schatzes“ erkennen Christen im Kreuzestod Jesu Christi. Das hat der Apostel Paulus immer wieder in seinen Schriften betont. Als er die Gläubigen in Korinth wegen ihres unzüchtigen Lebenswandels scharf zurechtweisen mußte, verwies er sie auf das unbezahlbare Opfer, das Jesus Christus um ihretwillen dargebracht hatte: „Denn ihr seid teuer [wörtlich: mit Ehre] erkauft; darum preist Gott mit eurem Leibe“ (1. Korinther 6,20). Offensichtlich wissen auch die Engel und die himmlischen Heerscharen um den hohen Preis, den der

Vater zahlte, damit sein Volk erlöst würde. In der Offenbarung (5,12) hören wir sie die Worte singen: „Würdig ist das Lamm, das geschlachtet ist, zu empfangen ... Ehre!"

An mehreren Stellen der Schrift kann man das Wort „Ehre" auch mit „Herrlichkeit" wiedergeben. Wenn wir in einer engen Beziehung zu dem leben, dessen „Herrlichkeit" die ganze Erde erfüllt, ist „Ehre" (oder Ehrfurcht) die selbstverständliche Folge (vgl. Psalm 145,5).

Wie das Herrliche oder Kostbare „Ehrfurcht" hervorruft, erkennen wir aus den Dienstanweisungen für die in der Stiftshütte tätigen Priester. Um die große Würde des Priesteramtes hervorzuheben, mußten die Priester „königliche Gewänder" von ungewöhnlicher Schönheit tragen (2. Mose 28,2.40). Von kunstvollen Schnitzereien bis hin zu kostbarem Gold- und Silberschmuck – alles, was sich in Gottes Nähe befinden sollte, wurde herrlich und schön gemacht (2. Mose 35,30ff.; 40,34).

Kostbare Gewänder und unbezahlbare Gefäße können Gott nicht imponieren. Auf uns jedoch hinterlassen sie einen tiefen Eindruck. Es gibt nur wenige Menschen, die den Hope-Diamanten, einen der größten der Welt, betrachten können, ohne über seinen Umfang, sein Gewicht und den Preis, den er erzielen kann, in helle Begeisterung zu geraten. Immer wenn wir in der Schöpfung etwas Kostbares oder Wertvolles erblicken, macht unsere Reaktion darauf deutlich, wie wir auf die Pracht und Herrlichkeit Gottes reagieren sollten.

Inwiefern geht das alles uns, die wir unsere Kinder ehren wollen, etwas an? Nun, Gott ehren wir dadurch, daß wir seinen unschätzbar hohen Wert anerkennen. Demnach ehren wir unsere Kinder, indem wir sie für einen kostbaren Schatz halten, den Gott uns anvertraut hat. Nach Psalm 127,3 sind Kinder ein „Geschenk" des Herrn. Sie sind ein unbezahlbarer Schatz, den wir mit besonderer Fürsorge umgeben sollten.

Weshalb ist es so wichtig, Kinder als kostbares Geschenk oder als besonderen Schatz anzusehen?

Kinder sind ein Geschenk von großem Wert

Seien wir ehrlich. Es gibt Tage, da kann uns das kostbare kleine Bündel, das wir aus dem Krankenhaus mitgebracht haben, ganz schön auf die Nerven fallen. Mütter und Väter können jedoch eine Entscheidung treffen, ihr Kind wie einen wertvollen Schatz zu behandeln. Wenn sie eine solche Entscheidung treffen, erzeugen sie positive Gefühle ihrem Kind gegenüber – Gefühle, die auch dann bestehen bleiben, wenn die Umstände normalerweise negative Gefühle hervorrufen würden.

Meine (Johns) Frau Cindy brachte vor sechs Monaten ein wunderhübsches Mädchen zur Welt. Ich kenne nirgends eine Mutter, die ihr Baby – und ihren Mann – mehr liebt als sie. Dennoch fällt es ihr nicht immer leicht. Vergangene Woche hatte sie es besonders schwer: Kari hatte nicht nur Koliken und eine verstopfte Nase, sondern bekam auch die ersten Zähnchen. Außerdem mußte sie noch zur Impfung! Zu solchen Zeiten könnte auch die liebevollste Mutter der Versuchung erliegen, ihrem Kind einen geringeren Wert beizumessen. Aber Cindy nimmt eine Haltung ein, die sie gleichermaßen durch schlaflose Nächte und nervenaufreibende Tage hindurchträgt: Sie trifft eine tägliche Entscheidung, ihre Tochter als einen kostbaren Schatz zu betrachten. Aus diesem Grunde lassen ihre positiven Gefühle Kari gegenüber äußerst selten nach.

Woher kommt das? Der Herr Jesus beantwortet diese Frage in Matthäus 6,21, einem unserer Lieblingsverse: „Wo dein Schatz ist, da ist auch dein Herz." Je höher wir Gott und sein Wort schätzen, desto größer wird unser Verlangen, zu beten und in der Bibel zu lesen. Und je mehr wir es lernen, unsere Kinder zu schätzen, desto positiver werden unsere Gefühle ihnen gegenüber.

Wir sollten etwas näher erläutern, was mit dem Verb „schätzen" gemeint ist. Nehmen wir einmal an, Sie hätten in Ihrem Wohnzimmer ein prächtiges Gemälde von unschätzbarem Wert hängen. Sie würden dann alles unternehmen, um es vor direkter Sonneneinwirkung und anderen schädlichen Einflüssen zu schützen. Sie würden es mit einem eleganten, aber unaufdringlichen Rahmen versehen und es durch gedämpftes, künstliches Licht hervorheben. Und da es Ihnen sehr viel bedeutete, würden Sie selbstverständlich vor Bekannten und Verwandten damit prahlen. Weil es so wertvoll wäre, brauchten Sie nur nach Hause zu kommen und es sich anzusehen – da wären Sie schon in bester Laune!

Eltern, die ihre Kinder schätzen, reagieren in vielerlei Hinsicht ähnlich. Wenn man eine Person schätzt, möchte man sie beschützen. Man nimmt besondere Mühe auf sich, um ihr zum Erfolg zu verhelfen. Man hebt die guten Seiten der Person hervor. Im Gespräch kommt man immer wieder in positiver Weise auf sie zu sprechen. Wenn Sie Ihre Kinder wirklich schätzen, wird Sie der Gedanke, nach einem langen Arbeitstag zu ihnen nach Hause zurückzukehren, mit neuer Energie erfüllen.

Ist es nicht bezeichnend, daß leblose Gegenstände wie Gemälde im Lauf der Jahre fast immer eine Wertsteigerung erfahren, während Kinder und andere Personen sich häufig damit abfinden müssen, daß die Wertschätzung, die man ihnen entgegenbringt, zurückgeht? Gerade die Eltern von Kleinkindern, aber auch von Jugendlichen, müssen ihre Entscheidung, ihre Kinder als einen kostbaren Schatz zu behandeln, manchmal stündlich erneuern! Das macht sich aber in jeder Hinsicht bezahlt.

Kinder sind außerordentlich wahrnehmungsfähig. Sie merken es sofort, wenn wir unserer Wohnung, unserem Beruf, unserem Wagen oder gar unserem Hund einen höheren Wert beimessen als ihnen. In den folgenden Kapiteln wollen wir uns eine Anzahl Möglichkeiten ansehen, wie wir unseren Kindern zu verstehen geben können, daß wir sie für besonders wertvoll halten.

Ein besonders hoher Stellenwert

Das griechische Wort für „Ehre" hat eine weitere Bedeutungsnuance, die uns ebenfalls ein besseres Verständnis dafür vermittelt, wie wir das Selbstwertgefühl unserer Angehörigen stärken können. Es bezeichnet nicht nur einen „kostbaren Schatz", sondern ausdrücklich auch einen Menschen, dem wir einen besonders hohen Stellenwert einräumen – jemanden, der auf unserer Prioritätenliste ganz oben steht[4].

Im alten Griechenland war das Wort „Ehre" Menschen von hohem Rang oder angesehener Stellung vorbehalten. Es bezeichnete zunächst einen König oder ein Mitglied des engeren Kreises um einen König. Später wurde diese Bezeichnung auf jeden ausgedehnt, der im Leben eines anderen einen besonders hohen Stellenwert verdiente.

Das klassische biblische Beispiel hierfür ist Jesus Christus. Aufgrund seines Opfers und seiner Berufung nimmt er die Ehrenstellung eines Hohenpriesters vor dem Vater ein (Hebräer 3; 5). Je besser wir seine Stellung vor dem Vater verstehen, um so höher werden wir seine Person und das Werk, das er in und durch uns vollbringt, schätzen.

Für die Griechen war die Ehre, die einem Menschen aufgrund seines Ranges oder seiner Verdienste zukam, von dem Respekt, den man ihm zollte, nicht zu trennen. Das Wort „Respekt" bedeutet eigentlich „Rückblick". Wenn wir einen anderen respektieren, blicken wir auf seine früheren Leistungen zurück und stufen ihn daraufhin als sehr wertvoll ein.

Heute können wir Gott dadurch ehren, daß wir auf alles zurückblikken, was er für uns getan hat. Darum werden wir in den Psalmen immer wieder aufgefordert, uns an Gott oder seine Werke zu erinnern (siehe beispielsweise Psalm 63,7; 77,12). Auch unsere Angehörigen können wir dadurch ehren, daß wir sie ganz oben auf unsere Prioritätenliste setzen und uns dankbar daran erinnern, wie sehr sie unser Leben bereichert haben.

Aber was ist, wenn wir auf unsere Eltern oder andere Familienangehörige zurückblicken und feststellen, daß sie unseren Dank nicht verdient haben? Was ist, wenn unsere Eltern uns durch Unwissenheit oder Gleichgültigkeit nicht so behandelt haben, daß wir sie respektieren können? Oder wenn sie ihre Stellung in unserem Leben dazu mißbraucht haben, uns Böses zuzufügen?

Wir haben bereits gesehen: Um einen anderen als „kostbaren Schatz" anzusehen, müssen wir eine Willensentscheidung treffen. Das gleiche gilt, wenn wir einem anderen Respekt zollen. Wenn wir uns „nicht danach fühlen", unseren Eltern Ehre zu erweisen, können wir eine Willensentscheidung treffen, es trotzdem zu tun.

> Wir ehren unsere Angehörigen dadurch, daß wir sie ganz oben auf unsere Prioritätenliste setzen und uns dankbar daran erinnern, wie sehr sie unser Leben bereichert haben.

Es stimmt: Einige Eltern haben es nicht verdient, daß wir sie ehren. Aber die Liebe in ihrer höchsten Form erweist dem anderen auch dann Ehre, wenn er sie nicht verdient hat. Dazu kommt, daß der einzige Weg, von den Folgen des entehrenden Verhaltens unserer Eltern wirklich frei zu werden, darin besteht, unsere Eltern zu ehren.

Welchen Stellenwert räumen Sie Ihren Kindern in Ihrem Leben ein? Was sagen Ihre Kinder dazu? Manchen Eltern wäre es geradezu peinlich, wenn ihre Kinder Gelegenheit bekämen, diese Frage zu beantworten. Es macht schon sehr betroffen, wenn ein Kind behauptet, auf der Prioritätenliste seines Vaters oder seiner Mutter erst an fünfter Stelle zu stehen.

Genau diese Erfahrung machte ein Pastor namens Walter. Als er nach einem unserer Vorträge zum Thema gegenseitige Ehrerbietung nach Hause zurückkehrte, fragte er seinen Sohn, welchen Stellenwert dieser nach eigenem Empfinden im Leben seines Vaters genieße.

„Möchtest du es wirklich wissen?" fragte sein Sohn, ein Teenager.

„Gewiß doch," antwortete der Vater.

„Mein ganzes Leben lang habe ich das Gefühl gehabt: Der geistliche Dienst nimmt in deinem Leben die ersten vier Plätze ein, erst dann kommt die Familie."

Wenn Kinder mit dem Gefühl aufwachsen, auf der Prioritätenliste ihrer Eltern ziemlich weit unten zu stehen, kann das zu erheblichen Schwierigkeiten führen. Infolge des niedrigen Stellenwerts, den sie im Leben ihrer Eltern genießen, verbringen viele Kinder ihr ganzes Leben in einem emotionalen Gefängnis – voller Angst und ohne den Willen, daraus auszubrechen.

Zum Glück leiten viele Eltern die notwendigen Schritte ein, um ihren Kindern klarzumachen, wie wertvoll sie für die Familie sind. Allein das Wissen, auf der Prioritätenliste ihrer Eltern ganz oben zu stehen, kann Kindern unwahrscheinlichen Auftrieb geben.

Wie wir einander in der Familie Ehre erweisen können

Bisher haben wir den biblischen Begriff der Ehre aus drei verschiedenen Blickwinkeln betrachtet. Aus der Definition des Wortes (bzw. seines Gegenteils) haben wir drei Prinzipien abgeleitet, die uns durch das ganze Buch hindurch begleiten werden. Aber wie können wir diese Wahrheiten auf unsere Angehörigen, insbesondere auf unsere Kinder, anwenden? Wie hilft uns dieses Wissen, ihr Selbstwertgefühl zu stärken und eventuell vorhandene Minderwertigkeitsgefühle zu beseitigen?

In den nun folgenden Kapiteln richten wir unsere Aufmerksamkeit auf sieben praktische Möglichkeiten, wie wir als Eltern unseren Kindern Ehre erweisen und ihnen dadurch ein gesundes Selbstwertgefühl vermitteln können.

Wir sind von der Vorstellung begeistert, diese Möglichkeiten mit Ihnen zu teilen. Sie haben das Leben vieler Familien, auch unserer eigenen, sehr zum Positiven hin beeinflußt. Indessen: Bevor wir sie einzeln darlegen, stellen wir sie hier in aller Kürze vor. Wenn Sie folgende Prinzipien verstehen und anwenden, werden Sie Ihren Kindern helfen, Gott und andere zu ehren und ihren eigenen Wert richtig einzuschätzen:

Wir geben unseren Kindern „das Geschenk der Ehre", indem wir ...

unsere eigenen Eltern ehren

Wir sollten uns unbedingt merken: Wenn wir unsere Eltern entehren, verletzen wir nicht nur sie, sondern berauben auch uns selbst eines gesunden Selbstwertgefühls. Aus diesem Grunde sind wir dann nicht in der Lage, unseren Kindern ein Gefühl des Angenommen- oder Wertvollseins weiterzuvermitteln. Dazu kommt, daß wir als Vorbilder fungieren: Wenn wir unsere eigenen Eltern mißachten, liefern wir unseren Kindern einen Vorwand, sich uns gegenüber ebenso zu benehmen. Unser entehrendes Verhalten vererbt sich von einer Generation auf die nächste.

Destruktive Kritik an unseren Eltern zehrt zudem an unseren körperlichen, geistigen und emotionalen Kräften. Und je geringer die Kraft, die uns zur Verfügung steht, desto weniger Energie haben wir für unsere Kinder übrig.

ihnen helfen, schweren Erlebnissen Positives abzugewinnen

Unter dieser Überschrift wollen wir auf eine Frage eingehen, die in der Seelsorge und auf Konferenzen sehr häufig auftaucht: „Wie kann ich meinem Kind helfen, über entmutigende und verletzende Erfahrungen hinwegzukommen?"

Viele Eltern haben Angst vor dem, was ihren Kindern im Leben begegnen könnte, aber die wenigsten unter ihnen wissen, wie sie ihren Kindern helfen können, wenn sie tatsächlich einmal in Not geraten. Wir wünschen weder unseren Lesern noch ihren Kindern, daß ihnen Tragisches widerfährt. Nach der Schrift jedoch müssen wir mit „mancherlei Anfechtungen" rechnen (siehe Jakobus 1,2.12). Wie sollen wir darauf reagieren?

Unter normalen Umständen lassen entmutigende Erfahrungen unsere Selbstachtung dahinschwinden. Es gibt jedoch eine leicht erlernbare Methode, derartige Erfahrungen so zu bewältigen, daß unser Selbstwertgefühl gestärkt wird. Wenn Eltern diese Methode anwenden, können sie dafür sorgen, daß ihre Kinder mit gestärktem Selbstvertrauen aus der Prüfung hervorgehen. Außerdem können sie ihre eigene Angst vor Erfahrungen reduzieren, vor denen die meisten Menschen am liebsten weglaufen würden.

als Eltern unsere persönlichen Stärken und unseren persönlichen Stil identifizieren

Woher kommt es, daß einige Eltern strenger sind als andere? Warum strotzen einige Kinder vor Geborgenheit und Selbstvertrauen und andere nicht? Warum können einige Eltern selbstsicher auftreten, während andere voller Unsicherheit stecken?

Die Antworten auf diese Fragen hängen zumindest teilweise mit den unterschiedlichen Stärken und dem persönlichen Stil der jeweiligen Eltern zusammen. In dem Abschnitt, den wir diesem Thema widmen, möchten wir Ihnen helfen, Ihre persönlichen Stärken herauszufinden und zu erkennen, wie Gott Ihre natürlichen Befähigungen benutzen kann, um das Selbstwertgefühl Ihrer Kinder zu stärken. Gleichzeitig weisen wir darauf hin, daß jedes Extrem im Bereich des persönlichen Stils dem Selbstwertgefühl des betroffenen Kindes eher schadet.

in unseren Familien für ein gesundes Gleichgewicht sorgen

Eine weitere wichtige Frage, die oftmals bei unseren Gesprächen mit Eltern aufgeworfen wird, lautet folgendermaßen: „Einerseits möchten wir eine enge Beziehung zu unseren Kindern pflegen, andererseits möchten wir ihnen die Freiheit einräumen, die sie brauchen, um ein gesundes Maß an Selbständigkeit zu entwickeln. Wie können wir diese Ziele auf ausgewogene Weise miteinander verbinden?"

In unserer Antwort gehen wir auf das von der Bibel befürwortete ausgewogene Verhältnis zwischen „Zugehörigkeit" und „Getrenntheit" ein, ohne das es ein gesundes Familienleben nicht geben kann. Wir zeigen im einzelnen, wie Eltern ihren Kindern helfen können, sich sowohl an der durch die Familienzugehörigkeit vermittelten Wärme zu erfreuen, als auch Schritt für Schritt selbständig zu werden. Darüber hinaus erörtern wir das Schicksal von Kindern, die in unausgewogenen Familien aufwachsen und deshalb nur das eine oder das andere Extrem kennenlernen.

auf liebevolle Weise Grenzen setzen

Aus der Bibel, aber auch aus zahlreichen wissenschaftlichen Studien geht hervor, daß es das Selbstwertgefühl unserer Kinder steigert, wenn wir ihnen auf liebevolle Weise Grenzen setzen. Jedesmal, wenn wir uns die Mühe geben, liebevoll für unsere Kinder Grenzen zu ziehen, beschützen wir sie nicht nur, sondern vermitteln ihnen zugleich Sicherheit und Selbstvertrauen.

Wenn wir unsere Söhne und Töchter ermutigen wollen, gehören Schutzzäune unbedingt dazu. Wir müssen es lernen, derartige Zäune zu errichten und sie auch instand zu halten. Liebevoll festgelegte Grenzen können einem Kind helfen, vier lebenswichtige Fragen zu beantworten, auf die jeder eine Antwort finden muß, der Anfechtungen überwinden und sich wirklich wertvoll fühlen soll.

eine positive Bindung an die Familie fördern

In jeder Familie bestehen unsichtbare Bande der Loyalität, die über große Entfernungen und lange Zeitspannen hinweg wirksam sind. Auch Erwachsene, die sich seit langem von ihren Eltern getrennt haben, stolpern täglich über die Seile, die sie an die Vergangenheit binden.

Weil Kinder so sind, wie sie sind, entsteht zwangsläufig eine gewisse Bindung zwischen ihnen und ihren Eltern. Daß Kinder gewisse Verhaltensmuster von ihren Eltern übernehmen, wird wohl keiner abstreiten. Es ist allerdings völlig offen, ob die Verhaltensmuster, die die Kinder übernehmen, positiver oder negativer Art sein werden.

Jeden Tag schaffen wir Bande der Loyalität zwischen uns und unseren Kindern. Weil wir sichergehen wollen, daß die Kinder ausschließlich positive Verhaltensmuster übernehmen, konzentrieren wir uns hier auf die gute Art, wie Gott Menschen mittels seiner „Bundesliebe" an sich bindet. Wir gehen dabei auf mehrere Verhaltensweisen ein, mit deren Hilfe wir unseren Kindern ein positives Selbstwertgefühl vermitteln können.

Gott die Ehre darbringen, die ihm gebührt

Im letzten Abschnitt wird deutlich, daß die gleichen Grundsätze, die es uns ermöglichen, unseren Kindern ein gesundes Selbstwertgefühl zu vermitteln, ihnen auch zu einer besonderen Wertschätzung Gottes verhelfen können. Während wir unseren Kindern zeigen, wie sie Gott Ehre erweisen können, entdecken wir nebenbei einen wichtigen Grund, warum es vielen unter uns sehr schwer fällt, in der Bibel zu lesen oder Zeit zum Beten zu finden. Diese Lektion können wir an unsere Kinder weitergeben. Sie wird ihnen helfen, ein beständiges geistliches Leben zu führen.

Das sind also die sieben Aspekte der Ehre. Jeder von ihnen hat die Macht, das Leben unseres Kindes zum Positiven hin zu beeinflussen. Allerdings muß hinzugefügt werden: Bevor wir unseren Kindern zu einem gesunden Selbstwertgefühl verhelfen können, müssen wir erst begreifen, warum es so wichtig ist, unseren eigenen Eltern – oder ihrem Andenken – Ehre entgegenzubringen. Die Entscheidung, die wir auf diesem Gebiet treffen, wird uns entweder im Morast steckenbleiben lassen oder uns auf den guten Weg bringen, der zum Ehren unserer Angehörigen führt.

Anmerkungen

[1] Siehe Walter Bauer, Griechisch-deutsches Wörterbuch zu den Schriften des Neuen Testaments und der übrigen urchristlichen Literatur (Berlin: De Gruyter, 1971), Sp. 238f.

[2] Ibd., Sp. 1618f.

[3] Siehe den Artikel zum entsprechenden griechischen Begriff (timao, timé) im Theologischen Wörterbuch zum Neuen Testament. Begründet von Gerhard Kittel, hrsg. von Gerhard Friedrich (Stuttgart: Kohlhammer, 1933-1977), Bd. VIII, S. 130ff.

[4] Ibd.

Kapitel 3

Die eigenen Eltern ehren

Mit 32 Jahren wurde Tami klar, daß so gut wie jede Beziehung, die sie jemals eingegangen war, aufgrund ihres lebenslangen Kampfes mit ihrem Vater in die Brüche gegangen war. In ihrer Gefühlswelt kämpfte sie seit Jahren nicht nur gegen ihren Vater, sondern auch gegen die eigene schmerzvolle Vergangenheit. Deshalb hatte sie in der Gegenwart weder Freude noch Energie.

Er war nicht der allerbeste Vater gewesen. Sie aber hatte jede sich bietende Gelegenheit wahrgenommen, es ihm unter die Nase zu reiben. Zweimal hatte sie Männer geheiratet, die genauso waren wie er; zweimal hatte sie sich enttäuscht und voller Bitterkeit scheiden lassen.

Was Tami schließlich in die Seelsorge trieb, war das besorgniserregende Verhalten ihrer Kinder. Sie hatte es vermeiden wollen, daß ihre Familie die gleichen Kämpfe durchzustehen hätte wie sie. Als sie es jedoch wagte, ihre Kinder mit ehrlichen Augen zu betrachten, gewahrte sie ein Spiegelbild ihrer eigenen Kindheit.

Während der seelsorgerlichen Beratung merkte Tami, daß sie als erstes etwas tun mußte, was ihr ungemein schwer fallen würde. Und obwohl sie durchaus verstanden hatte, wie hilfreich dieses Etwas wäre, konnte sie sich erst mit dem Gedanken anfreunden, als ihr klar wurde, wie positiv es sich auf ihre Kinder auswirken würde.

Wollte Tami ihre Kinder ehren und ihnen ein gesundes Selbstwertgefühl vermitteln, dann mußte sie als erstes die Notwendigkeit einsehen, ihre eigenen Eltern zu ehren. Es wäre nicht nur für sie selbst gut, wenn sie ihren Eltern Wertschätzung entgegenbrächte, sondern auch für ihre Kinder. Denn nur so würde sie ihnen durch ihr eigenes Vorbild zeigen, wie sie sich ihr gegenüber zu verhalten hätten.

Leider gibt es mehr als genug Menschen, die diese biblische Wahrheit übersehen. Vielleicht der wichtigste Schritt auf dem Weg zum ehrenden

Verhalten besteht darin, „deinen Vater und deine Mutter [zu] ehren …, auf daß du lange lebest und dir's wohlgehe" (5. Mose 5,16). Warum ist dies so wichtig? Manche Menschen leben Tausende von Kilometern von ihren Eltern entfernt. Andere haben womöglich seit Jahren kein einziges Mal an sie gedacht. Wieder andere, deren Eltern verstorben sind, können sich nur an sie erinnern – was ihnen freilich ebenso nahegehen kann, als wären ihre Eltern noch am Leben.

Auf den nun folgenden Seiten wollen wir uns vier Gründe ansehen, weshalb wir das Gebot Gottes, unsere Eltern zu ehren, keinesfalls umgehen dürfen. Doch bevor wir dieses Thema aufgreifen, möchten wir auf etwas anderes aufmerksam machen. Es betrifft all diejenigen, die in einer keineswegs idealen Familie großgeworden sind.

Wie bitte? Ich soll meine Eltern ehren?

Einige Leser werden schon beim ersten Hinweis auf die Notwendigkeit, ihre Eltern zu ehren, außer sich vor Wut gewesen sein. „Ehren? Meine Eltern? Nach allem, was mein Vater mir angetan hat? Nach alledem, was ich mit meiner Mutter durchgemacht habe? Das ist doch ein schlechter Scherz! Lassen Sie mich bloß damit in Ruhe!"

Ohne Zweifel haben einige Eltern ihre Kinder durch Gleichgültigkeit und Lieblosigkeit zutiefst verletzt. Wir wissen sehr wohl, daß einige Mütter und Väter es – dem Anschein nach zumindest – nicht verdient haben, daß ihre Kinder sie ehren. Wir behaupten weder, daß ihr Verhalten in Ordnung war, noch wollen wir die negativen Folgen eines solchen Verhaltens bestreiten. Unsere Botschaft lautet vielmehr: Der einzige Weg, von Verletzungen, die vom Verhalten unserer Eltern herrühren, frei zu werden, ist der, unsere Eltern zu ehren. Kurzum, wenn wir unseren Eltern auch noch nach Jahren grollen, schaden wir damit uns selbst mehr als ihnen.

Die meisten Menschen hatten liebevolle Eltern, die ihr Bestes taten, um ihren Kindern ein gesundes Selbstwertgefühl zu vermitteln. An diejenigen Leser, auf die das nicht zutrifft, wenden wir uns insbesondere im nächsten Kapitel. Dort zeigen wir, wie die schweren Prüfungen, die wir aufgrund des entehrenden Verhaltens unserer Eltern zu erdulden hatten, sich zuletzt positiv auf unser Leben auswirken können. Im vorliegenden Kapitel wollen wir uns jedoch mit vier Gründen befassen, weshalb jeder unter uns seine Eltern ehren sollte, ganz gleich, ob sie noch am Leben sind oder nicht.

Wer seine Eltern ablehnt, beraubt sich selbst

Brad haßte seinen Vater nicht, aber ebensowenig mochte er ihn. Sein Vater hatte ihm während seiner Kindheit immer alles abverlangt, und das nahm ihm Brad auch noch nach Jahren übel. Vielleicht sprach er deshalb so oft darüber mit seiner Frau und seinen Kindern – und mit jedem, der zuzuhören bereit war. Immer wieder erzählte er, wie wenig Achtung er für seinen Vater aufbringen konnte.

Immer wenn im Fernsehprogramm irgendein Bösewicht auftrat, ließ Brad garantiert eine witzige Bemerkung über seinen Vater los. Und jedesmal, wenn er etwas Besonderes für seine Kinder tat, schickte er die Bemerkung voraus: „So etwas hätte mein Vater nie mit seinen Kindern unternommen."

Lange bevor Brads Kinder ihrem Großvater je begegnet waren, hatten sie eine ganz klare Vorstellung von ihm. Sie wußten, daß er bestenfalls als eine Mischung zwischen dem Hunnenkönig Etzel und Archie Bunker (Anm. d. Übers.: Gestalt aus einer amerikanischen Fernsehserie; Inbegriff von Rechthaberei und Borniertheit) gelten konnte. Als Brads fünfjähriger Sohn Dave seinem Großvater zum erstenmal begegnete, lief er stracks auf ihn zu, ballte die Hand zur Faust und holte zu einem kräftigen Schlag aus!

Brad ging es in gewisser Weise besser, wenn er über seinen Vater herzog. Als Jugendlicher hatte er nie mit jemandem über seinen „Frust" sprechen können. Als Erwachsener meinte er, es sei sein gutes Recht, sich alles von der Seele zu reden. Dabei merkte er nicht: Jedesmal, wenn er seinen Vater schlechtmachte, würdigte er sich selbst herab. Wieso?

Wir alle sind unseren Eltern recht ähnlich. Wir eignen uns nicht nur viele ihrer Charaktereigenschaften und Neigungen an, sondern werden auch rein körperlich für immer von ihnen geprägt. Über unsere körperliche Entwicklung bestimmen Gottes Bausteine, die Chromosomen, und diese erhalten wir bei der Empfängnis je zur Hälfte von Vater und Mutter. Schon dieser Tatbestand macht deutlich, daß wir uns nie ganz von unseren Eltern lösen können. Jede Zelle unseres Körpers trägt ihren Stempel.

Wenn Gott uns gebietet, unsere Eltern zu ehren, dann hat er dafür gute Gründe. Wenn wir unsere Eltern herabwürdigen oder über sie herziehen, entehren wir im Grunde uns selbst. Brads Kinder machten bei ihrer ersten Begegnung mit ihrem Großvater zwei überraschende Beobachtungen: Zum einen war er nicht so groß, wie sie ihn sich ausgemalt hatten. Zum anderen verhielt er sich in vielen Dingen genau wie ihr Vater!

Es stiftet bei einem Kind erhebliche Verwirrung, wenn es tagtäglich bei seinen Eltern Charaktereigenschaften beobachten kann, die die Eltern andauernd an den Großeltern kritisieren. Das Kind weiß: Wenn es seinen Großvater kritisiert, trifft es zwangsläufig – so als würde es aus nächster Nähe mit einer Donnerbüchse auf ihn schießen – auch seinen Vater.

Jahrelang merkte Brad nicht, welchen Schaden er sich selbst zufügte. Je mehr er seinen Vater herabwürdigte, desto niedriger wurde sein eigenes Selbstwertgefühl. Und je weniger Selbstachtung er besaß, desto schwieriger wurde es, mit ihm auszukommen. Zuletzt schlug er auch im Umgang mit seiner Frau und seinen Kindern einen allzu scharfen Ton an.

Menschen, deren Selbstwertgefühl niedrig ist, kommen sich meist unzulänglich vor und fühlen sich zornig. Normalerweise äußern sich diese Gefühle in Taten. Wegen ihrer übergroßen Abneigung gegen sich selbst stellen solche Menschen die Zuneigung ihrer Familie und Freunde auf eine harte Probe. Mit den Spannungen, die sie durch ihr Verhalten erzeugen, reizen sie andere dazu, sie so herabsetzend zu behandeln, wie sie es verdient zu haben meinen. Mit Menschen, die ein niedriges Selbstwertgefühl haben, ist nicht gut Kirschen essen.

Brad war keine Ausnahme. Er hatte sein ganzes Leben lang versucht, seinen schmerzvollen Erinnerungen an seinen Vater zu entfliehen. Aber weil er ihn entehrte, mußte er ihn sich zuletzt jeden Morgen im Spiegel ansehen. Auch seine Kinder merkten es. Brad haßte die Art, wie er von seinem Vater behandelt worden war. Seine Kinder konnten das gut nachvollziehen – weil er sie genauso behandelte!

Wir haben bereits festgestellt: Wenn wir uns entschließen, unsere Eltern nicht zu ehren, erteilen wir unseren Kindern eine erste Lektion darüber, wie sie uns entehren können. Es ergeht uns dann wie Brad: Unser entehrendes Verhalten raubt uns die Freude, läßt uns womöglich einen vorzeitigen Tod sterben (5. Mose 5,16) und hält uns davon ab, unsere Kinder so zu lieben, wie wir es eigentlich möchten.

Wenn wir unsere Eltern herabwürdigen, schwindet unsere Fähigkeit, andere zu lieben, dahin. Es geschieht aber noch etwas anderes. Um unsere Beziehungen wird eine Mauer errichtet, die es verhindern kann, daß unsere Männlichkeit oder Weiblichkeit zur vollen Reife gelangt.

Auf der Suche nach Männlichkeit und Weiblichkeit

Einen ersten Eindruck von dem, was Männlichkeit und Weiblichkeit bedeuten, gewinnen Kinder dadurch, daß sie ihre Eltern beobachten. Was geschieht aber, wenn ein Kind sich von seinen Eltern abwendet? Im Extremfall wird es in die Homosexualität abgleiten.

Hier spielen natürlich viele Faktoren eine Rolle. Aber in neueren wissenschaftlichen Studien zum homosexuellen Verhalten dreht sich alles um Jungen, die emotional oder physisch von ihrem Vater getrennt wurden. Wenn ein Junge eine Abneigung gegen seinen Vater entwickelt und ihn meidet, läuft er Gefahr, sich mit dessen Männlichkeit nicht identifizieren zu können. Leider geschieht folgendes recht häufig: Wird ein Sohn von seinem Vater abgelehnt, nimmt seine besorgte Mutter nur zu gern die Gelegenheit wahr, ihm emotionalen Ausgleich zu verschaffen. Wenn der Vater gleichgültig bleibt oder sich einfach nicht um seinen Sohn kümmert, entwickelt sich eine unverhältnismäßig starke Mutter-Sohn-Beziehung.

Im Extremfall identifizieren sich junge Knaben fast nur noch mit ihrer Mutter und mit deren weiblicher Verhaltensweise. Dennoch bleiben sie auf der Suche nach einer Idealgestalt, die ihnen den abwesenden Vater ersetzen könnte. Jugendliche und junge Männer mit diesem Hintergrund werden zu einer leichten Beute für ältere Homosexuelle.

Wie gesagt, die Gefahr, homosexuell zu werden, besteht nur im Extremfall bei Jungen, die sich mit ihrem Vater nicht identifizieren können. Und dennoch: Das Herabwürdigen der eigenen Eltern zeitigt bei jedem Menschen negative – wenn auch weniger drastische – Folgen.

Vor kurzem lernten wir Dayna kennen, eine Frau im mittleren Alter, die in einer entehrenden Familie aufgewachsen war. Sie hegte jahrelang – auch nach ihrer Bekehrung – einen leidenschaftlichen Haß gegen ihren Vater. Dessen Trinksucht und mangelnde finanzielle Unterstützung für die Familie zwangen ihre Mutter, eine Ganztagsstelle zu suchen, und machten es Dayna unmöglich, Freunde zu sich nach Hause einzuladen. Als sie alt genug war, um zu Hause auszuziehen und zu heiraten, kannte ihr Zorn gegen ihren Vater – und gegen die Männer im allgemeinen – keine Grenzen.

Daynas erste Ehe hielt zwei Jahre. Es waren Jahre voll bissiger Bemerkungen und ständigen Streits, da Dayna noch während der Flitterwochen feststellte, daß die Gewohnheit ihres Mannes, „um der Gemeinschaft willen" zu trinken, in Wirklichkeit weit mehr war als das. Ihre zweite Ehe hatte um einige Jahre länger gehalten, doch sah sich Dayna nicht imstande, einen befriedigenden Intimverkehr mit ihrem Ehemann aufzunehmen.

Als uns das Paar in unserer Seelsorgepraxis aufsuchte, machten wir Dayna auf den möglichen Zusammenhang zwischen der Art, wie sie ihren Vater ständig herabwürdigte, und ihren Eheproblemen aufmerksam. Daraufhin verließ sie wütend den Raum. Erst nachdem ihr Mann einige Wochen lang auf sie eingeredet hatte, erklärte sie sich zu einer weiteren Sitzung bereit.

Das Verhalten ihres Vaters wollten wir keineswegs rechtfertigen. Er hatte Daynas Mutter verletzt und Dayna selbst unsägliche Schmerzen zugefügt. Er hatte an ihnen gesündigt und wird sich vor dem Herrn dafür verantworten müssen. 20 Jahre später war es jedoch nicht Daynas Vater, sondern Dayna selbst, die an den Folgen zu leiden hatte.

Da sie sich weigerte, ihm zu vergeben, band sie sich mit eisernen Ketten an gerade die Person, der sie unbedingt aus dem Wege gehen wollte. Weil sie verbissen an den Verletzungen der Vergangenheit festhielt, wurde es ihr immer schwerer, ihres Lebens in der Gegenwart froh zu werden.

In Daynas Unfähigkeit, sich mit ihrem Vater – der alles überragenden männlichen Figur in ihrem Leben – zu identifizieren, lag auch die Ursache für ihren ständigen Kampf mit jedem Mann, der den Versuch unternahm, ihr näherzukommen, also auch mit ihren Ehemännern. Gegen Ende der seelsorgerlichen Betreuung sagte sie uns einmal folgendes:

> *In meinem tiefsten Inneren habe ich mich mein ganzes Leben lang vor Männern geekelt. Ich konnte mich meinem Ehemann nicht hingeben, weil er mich so sehr an meinen Vater erinnerte. Ich ärgerte mich sogar darüber, daß Gott mir zwei Jungen und keine Mädchen geschenkt hatte.*
> *Ich möchte mit meinem Ehemann und meinen Kindern eng verbunden sein, ebenso mit Gott. Dennoch weiß ich: Weil ich sie als Männer betrachte, kann ich ihnen nicht wirklich vertrauen.*
> Darin zeigt sich eine der schlimmsten Folgen ihres entehrenden Verhaltens gegenüber ihrem Vater. Es ist schon schlimm genug, daß ihre Beziehung zu ihrem Ehemann und zu ihren Kindern darunter leidet. Noch schlimmer ist, daß sie von einer erfüllenden Beziehung zu ihrem himmlischen Vater abgehalten wird.

Ähnliche Schwierigkeiten ergeben sich, wenn eine Frau sich von der überragenden weiblichen Gestalt in ihrem Leben, ihrer Mutter, abwendet. Wenn sie ihre Mutter „entehrt", werden sich bei ihr erzieherisches Geschick, Umgänglichkeit und Sensibilität kaum entfalten können.

So sah sich beispielsweise eine junge Frau namens Marian nicht imstande, sich mit ihrer schwierigen, keineswegs fürsorglichen Mutter zu identifizieren. Dies hatte zur Folge, daß sie sich betont „männlich“ gab, auch was ihre Kleidung anging. Tief in ihrem Inneren kochte Marian vor Zorn. Da ihre Mutter es stets verstand, ihre Weiblichkeit vor anderen hervorzukehren, hatte Marian sich entschlossen, mit Kleidern und Make-up und mit allem, was sie mit ihrer Mutter in Verbindung brachte, nichts mehr zu tun zu haben. Dadurch war es ihr gelungen, sich nach außen hin völlig von ihr abzusetzen. Innerlich sah es jedoch anders aus: Ihr Zorn, ihre Herrschsucht und ihr Hang, andere zu manipulieren, erinnerten allzu deutlich an ihre Mutter.

Wer seine Eltern entehrt oder herabwürdigt, setzt damit nur sich selbst herab. Möglicherweise verbaut er sich dadurch den Weg zu einer sinnvollen Beziehung mit anderen Männern oder Frauen, oder sogar mit Gott. Es kann sich auch eine dritte negative Folge einstellen. Die Herabwürdigung der eigenen Eltern fordert nach Aussage der Heiligen Schrift auch einen fürchterlichen körperlichen Tribut.

Die physischen Folgen der Herabwürdigung unserer Eltern

Manche Leute haben sich so lange geweigert, das Rauchen aufzugeben, bis der Gesundheitsminister jede Zigarettenschachtel mit einer Warnung versehen ließ und eine lange Liste der mit dem Rauchen zusammenhängenden Krankheiten veröffentlichte. Wir sind selbst keine Ärzte. Doch sind wir auf einige aufschlußreiche medizinische Berichte aufmerksam geworden, die uns ebenso dringend nahelegen, unsere Eltern nicht mehr so zu behandeln, als wären sie wertlos.

„Du sollst deinen Vater und deine Mutter ehren“ (5. Mose 5,16) ist „das erste Gebot, das eine Verheißung hat“ (Epheser 6,2). Ob wir das Wort Gottes befolgen oder nicht, entscheidet über unser körperliches Wohlbefinden – um diese Tatsache kommt niemand herum. Je nachdem, wie wir uns verhalten, werden wir entweder ein langes Leben haben oder einen vorzeitigen Tod sterben.

Wir wollen hier einen der wichtigsten Gründe erläutern, weshalb es uns körperlich schadet, unsere Eltern zu „entehren“. Ärzte und Krankenschwestern unter unseren Lesern mögen bitte Verständnis dafür haben, daß wir dies nur allgemeinverständlich – mit sehr einfachen Worten – tun. Es fängt alles im Gehirn an, wo unsere Entscheidung, negative Gefühle gegen unsere Eltern zu hegen, eine Reihe körperlicher Reaktionen auslöst, auf die wir gut und gern verzichten könnten.

Damit Sie diesen Vorgang besser verstehen können, sollten Sie sich mit den Begriffen äußeres und inneres Hirn vertraut machen. Das äußere Hirn, das in der Hirnrinde zu lokalisieren ist, verhält sich wie ein Programmierer, der noch nicht aufbereitete Daten in einen Rechner eingibt. Es sammelt die von den fünf Sinnen gelieferten Informationen, trifft darüber eine Entscheidung und speist die dieser Entscheidung entsprechende Gleichung ins innere Hirn ein.

Das innere Hirn verhält sich wie der Rechner selbst. Ist die Gleichung einmal eingegeben worden, befolgt es haargenau alle Anweisungen. Das innere Hirn kümmert sich nicht um die richtige Entscheidung. Es reagiert einfach auf den Befehl, der ihm erteilt worden ist.

Wir wollen feststellen, wie dies mit unserem Verhalten unseren Eltern gegenüber zusammenhängt. Greifen wir dazu auf die Geschichte von Brad zurück. Brad hatte in seiner Beziehung zu seinem Vater echte Probleme. Die Herabwürdigung seines Vaters war ihm beinahe zur zweiten Natur geworden. Brad wußte jedoch nicht: Jedesmal, wenn er mit dem „äußeren Hirn" eine Entscheidung traf, seinen Vater zu entehren, wurden auf Anweisung des „inneren Hirns" gewisse Wirkstoffe in seinem Körper freigesetzt, die unter Umständen zum vorzeitigen Tod führen können. Damit wir verstehen können, wie so etwas passieren kann, müssen wir uns eingehender über die Funktionsweise des menschlichen Gehirns informieren.

Nehmen wir an, ein Mann geht eines Nachmittags joggen. Plötzlich merkt er, wie der große Hund eines Nachbarn auf ihn zuläuft. Im Nu trifft das äußere Hirn des Joggers eine Entscheidung, was in dieser Situation zu tun ist.

Vielleicht sagt sich das äußere Hirn ungefähr folgendes: „Meine Augen sagen mir, daß ein Hund auf mich zugelaufen kommt. Der Hund ist groß, sogar einer der größten, den ich je gesehen habe! Er sieht zudem nicht gerade freundlich aus. Seine Nackenhaare sträuben sich. Wenn ich ihm davonzulaufen versuche, wird er mich anspringen und bei lebendigem Leibe auffressen! Das kann ja heiter werden! Die Situation ist entschieden brenzlig. Da es keinen Sinn hat davonzulaufen, wäre es vermutlich zweckmäßig, stehenzubleiben und abzuwarten, was geschieht."

Hat das äußere Hirn einmal seine Entscheidung getroffen, so wird diese an das innere Hirn weitergeleitet. Das innere Hirn liest die eingespeisten Anweisungen und gibt sie Wort für Wort an die vielen wichtigen Drüsen weiter, über die es zu bestimmen hat. Hören wir einmal mit:

„He, ihr dort unten, paßt auf! Laßt uns jede Menge Adrenalin freisetzen, damit unser Herz schneller pocht! Verdoppelt den Blutdruck! Ihr Lungen, ihr werdet für einen wesentlich schnelleren Sauerstoffaustausch sorgen müssen, damit ihr mithalten könnt! Und du, Hirnanhangdrüse, erhöhe sofort den Zuckeranteil im Blut! Und während du dabei bist, solltest du dem Blut gleich das Gerinnen erleichtern, falls der Hund tatsächlich zubeißt. Hier in unseren Anweisungen steht außerdem, daß wir sicherheitshalber die Pupillen erweitern müssen, damit wir den Hund besser sehen können. Und vorübergehend hat die Verdauung auszusetzen. Verstanden? Gut, denn ihr habt nur noch etwa zwei Sekunden Zeit, bis der Hund uns anspringt."

Unser Jogger hat mit dem äußeren Hirn eine Entscheidung über eine streßvolle Situation getroffen, und sein Körper reagiert darauf mit Hilfe des inneren Hirns. Nehmen wir in diesem Fall an, daß es sich bei dem Hund um ein großes, liebenswürdiges Tier handelt, das einsam ist und nur ein bißchen Gesellschaft sucht. Es läuft auf den Mann zu, springt an ihm hoch, legt die Vorderpfoten auf seine Schultern und leckt ihm das Gesicht ab.

Nachdem er den Hund einige Augenblicke getätschelt hat, geht der Jogger langsam weiter. Aber mit einemmal fühlt er sich schwach und fängt an zu zittern. Das ist eine ganz natürliche Reaktion: Nachdem die vielen Wirkstoffe in den Blutkreislauf abgesetzt worden sind, versucht der Körper jetzt, zum Normalzustand zurückzukehren. Auch wenn sich herausstellt, daß der Hund zwar groß, aber verspielt ist und darum keine Bedrohung darstellt, dauert es eine ganze Weile, bis alles wieder beim alten ist.

Wenn wir zu lange in Alarmbereitschaft bleiben

Was hat das alles mit Brad und mit seiner Entscheidung, seinen Vater herabzuwürdigen, zu tun? Nehmen wir einmal an, daß Brad sich gestern abend im Fernsehen eine Wiederholung der Sendung „Little House on the Prairie" ansah und sich dabei über die herrschsüchtige, manipulierende Mrs. Olsen fürchterlich aufregte. Dann fing er an, darüber nachzugrübeln, wie herrschsüchtig und manipulierend sein Vater sich ihm gegenüber verhält, und regte sich dadurch noch mehr auf. Um dem Ganzen die Krone aufzusetzen, fiel ihm kurz vor dem Ins-Bett-Gehen ein, daß sein Vater vorhatte, ihm am folgenden Tag einen seiner Pflichtbesuche abzustatten. Brad wollte ihn partout nicht sehen.

Wenn wir verstehen, was zu diesem Zeitpunkt in Brads Gehirn vor sich geht, werden wir auch begreifen, wie entehrendes Verhalten zum vorzeitigen Tod führen kann. Wenn Brad sich darüber im klaren gewesen wäre, hätte er sofort gewußt, weshalb ihm nachts das Einschlafen so schwer fällt und weshalb sich ihm der Magen umdreht, wenn er aufwacht. Bei dem vielen Streß, dem sich Brad jedes Jahr aussetzt, ist es auch kein Wunder, daß er sich so häufig erkältet und an Grippe erkrankt. Er geht so oft zum Arzt, daß man ihn dort mit dem Vornamen anredet!

Jedesmal, wenn Brad die Feststellung trifft, sein Vater sei wertlos und gehe ihm gründlich auf die Nerven, wird sein Körper in Alarmbereitschaft versetzt. Wenn das innere Hirn die Botschaft empfängt, daß sich „dort draußen" eine streßvolle Situation zusammenbraut, stellt es keine Fragen, sondern reagiert einfach darauf. Wenn Brad seinem Zorn gegen seinen Vater freien Lauf läßt, werden in seinem Körper mindestens ebensoviele Wirkstoffe freigesetzt und Funktionen unterbrochen, als wäre der Hund aus dem Nachbarhaus hinter ihm her.

Was geschieht, wenn unser Körper zu lange in Alarmbereitschaft bleibt? Die Folgen sind alles andere als wünschenswert: klinische Depressionen, Kolitis (Dickdarmentzündung), Magengeschwüre, Angstzustände, verringerter Widerstand gegen Grippe und Erkältungen, Versagen des Herzens und der Atmungsorgane. Einige Forscher sind der Ansicht, daß auch Krebs auf diesem Wege entstehen kann. Wenn unser Körper derartigem Streß ausgesetzt wird, steuern wir auf einen vorzeitigen Tod zu. Auf diese Weise geht die „negative Verheißung" der Bibel in Erfüllung.

Wer darauf besteht, seine eigenen Eltern herabzuwürdigen, der untergräbt zwangsläufig auch das eigene Selbstwertgefühl – und das seiner Kinder. Er läuft Gefahr, sich den Weg zu engen Beziehungen zu anderen Männern bzw. Frauen sowie zu Gott zu verbauen und seine körperliche Gesundheit auf Dauer zu schädigen.

Wer seine Eltern entehrt, wandelt in der Finsternis

Es gibt noch einen vierten Grund, weshalb wir unsere Eltern ehren sollten. An und für sich müßte dieser Grund allein ausreichen, um uns zu ehrendem Verhalten unseren Eltern gegenüber zu motivieren. Gott hat uns nämlich geboten: „Ehre Vater und Mutter ..., auf daß dir's wohl gehe und du lange lebest auf Erden" (Epheser 6,2f.).

In den Psalmen steht, daß Gottes Wort unseres Fußes Leuchte ist und ein Licht auf unserem Wege (Psalm 119,105). Wenn wir uns entschließen, dieses Wort zu ignorieren, entfernen wir uns vom Licht und wandeln in der Finsternis. Unser himmlischer Vater wußte um die Schmerzen, die wir erleiden würden, wenn wir in der Finsternis herumtasten müßten. Darum gab er uns sein Wort als eine Leuchte, die uns für jeden nächsten Schritt Licht gibt.

Bleibender Zorn – ganz gleich, gegen wen er gerichtet ist – bedeutet, daß wir in der Finsternis wandeln (1. Johannes 2,9ff.). Niemand kann es sich leisten, diese Wahrheit zu übersehen. Die Finsternis hält uns davon ab, nach Gottes Weg zu fragen und in seinem Licht zu wandeln. Auch wenn wir Gott um die nötige Kraft anrufen müssen – wir sollten unbedingt die Entscheidung treffen, unsere Eltern zu ehren. Nur so werden wir der Finsternis fernbleiben. Nur so bleibt es unseren Kindern erspart, einem negativen Vorbild zu folgen.

Es kann sein, daß uns Gottes Wort von Zeit zu Zeit einen Weg weist, den wir nicht unbedingt gehen möchten – so beispielsweise den Weg, den wir im vorliegenden Kapitel beschreiben. Aber Gott ist Liebe. Er weiß: Wenn wir uns in die Finsternis hineinbegeben und dort zu Fall kommen, wird es uns garantiert schlechter ergehen, als wenn wir ins Licht treten, um unter heilsamen Schmerzen unsere Vergangenheit zu bewältigen.

Wie kann ich meine Eltern ehren?

Wir ehren unsere Eltern, indem wir uns so verhalten, wie wir es bereits dargelegt haben: Wir entscheiden uns, sie – oder ihr Andenken – als einen kostbaren Schatz zu betrachten und räumen ihnen in unserem Leben einen hohen Stellenwert ein. Bevor wir auf Einzelheiten zu sprechen kommen, sollten wir unser bisheriges Verhalten unseren Eltern gegenüber prüfen.

Beurteilung unseres bisherigen Verhaltens

Haben Ihre Eltern Sie verletzt? Haben Sie deshalb versucht, sie sich vom Leibe zu halten? Dann ist es für Sie besonders wichtig, Ihre bisherige Einstellung und Ihr bisheriges Verhalten Ihren Eltern gegenüber zu prüfen. Sie erinnern sich gewiß an das biblische Beispiel, das wir im vorigen Kapitel besprachen: Wenn wir einen anderen entehren, behandeln wir ihn wie einen unbedeutenden leichten Nebel. Jeder unter uns muß sich die Frage stellen: „Schiebe ich meine Eltern einfach beiseite? Oder halte ich sie für wertvoll und wichtig?“

Jim hätte nicht im Traum zugegeben, daß er seinen Vater entehrte. So etwas lag ihm völlig fern. Und dennoch tat er es. Jims Eltern hatten sich scheiden lassen, als er noch sehr jung war, und Jim kam erst als Teenager mit seinem Vater wieder in Berührung. Inzwischen waren einige Jahre verstrichen. Jim war verheiratet und hatte selbst Kinder. Ihm war klar, daß er ab und zu mit seinem Vater etwas Zeit verbringen oder sich zumindest bei ihm melden sollte, doch schob er es immer wieder vor sich hin.

Jedesmal, wenn sie sich begegneten, kam sich Jim vor wie ein Vulkan kurz vor dem Ausbruch. Ihre Gespräche blieben jedoch oberflächlich – meistens kreisten sie um die Welt des Sports und um das Wetter. Die Spannungen, die ihre Beziehung seit Jahren belasteten, wurden nie zur Sprache gebracht. Heikle Themen mieden sie so sorgfältig, als gälte es, ein Minenfeld zu durchqueren.

Jim hat seinen Vater nie offen herabgewürdigt. Aber dadurch, daß er oft monatelang keinen Kontakt mit ihm suchte, entehrte er ihn gleichsam im stillen. Er hätte den Schwierigkeiten ins Auge blicken und sich mit seinem Vater aussprechen müssen. Statt dessen verwendete er eine Taktik des Schweigens und des Aufschiebens, um seine Gefühle zu überdecken.

Derartige Situationen sind keineswegs ungewöhnlich. Viele Menschen nehmen nur einmal im Jahr Kontakt mit ihren Eltern auf, obwohl sie gar nicht so weit voneinander entfernt wohnen. Das kommt auch in Familien vor, die keinen entscheidenden Bruch erlebt haben.

Wer zu sehr mit sich selbst oder mit der eigenen Familie beschäftigt ist, um etwas Zeit für die eigenen Eltern zu erübrigen, der entehrt sie. Wir müssen sie nicht viermal am Tag anrufen oder sie bei jeder Urlaubsreise mitnehmen. Aber es entehrt sie, wenn wir sie heimlich zu bestrafen versuchen, indem wir den Kontakt immer wieder hinauszögern oder uns ihnen gegenüber auf sonstige Weise gefühllos zeigen.

Wie bekämpft man die Neigung, seine Eltern so zu behandeln, als wären sie wertlos oder nebensächlich? Wir wollen uns einige Möglichkeiten ansehen, unsere zweifache Definition der Ehre in die Praxis umzusetzen.

Rückschau halten

Unsere Einstellung wirkt sich unweigerlich auf unser Verhalten aus. Das trifft insbesondere auf unser Verhalten gegenüber unseren Eltern zu. Möglicherweise können Sie mit Hilfe folgender Wertskala feststellen, wieviel Ihre Eltern Ihnen gegenwärtig bedeuten.

Meine bisherige Einstellung gegenüber meinen Eltern

1 2 3 4 5 6 7 8 9 10

GERINGE WERTSCHÄTZUNG HOHE WERTSCHÄTZUNG

Wenn wir es regelmäßig unterlassen, unsere Eltern anzurufen oder ihnen zu schreiben, liegt der Wert, den wir ihnen beimessen, auf dieser Skala bei 4 oder darunter. Hier möchten wir jedoch an ein bereits mehrfach erwähntes Prinzip erinnern: Gegenüber einer Person, die wir schätzen, hegen wir auch positive Gefühle – und umgekehrt (frei nach Matthäus 6,21). Wenn wir unseren Eltern nur geringe Wertschätzung entgegenbringen, werden wir uns vermutlich nicht danach fühlen, uns mit ihnen in Verbindung zu setzen oder ihnen für das, was sie für uns getan haben, zu danken. Wenn wir uns jedoch entschließen, ihnen in Zukunft einen höheren Wert beizumessen, kann es durchaus sein, daß sich unsere Gefühle ihnen gegenüber zum Positiven hin wandeln.

Die Bibel sagt ganz klar: Wer weise ist, ehrt seinen Vater und seine Mutter, der Tor hingegen ignoriert oder haßt sie (Sprüche 30,17). Seine Eltern als einen besonderen Schatz zu betrachten, gehört zu den klügsten Entscheidungen, die ein Mensch treffen kann.

Unsere Definition des Begriffs Ehre hatte jedoch noch einen zweiten Aspekt. Wir bringen unseren Eltern Wertschätzung entgegen, indem wir mit Respekt auf sie „zurückblicken“. Im vorigen Kapitel war bereits davon die Rede, daß das Wort „Respekt“ von dem Begriff „Rückschau“ (oder „Rückblick“) abgeleitet ist. Aber die wenigsten Menschen machen es sich zur Gewohnheit, in diesem Sinne Rückschau zu halten. Zur Zeit Jesu war bei einer bestimmten Gelegenheit nur einer von zehn dazu bereit. Sie erinnern sich doch sicherlich an die Begebenheit, als Jesus die zehn Aussätzigen heilte (Lukas 17,11ff.). Das war kein geringer Liebesbeweis. Die Aussätzigen waren äußerst bedürftig, und Jesus begegnete ihren tiefsten körperlichen Nöten. Aber wie viele kehrten um, um sich bei ihm zu bedanken? Nur einer! Nur einer von zehn, die hätten stehenbleiben können, um ihren Dank und ihre Anerkennung zum Ausdruck zu bringen, tat es.

Wenn wir uns umsehen, so ist es auch heute vielleicht nur einer von zehn, der sich die Zeit nimmt, Rückschau zu halten und sich bei seinen Eltern zu bedanken. Aber wie könnte das ganz praktisch aussehen? Wir wollen uns zunächst einmal eine Liste der Verhaltensweisen ansehen, mit denen wir nach Vorgabe der Bibel unsere Eltern ehren bzw. verunehren.

Wie wir unsere Eltern ehren können – was die Bibel dazu sagt:

1. Es ehrt unsere Eltern, wenn wir sorgfältig auf ihren Rat achten (Sprüche 1,8; 2,1; 3,1; 4,1; 5,1; 9,8; 10,1; 13,1; 15,5).
2. Es ehrt unsere Eltern, wenn wir uns weise verhalten (Sprüche 27,11).
3. Wenn wir unseren Eltern „gute Nachrichten" weitersagen, wird es möglicherweise „ihre Glieder [d. h. ihre Gesundheit] stärken" (Sprüche 15,30).
4. Wenn wir unsere Eltern loben, wird unser Leben hell erleuchtet; wenn wir sie verfluchen, wird unsere Lampe verlöschen (Sprüche 20,20).
5. Wenn wir uns töricht verhalten, entehren wir sowohl uns selbst als auch unsere Eltern (Sprüche 17,25).
6. Außereheliche sexuelle Beziehungen wirken sich nicht nur auf uns selbst negativ aus, sondern machen auch unsere Eltern traurig und berauben sie ihrer Vitalität (Sprüche 5,1ff.; 31,3).
7. Wenn wir stolz oder überheblich sind; wenn wir behaupten, ein reines Gewissen zu haben, wenn dem nicht so ist; wenn wir destruktive Kritik üben oder unserer spitzen Zunge freien Lauf lassen; wenn wir unsere Mutter oder unseren Vater auslachen – durch diese und ähnliche Verhaltensweisen entehren wir unsere Eltern (Sprüche 30,12-17).

Was könnten meine Kinder tun, um mich zu ehren?

Im folgenden zählen wir die Antworten einiger Eltern auf die Frage auf: „Was könnten Ihre Kinder tun bzw. was haben sie schon einmal getan, um Sie zu ehren?"

1. Es würde mir sehr viel bedeuten, nicht nur am Mutter– oder Vatertag eine Karte von unseren Kindern zu erhalten, in der sie uns wissen lassen, daß sie an uns denken.
2. Das großartigste Geschenk, das ich je von meinem Sohn erhalten habe, war eine von ihm besprochene Kassette, auf der er auf mehrere Dinge Rückschau hielt, die ich früher für ihn getan habe.
3. Wenn ich mit meiner Tochter zusammenkomme, legt sie Wert darauf, mich zu umarmen.
4. Ich bin alleinerziehende Mutter und fühle mich dann geehrt, wenn meine Kinder Aufgaben im Haushalt übernehmen, ohne daß ich sie darum bitten muß.

5. Ich fühle mich geehrt, wenn ich sehe, wie meine Kinder sich bemühen, anderen, denen es nicht so gut geht, zu helfen.
6. Ich fühle mich sowohl geschmeichelt als auch gedemütigt, wenn meine Tochter mich im Blick auf ihre Kämpfe und Nöte um Rat bittet.
7. Wir schätzen sehr an unseren Kindern, daß sie uns immer die Wahrheit sagen – auch wenn sie anderer Meinung sind als wir.
8. Uns ehrt das Wissen, daß unsere Kinder jeden Tag für uns beten.
9. Meine Tochter sucht den Herrn – und ich wüßte nicht, wie sie mir größere Ehre erweisen könnte.
10. Als unsere Kinder Teenager waren, unterhielten sie sich mit uns über Tabuthemen wie Alkohol, Sex und Drogen.
11. Mein Sohn und ich hatten im Lauf der Jahre häufig Meinungsverschiedenheiten. Darum bedeutet es mir sehr viel, daß wir zwischenzeitlich unseren Zwist aus der Welt geschafft haben.
12. Für uns ist es eine echte Ermutigung, wenn unsere Kinder sich extra bei uns bedanken, nachdem wir auf unsere Enkelkinder aufgepaßt haben.
13. Die größte Ehre, die mir meine Tochter je erwiesen hat, war, wie ich meine, die, daß sie ihre Tochter nach mir benannte.
14. Es ehrt mich, wenn meine Kinder in der Schule und bei ihren verschiedenen Projekten ihr Bestes geben.
15. Vor einiger Zeit erfuhr ich von einem Nachbarn, daß mein Sohn mich in meiner Abwesenheit vor anderen gelobt und in Schutz genommen hat.
16. Ich werde stets dafür dankbar sein, daß mein Sohn zugab, seine Frau unrecht behandelt zu haben, und damit einverstanden war, einen Eheberater aufzusuchen.
17. Ich fühle mich geehrt, wenn meine Kinder es mir gestatten, Zeit mit meinen Enkelkindern zu verbringen.
18. Als es uns schwerfiel, mit unseren Einkünften auszukommen, übernahm mein 19jähriger Sohn einen Teil unserer Haushaltungs- und Mietkosten, obwohl er wußte, daß wir es nicht von ihm verlangten. Das war für uns eine große Hilfe.

19. Bei der Beerdigung meines Mannes mußte ich weinen, als meine beiden Söhne und meine Tochter zu mir kamen und sagten, daß sie mich liebten und im Alter für mich sorgen würden.
20. Daß mein Sohn seine Frau und seine Kinder zuvorkommend behandelt und dabei behauptet, dieses Verhalten bei uns gelernt zu haben, ist wertvoller als jedes Geschenk.

Weitere Vorschläge finden Sie im 13. Kapitel unseres Buches „Bitte, segne mich"[1].

Einige Leser werden vermutlich folgendermaßen auf diese Hinweise reagieren: „Wenn meine Eltern auch nur einiges von alledem für mich getan hätten, würde auch ich mir – vielleicht – die Zeit nehmen, sie zu ehren!" Wenn Sie über die Botschaft des vorliegenden Kapitels erbost sind, dann fühlen Sie sich bitte frei, den ganzen Abschnitt zu überzuschlagen, sich dem Rest des Buches zu widmen und die dort aufgezeigten Prinzipien in die Praxis umzusetzen. Nur sollten Sie wissen: Tun Sie das, so werden Sie sich und Ihre Kinder auf lange Sicht um sämtliche positiven Auswirkungen bringen.

Wie kann man Eltern ehren, die sich ihrerseits entehrend verhalten? Wie kann man frühere Verletzungen zu den Akten legen und Frieden finden? Zu Beginn dieses Kapitels versprachen wir, auf die besonderen Nöte all der Menschen einzugehen, die in zutiefst entehrenden Elternhäusern aufgewachsen sind. Solche Menschen sagen vielleicht immer noch: „Es ist ausgeschlossen, daß ich meinen Eltern jemals Respekt erweise. Ihr habt sie nie kennengelernt!"

Im nächsten Kapitel zeigen wir auf, wie Vorkommnisse, die wir als negativ einstufen, sich doch recht positiv auf unser Leben auswirken können. Für den Augenblick wollen wir jedoch nur einen Mann namens Jerry vorstellen. Für Jerry war es unvorstellbar, daß aus seiner zerrütteten Beziehung zu seinen Eltern – und insbesondere zu seinem Vater – sich jemals etwas Gutes ergeben könnte. Jerry hätte es zwar früher nie für möglich gehalten, doch wurde er von den Verletzungen der Vergangenheit erst frei, als er anfing, seinen Vater zu ehren und Prüfungen als wertvoll zu erachten.

Konnte je etwas Gutes aus Jerrys Familie hervorgehen?

Jerry wurde zeit seines Lebens von Minderwertigkeitsgefühlen und Mutlosigkeit geplagt. Das machte es ihm schwer, die Liebe seiner Frau anzunehmen und seine Liebe zu ihr und zu den Kindern zum Ausdruck zu bringen. Woher stammten diese negativen Empfindungen? Die Antwort liegt auf der Hand: Sie waren das Erbe eines entehrenden Familienlebens.

Jerrys Vater war Diakon der örtlichen Kirchengemeinde, und die Familie brachte verhältnismäßig viel Zeit mit kirchlichen Aktivitäten zu. Aber wenn sich jemand die Mühe gemacht hätte, einen Blick hinter den äußeren Schein von Glück und Frömmigkeit zu werfen, hätte er sofort das schreckliche Problem erkannt, das gleichsam von innen her am Leben der Familie zehrte. Jerrys Vater hatte angefangen, die ethischen Maßstäbe des Wortes Gottes in Frage zu stellen. Aus diesem Grunde zerbröckelte das bis dahin „mustergültige" Familienleben zusehends.

Kinder haben, auch wenn sie noch sehr jung sind, ein erstaunliches Wahrnehmungsvermögen. Wenn es zu Hause dicke Luft gibt, merken sie es sofort. So merkte auch Jerry, daß die Ehe seiner Eltern in Schwierigkeiten war. Immer wieder fuhren sein Vater und seine Mutter getrennt zum Gottesdienst und saßen dort nicht nebeneinander. Sie hatten auch aufgehört, sich – zumindest vor den Kindern – zu berühren oder zu umarmen. Als 12jähriger Junge machte sich Jerry große Sorgen um die Ehe seiner Eltern. Noch mehr verletzte ihn jedoch das Wissen, daß er den Erwartungen seines Vaters nicht gerecht werden konnte.

Das bekam Jerry jeden Sonntag gleich nach dem Gottesdienst zu spüren, wenn die Familie sich zum Mittagessen an den Tisch setzte. Jerrys Mutter hatte eine Freundin, die sie jede Woche nach dem Gottesdienst zu sich nach Hause einlud. Die Freundin brachte ihren Sohn Don mit. Jerry fiel auf, daß sein Vater Don regelrecht vergötterte. Dies war für Jerry die schwierigste Phase der ganzen Woche. Er mußte mithören, wie sein Vater einem anderen Jungen all die Dinge sagte, die er gern selbst von ihm zu hören bekommen hätte. Jerrys Vater wurde anscheinend nie müde, Don nach seinen Erlebnissen in der Schule zu fragen oder ihn für seine Leistung beim letzten Football– oder Baseballspiel zu loben. Und jedesmal, wenn Jerrys Vater Don aufs Podest erhob, wertete er damit seinen eigenen Sohn ab.

Hin und wieder, wenn die gespannte Aufmerksamkeit seines Vaters zu offenkundig wurde, wechselte Jerrys Mutter das Thema und fragte danach, was Jerry in der letzten Woche erlebt hätte. Aber der Blick seines Vaters und die Art, wie er das Gespräch immer wieder auf Don lenkte, machte allzu deutlich, daß ihn nichts, was mit Jerry zusammenhing, interessieren oder beeindrucken konnte.

Schon die Art, wie sein Vater den anderen Jungen ansah, brach ihm das Herz. Jerrys Vater würdigte seinen Sohn keines Blickes, aber jedesmal, wenn er Don zu Gesicht bekam, leuchteten seine Augen.

Sie haben es inzwischen gemerkt: Jerrys Vater hatte sämtliche Werte auf den Kopf gestellt. Jedoch konnte – oder wollte – er es nicht wahrhaben. Die Folge war, daß er das, was ihm das Wertvollste im Leben hätte sein müssen, nämlich seine Beziehung zum Herrn und zu seiner Familie, geringschätzte.

Geistig gesunde Menschen sind in der Lage, zwischen wahrhaft Wertvollem und Geringwertigem zu unterscheiden. Wenn beispielsweise Süchtige ihre Drogen für wertvoller halten als das Eigentum, das sie stehlen müssen, um an sie heranzukommen, zeigen sie nur, daß sie – zumindest im Ansatz – seelisch krank sind. Das gleiche gilt für den arbeitssüchtigen Workaholic, der um einer unbedeutenden Beförderung willen seine Beziehung zu seiner Familie opfert. Wer andere gewohnheitsmäßig entehrt, ist im Grunde schon dabei, das Dauerhafte gegen das sofort Erreichbare auszutauschen.

Jerry ertrug monatelang die Qualen, die ihm jeden Sonntag beim Mittagessen zugefügt wurden. Dann passierte es. Eines Abends lief Jerrys Mutter die Treppe hoch und klopfte leise an seine Tür. Sie setzte sich zu Jerry aufs Bett, konnte aber zunächst nur ihr Gesicht in beide Hände vergraben und schluchzen. Zum Schluß erzählte sie ihm mit gebrochener Stimme, daß sein Vater sich von ihr scheiden lassen wollte. Und dann fügte sie den Rest der Geschichte hinzu: Jerrys Vater wollte Dons Mutter heiraten!

Allein in diesem Jahr werden Hunderttausende von Ehen vor dem Scheidungsrichter enden. Eine Scheidung ist jedoch das Entehrendste, was man seinem Ehepartner antun kann. Wenn eine von Gott als lebenslänglich gedachte Partnerschaft auf diese Weise auseinandergerissen wird, würdigen sich Mann und Frau unweigerlich herab. Zudem sind die Auswirkungen auf die Kinder nicht abzuschätzen. Bei Menschen, die das Trauma einer Ehescheidung durchleben, treten vermehrt Wutausbrüche, mangelnde Selbstachtung, Schuldgefühle und Angstzustände auf. Bei Geschiedenen liegt auch die Selbstmordrate höher – das behauptet jedenfalls Marshall Goodman in einem Bericht der Zeitschrift USA Today.

Inzwischen sind über 20 Jahre verstrichen, seit Jerrys Eltern sich scheiden ließen. In der Zeit hat Jerry seinen Vater nur einmal gesehen, und zwar dann, als sein Vater während einer Flugreise in Jerrys Heimatstadt umsteigen und sich dort zwei Stunden auf dem Flughafen aufhalten mußte. Jerry erfuhr davon durch einen Onkel und rief bei seinem Vater an, um ihn zu fragen, ob sie sich am Flughafen treffen könnten.

Aus der Traum

Jerry steckte voller Erwartungen. Er nahm Schnappschüsse seiner Kinder mit – sein Vater hatte sie noch nie zu Gesicht bekommen – und steckte auch einen Artikel ein, den er für eine christliche Zeitschrift verfaßt hatte. Ihm gingen viele Dinge durch den Kopf, die er seinem Vater unbedingt erzählen wollte, doch bekam er nie die Gelegenheit dazu. Von dem Augenblick an, als sie sich an der Absperrung trafen, bis kurz vor seinem Abflug redete Jerrys Vater in einer Tour über Don und dessen Familie.

Als Jerry es nicht länger zu ertragen vermochte, unterbrach er seinen Vater und fragte: „Möchtest du denn nicht wissen, was alles in meinem Leben geschehen ist?"

Sein Vater hielt einen Augenblick inne und betrachtete verlegen seine Schuhe. Dann schaute er wieder hoch und sagte gedehnt: „Ich bin mir sicher, daß alles, was du anpackst, gelingt."

Das waren die letzten Worte, die die beiden Männer jemals miteinander wechselten. Zwischen ihnen herrschte betretenes Schweigen, bis über Lautsprecher die Aufforderung an die Passagiere erging, sich zum Flugzeug zu begeben. Als sein Vater fort war, ging Jerry nach draußen zu seinem Wagen, vergrub sein Gesicht in beide Hände und weinte herzzerreißend. Er wußte, er hatte seinen Vater zum letztenmal gesehen.

Jerrys Vater hat Jerrys Wohnung nie betreten, doch geht dort sein Geist in jedem Zimmer um. In den letzten fünf Jahren hat Jerry seinem Vater zweimal geschrieben, doch hat er nie eine Antwort erhalten.

Jerrys Vater traf vor Jahren eine Entscheidung. Er wandte sich von Gottes Wort ab und fing infolgedessen an, sowohl Gott als auch die Menschen zu entehren. Das gleiche wird jedem passieren, der Gottes Wort beiseite schiebt und anfängt, in der Finsternis zu wandeln.

Jerry und seine Mutter wurden geringschätzig behandelt – als wären sie wertlos. Dabei wurden sie emotional verletzt. Sie leiden bis heute unter den Folgeschäden – einem ständigen seelischen Schmerz. Aus Angst vor einem erneuten Trauma läßt Jerry niemanden an sich heran, nicht einmal seine Frau und seine Kinder.

Vielleicht fragen Sie sich, wie eine Geschichte wie diese jemals irgendwelche positiven Folgen zeitigen könnte. Welchen Nutzen könnte Jerry aus all der Ablehnung ziehen, die er im Laufe der Jahre erlebt hat? Wie könnte eine so schlimme Behandlung zu irgend etwas anderem führen als einem niedrigen Selbstwertgefühl mit allen damit verbundenen Problemen?

Im nächsten Kapitel wollen wir versuchen, diese Fragen zu beantworten. Jerry hielt Rückschau, setzte sich mit seiner Vergangenheit auseinander und traf eine Entscheidung, seinen Vater zu ehren. Er entwickelte das Vermögen, seinen Vater trotz dessen Verhalten als einen wertvollen Menschen zu betrachten. Er hat es geschafft, die furchtbare Erfahrung mit seinem Vater so zu bewältigen, daß sein eigenes Selbstwertgefühl gestiegen ist. Auch seine Familie konnte aus dem Ganzen einigen Nutzen ziehen.

Die Lektionen, die Jerry dabei lernte, können auch uns helfen, mit Schwierigkeiten und Herzeleid fertig zu werden. Sie zeigen uns, wie unsere Kinder es lernen können, so auf das Leiden zu reagieren, daß sie dabei Gott und sich selbst Ehre bereiten. Für Eltern, die ihre Kinder ehren und ihnen ein gesundes Selbstwertgefühl vermitteln möchten, besteht der nächste Schritt darin, ihnen beizubringen, wie sie aus Prüfungen Nutzen ziehen können.

Anmerkung

[1] Gary Smalley/John Trent, Bitte, segne mich. Auf der Suche nach dem verlorenen Segen (Marburg: Verlag der Francke-Buchhandlung, 1989), S. 186ff.

Kapitel 4

Wie wir unseren Kindern helfen können, schweren Erlebnissen Positives abzugewinnen:

Erster Teil

Mary, ein Energiebündel von Oberschülerin, blieb freitags abends nur selten zu Hause. Vielleicht war das der Grund, warum ihre Mutter, die eigentlich in die Küche wollte, an der Tür zu ihrem Zimmer stehenblieb und horchte. Sie war sich nicht ganz sicher, doch meinte sie, ein leises Schluchzen vernommen zu haben. Als sie vorsichtshalber anklopfte, ging die Tür einen Spaltbreit auf. Mary lag auf dem Bett, den Kopf in einem Kissen vergraben.

„Mary, Liebstes, was hast du denn?"

„Nichts", erwiderte Mary. Sie setzte sich rasch auf und bemühte sich krampfhaft, das Beben in ihrer Stimme zu unterdrücken. „Ich habe wirklich nichts."

Ihre Mutter machte die Tür ganz auf, ging zum Bett hinüber und setzte sich neben sie. „Mary, du weißt doch: Wenn du Kummer hast, kannst du es mir gerne sagen. Dein Vater und ich haben dich sehr lieb. Wenn du uns brauchst, sind wir immer für dich da."

Unfähig, ihre aufgestauten Emotionen weiter zu beherrschen, legte Mary ihren Kopf in den Schoß ihrer Mutter und fing an, heftig zu weinen. „Es tut mir so leid, Mutti. Es tut mir so leid ... Ich kann es einfach nicht glauben ... Ich kann einfach nicht glauben, daß mir so etwas passiert ist."

Marys Mutter ließ ihre Tochter eine Zeitlang weinen, dann forderte sie sie auf, sich aufzusetzen. „Liebstes, meinst du nicht, daß es besser wäre, mir zu sagen, was du für Kummer hast?"

Auf ihre Hände hinunterblickend, stieß Mary mit belegter Stimme folgende Worte aus: „Mutti ..., ich bin schwanger. Ich war beim Arzt und habe einen Schwangerschaftstest machen lassen. Das Ergebnis war positiv."

Mary blickte zu ihrer Mutter hinauf und fing wieder an zu weinen. „Wie kann ich das Vati beibringen? Und was soll ich wegen der Schule machen? Was soll ich meinen Freundinnen erzählen? O Mutti, was soll ich bloß tun?"

Wenn unsere Kinder von Prüfungen heimgesucht werden

Für die meisten Eltern wäre dies die größte Katastrophe, die je über ihr Kind hereinbrechen könnte. Kurz vor dem Einstieg ins Studium oder ins Berufsleben erlebt das Kind, wie seine Träume und Hoffnungen sich mit einemmal in Rauch auflösen. An ihre Stelle treten erst die kalte, harte Realität einer unerwünschten Schwangerschaft und dann die emotionalen Narben, die fast immer damit einhergehen.

Nicht alle Eltern werden die schmerzliche Erfahrung machen, daß ihre Kinder sich in sexuelle Unmoral verstricken. Schmerzliche Prüfungen bleiben jedoch keinem Kind erspart. Das sagt nämlich die Schrift (siehe Hebräer 12,5ff.; Jakobus 1,2). Anfechtungen und Schwierigkeiten sind unvermeidbar. Auch wenn wir uns noch so redlich bemühen, unsere Kinder vor Schmerzen zu schützen, werden wir nie ganz verhindern können, daß sie durch eigene oder fremde Schuld verletzt werden.

Liebevolle Eltern können ihren Kindern Ehre erweisen und Wertschätzung vermitteln, indem sie ihnen helfen, aus ihren schweren Erlebnissen den größtmöglichen Nutzen zu ziehen. Denn ob es uns gefällt oder nicht: Ehe unsere Kinder zu Hause ausziehen, werden sie Momente – vielleicht auch ganze Tage – des Zweifels, der Entmutigung, der Einsamkeit, der Enttäuschung oder der Niedergeschlagenheit erleben.

Vielleicht fällt ihnen ein Freund in den Rücken. Oder sie werden von der Universität ihrer Wahl nicht angenommen und können ihren Traumberuf nicht ergreifen. Vielleicht werden sie später von ihrem Ehepartner im Stich gelassen. Vielleicht haben sie an den Folgen des Herumexperimentierens mit Drogen oder Alkohol zu leiden. Und bei jeder erschütternden Erfahrung bekommen die Eltern die „Nachbeben" deutlich zu spüren.

Wenn ein Kind es nicht versteht, auf positive Weise mit Anfechtungen umzugehen, wird es aller Wahrscheinlichkeit nach emotional und geistlich gelähmt werden. Seine zwischenmenschlichen Beziehungen werden dadurch allesamt beeinträchtigt. Ganz gleich, ob das Kind in der Folge unter Angstzuständen und Furcht oder unter Bitterkeit und Groll leidet – es wird ihm so oder so ungemein schwer fallen, mit seinen negativen Erfahrungen fertig zu werden. Dadurch wird sein Selbstwertgefühl untergraben. Und das kann sich wiederum nachteilig auf seine emotionale Entwicklung auswirken.

Genau das trat bei Jerry ein, dessen Geschichte wir gegen Ende des letzten Kapitels erzählten. Sein letztes Treffen mit seinem Vater verlief so traumatisch, daß sein Gefühlsleben beinahe für immer „eingefroren" worden wäre. Er hatte Angst, er könne bei einer erneuten Kontaktaufnahme mit seinem Vater noch einmal verletzt werden, doch empfand er die Seelenqual der Trennung als ebenso schmerzlich. Dankbarerweise hat Jerry einen Weg entdeckt, schweren Erlebnissen auch Positives abzugewinnen. Inzwischen hat er angefangen, emotional „aufzutauen" und sich von seinem Schmerz zu befreien.

Es ist sicherlich nicht verkehrt, Schmerzen aus dem Wege gehen zu wollen, sofern das möglich ist. Es ist jedoch keineswegs hilfreich, Probleme zu leugnen, zu ignorieren oder wegzuerklären[1]. Eine für alle Zeiten gültige Lebensweisheit besagt, daß das Leben schwierig und häufig auch ungerecht ist. Je besser wir es verstehen, Prüfungen durchzustehen und sie für unser eigenes Leben und für das unserer Kinder fruchtbar zu machen, desto eher werden wir in der Lage sein, gerade in solchen Prüfungszeiten Ruhe, Zuversicht und echte Liebe auszustrahlen. Anfechtungen können denen, die bereit sind, sich von ihnen verändern zu lassen, Stärke, Reife, Mut, echte Liebe, Gerechtigkeit und Ausdauer vermitteln (Römer 5,3; Hebräer 12,10ff.; Jakobus 1). Gerade solche Erfahrungen, vor denen wir am meisten Angst haben, können unsere Kinder charakterlich stark machen, sofern sie – und wir – angemessen darauf reagieren.

Ehe wir diesen Punkt weiter ausführen, möchten wir klarstellen: Wir behaupten nicht, daß Eltern etwa tatenlos zusehen oder ihre Hilfe verweigern sollten, wenn ihre Kinder schweren Anfechtungen ausgesetzt sind. Wir sagen auch nicht, daß Eltern Schwierigkeiten absichtlich herbeiführen sollten, damit ihre Kinder sie erleben können.

Dem Apostel Paulus wurde einmal die Frage gestellt, ob wir Böses tun sollen, „damit die Gnade desto mächtiger werde" (Römer 6,1). Diese Frage könnten wir auch so formulieren: Sollen wir unseren Kindern

Schwierigkeiten bereiten, damit Gott daraus Gutes schafft? Paulus antwortete mit dem griechischen Ausdruck Mé genoito, der folgendermaßen übersetzt wird: „Nur nicht! Um Gottes willen nicht! Gott behüte!"[2].

Werden Kinder mißhandelt, so werden sie eines Tages – vielleicht – in der Lage sein, aus ihren Leiden den Nutzen zu ziehen. Das bewirkt jedoch die Gnade Gottes und nicht die Sünde ihrer Eltern. Für uns wäre es besser, mit einem Mühlstein um den Hals im tiefsten Meer versenkt zu werden, als einem Kind absichtlich Schaden zuzufügen (Matthäus 18,6).

Im vorliegenden Kapitel untersuchen wir, in welchem Sinne Anfechtungen als Gelegenheit zum geistlichen Wachstum aufgefaßt werden können. Wir schlagen weiter drei Schritte vor, mit deren Hilfe Sie Ihre Kinder darauf vorbereiten können, ihren schweren Erfahrungen Positives abzugewinnen. Im nächsten Kapitel zählen wir fünf positive Folgen auf, die sich aus jeder Prüfung ergeben können, die Sie oder Ihre Kinder durchleben. Es geht uns in erster Linie darum, wie wir unseren Kindern helfen können, diese positiven Folgen für sich zu entdecken. Aber auch Leser, die in schwierigen Familienverhältnissen aufgewachsen sind, werden das, was wir zu sagen haben, hilfreich finden. Unter Anwendung der hier beschriebenen Schritte wurde auch Jerry in die Lage versetzt, seinen Vater zu ehren.

Wenn wertvolle Gelegenheiten als Verletzungen daherkommen

Vor einigen Jahren hörten wir folgende Geschichte: Ein Mann, der in einem Hochhaus wohnte, entschloß sich eines Morgens in aller Frühe, einkaufen zu gehen. Draußen auf dem Gehweg wurde er aber von einem schweren Gegenstand an der Schulter getroffen und zu Boden geworfen.

Völlig verwirrt, blieb er einige Sekunden liegen. Nachdem er sich vergewissert hatte, daß seine Schulter nicht gebrochen war, setzte er sich auf und sah sich um. Die Straße war menschenleer; er war offensichtlich nicht von einem Auto angefahren worden. Dann musterte er die Vorderfront des Hochhauses, konnte aber keine offenen Fenster ausmachen.

Er stand mit Mühe auf und blickte sich noch einmal um. Jetzt erst bemerkte er einen mit Klebeband verschlossenen Schuhkarton, der zu seinen Füßen lag. Er beugte sich nieder und stellte fest, daß der Karton so schwer war, daß er ihn nur mit beiden Händen anheben konnte.

Er nahm ihn mit in seine Wohnung. Nachdem er seine verletzte Schulter ein wenig verarztet hatte, nahm er eine Schere und schnitt den Karton auf. Er enthielt drei recht große leinene Beutel. Als der Mann einen dieser Beutel öffnete, kam er aus dem Staunen nicht mehr heraus: Es kamen nämlich Dutzende kleiner Goldbarren und Goldmünzen zum Vorschein!

Bei der Polizei war man der Meinung, es müsse sich um eingeschmolzenes Diebesgut handeln. Ob der Karton aus einem Wohnungsfenster oder aus einem Flugzeug geworfen worden war, ließ sich nicht ermitteln. Jedenfalls ging nach sechs Monaten der Karton samt Inhalt in den Besitz des Finders über.

Die meisten unter uns würden eine verletzte Schulter gern in Kauf nehmen, um in den Besitz eines Kartons voller Goldmünzen zu gelangen! Und tatsächlich: Jedesmal, wenn wir von einer Prüfung „getroffen" werden, bekommen wir die Gelegenheit, eine wertvolle Entdeckung zu machen. Jede Anfechtung ist ein Karton, der einen kostbaren Schatz enthält. Es kann sein, daß sie uns zu Boden wirft und verletzt. Haben wir es aber gelernt, den Karton aufzumachen, so werden wir stets Gewinnbringendes entdecken.

Denen, die Gott von ganzem Herzen lieben, läßt er alle Dinge zum Besten dienen (siehe Matthäus 22,36ff.; Römer 8,28; 1. Timotheus 1,5). Gott füllt jede Prüfung mit kostbaren Goldmünzen. Das trifft auch dann zu, wenn man beispielsweise von seinen Brüdern gehaßt und beinahe umgebracht wird; wenn man um ein paar Pfennige als Sklave ins Ausland verkauft wird; wenn man fälschlicherweise des Ehebruchs bezichtigt und ohne Gerichtsverfahren ins Gefängnis geworfen wird; und wenn man zu guter Letzt von dem einzigen Mann vergessen wird, der eine Freilassung erwirken könnte. So sah es jedenfalls Josef, nachdem er das alles durchgemacht hatte (1. Mose 37-50)! Als er Rückschau hielt auf all die Prüfungen, die er aufgrund des Neides seiner Brüder durchlitten hatte, brachte er es tätsächlich fertig, den Männern, die für seine Schwierigkeiten verantwortlich waren, folgendes zu sagen: „Ihr hattet Böses mit mir vor, aber Gott hat es zum Guten gewendet; denn er wollte auf diese Weise vielen Menschen das Leben retten" (1. Mose 50,20).

Sie haben also das Vorrecht, Ihren Kindern erklären zu dürfen, daß jede Prüfung Wertvolles enthält. Einige Prüfungen sind allerdings wertvoller als andere. Weniger schmerzvolle Erfahrungen geben oft nicht so viel Wertvolles her wie die schmerzerfüllten Situationen, in denen wir wirklich zu kämpfen haben. Prüfungen bringen Schmerzen mit sich, das ist wahr, doch kann man sie auch „auswickeln", um festzustellen, welche positiven Folgen sie für unser Leben haben könnten. Tun Sie das, so erschließen Sie für sich und Ihre Kinder eine großartige Quelle des Trostes.

Inwiefern ehrt man ein Kind, wenn man ihm hilft, seinen Prüfungen und Anfechtungen Positives abzugewinnen? Um diese Frage zu beantworten, wollen wir ein Beispiel aus meinem (Garys) Familienleben heranziehen. Im Lauf der Jahre habe ich wiederholt zusammen mit meinem jüngeren Sohn Michael Prüfungen „auswickeln“ müssen.

Fallstudie: Ein unfallgefährdetes Kind

Aus irgendeinem Grund ist Michael für Unfälle und Krankheiten besonders anfällig. Im Alter von nur zwei Wochen wäre er an einer ernsthaften Dysfunktion des Magens, die eine größere Operation erforderlich machte, beinahe gestorben. In den darauffolgenden Jahren erlitt er eine ganze Reihe von Kinderkrankheiten. Dann, im Alter von drei Jahren, wurde er von zwei furchtbaren Prüfungen heimgesucht.

Als ich einmal im Garten grub, stieß ich völlig unerwartet in ein Wespennest. Leider stand Mike in diesem Augenblick direkt neben mir. Ehe ich ihn ins Haus schaffen konnte, wurde er wiederholt gestochen. Und im gleichen Jahr wäre Mike in einem Swimmingpool beinahe ertrunken. Wir konnten ihn nur durch Mund-zu-Mund-Beatmung wiederbeleben.

Seit der Zeit ist Mike bei uns zu Hause von allem Möglichen heruntergefallen und in alles Mögliche hineingefallen. Seine Unfälle beschränken sich auch nicht auf unser eigenes Zuhause. Als wir eines Abends bei einem Geschäftspartner zu Besuch waren, entschloß sich dieser, mit dem jungen Mike ein wenig zu toben. Unser Bekannter hob ihn etwas übermütig an den Fußgelenken hoch und fing an, sich mit ihm im Kreis zu drehen. Mit einemmal entwand sich jedoch Mike seinem Griff, flog mit voller Wucht gegen den Kaffeetisch und schlug sich den Kopf auf.

So lange ich mich erinnern kann, hat Mike immer irgend etwas im Mund getragen. Erst war es eine Dehnplatte, um seinen Kiefer zu weiten, dann eine Klammer, um seine Zähne enger zusammenzuziehen. Ob Unfälle oder Unannehmlichkeiten, Mike hat so ungefähr alles erlebt, was man auf diesem Gebiet erleben kann. Und es scheint mit den Jahren überhaupt nicht besser mit ihm zu werden!

Im vergangenen Sommer war er – im Alter von 13 Jahren – an einem schweren Verkehrsunfall beteiligt, bei dem er sich die Nase und einen

Arm brach. Dabei prasselten so viele Glassplitter auf ihn nieder, daß die Ärzte zwei Stunden benötigten, um sie ihm aus der einen Gesichtshälfte sowie aus dem Augenlid zu entfernen. (Sie waren ihm Gott sei Dank nicht ins Auge gedrungen.)

Was sagt man einem so leidgeprüften Kind? Wir wollen Ihnen jetzt, wie angekündigt, drei Verhaltensweisen beschreiben, die sich in solchen Fällen als hilfreich erweisen. So verhalten wir uns während und nach jeder Prüfung. Bei diesen Prinzipien handelt es sich freilich nicht um eine Formel, die man wie einen Zauberstab über einem Kind schwingen kann, um ihm die Schmerzen zu nehmen. Es geht vielmehr um die Einstellung, die Sie gegenüber Leiden entwickeln sollten – und um die entsprechenden Taten. Gerade Ihre erste Reaktion auf eine schwierige Situation kann entscheidend sein.

Wie Sie Ihrem Kind in Zeiten der Not ein gesundes Selbstwertgefühl vermitteln können

1. Wenn Sie Ihrem Kind helfen möchten, durch Prüfungen zu wachsen, dann sollten Sie stets auf Ihre erste Reaktion achten.

Haben Sie schon einmal ein Kind bei seinen ersten Gehversuchen beobachtet? Wenn es dabei hinfällt, sieht es sich womöglich nach seinen Eltern um, ehe es die Entscheidung trifft, zu weinen oder nicht. Wenn Kinder von einer Prüfung heimgesucht werden, besteht ihre erste Reaktion oftmals darin, am Verhalten ihrer Eltern abzulesen, wie besorgt sie sein sollten.

Die erste Reaktion der Eltern bestimmt also häufig darüber, wie tragisch ein bestimmtes Ereignis genommen wird. Wenn beispielsweise ein Unfall geschieht, die Beziehung zu einem Freund oder einer Freundin in die Brüche geht oder ein Kind in der Schule Probleme bekommt, dann wirkt es sich nach unserer Erfahrung am positivsten aus, wenn die Eltern sich nicht aus der Ruhe bringen lassen. Diese Reaktion hilft dem Kind, seine Energie zu konservieren – Energie, die es braucht, um für das anliegende Problem eine konstruktive Lösung zu finden. Das habe ich (Gary) mit meinen Kindern immer wieder erlebt.

Als Kari 18 war, fuhr sie während eines fürchterlichen Wolkenbruchs von hinten auf ein anderes Auto auf. Der Unfall ereignete sich, als die Fahrerin des anderen Wagens, die sich falsch eingeordnet hatte, nach links abbiegen wollte. Wie sich herausstellte, sollte Kari an diesem Tag eine einprägsame Lektion über unterschiedliche Reaktionen auf Prüfungen erteilt bekommen.

Als sie nach Hause kam, waren Norma und ich nicht da. Ein Bekannter war jedoch gerade vorbeigekommen, da er uns besuchen wollte. Als der den Schaden an Karis Wagen sah, hielt er ihr einen wütenden Vortrag über ihre leichtsinnige Fahrweise und darüber, wie sie sich selbst oder jemand anders hätte umbringen können. Kaum war er richtig in Fahrt gekommen, da bogen wir schon in die Einfahrt. Kari weinte bereits wegen der tadelnden Worte unseres Bekannten, und als wir aus dem Wagen ausstiegen, weinte sie noch mehr.

Im ersten Augenblick nahmen wir sie nur in den Arm und ließen uns von ihr erzählen, was passiert war. Nach einer Weile war sie imstande, sich die Tränen abzuwischen und zum erstenmal wieder zu lächeln. Unser Bekannter war über unser ruhiges Verhalten so überrascht, daß er sich wegen seiner eigenen Reaktion bei Kari entschuldigte. Vielleicht hatte er in der eigenen Familie gelernt, daß auf Verletzungen nicht Ruhe und eine sanfte Berührung, sondern böse Worte und Aufregung folgen.

Wenn eines meiner Kinder ein Problem hat, trägt es zur Lösung überhaupt nicht bei, wenn ich mit bösen Worten reagiere. Im Gegenteil, eine derartige Reaktion kann verursachen, daß das Problem sich verschlimmert und womöglich überhaupt nicht mehr gelöst werden kann.

Wenn die Eltern von vornherein ruhig bleiben, sagt sich das Kind: „Wenn Mutti und Vati sich nicht darüber aufregen, dann ist wohl Land in Sicht". Erlebt das Kind jedoch, wie seine Eltern in Panik geraten oder wütend werden, so kann es kaum umhin, selbst genauso zu reagieren.

> Eltern können ihre Emotionen besser in den Griff bekommen, wenn sie sich folgendes vor Augen halten: Gott kann gerade solche Ereignisse, die Kinder in ihren eigenen Augen herabsetzen, zur Stärkung ihres Charakters benutzen.

Ein Junge, den wir seelsorgerlich betreuten, erzählte uns, wie schwer es ihm falle, seiner Mutter über kleinere Verletzungen oder Probleme zu berichten, weil sie jede negative Auskunft über die Maßen aufbausche. Einst kam er von der Schule nach Hause und erzählte ihr, er sei möglicherweise bei einer Prüfung durchgerasselt. Daraufhin ließ sie die Salatschüssel fallen, hob beschwörend die Hände und begann zu weinen. „Was sollen wir bloß mit dir anfangen?" schluchzte sie. „Was sollen wir bloß mit dir anfangen?"

Wie wirkte sich diese Reaktion auf ihren Sohn aus? Er erinnerte sich: „Wenn meine Mutter derart in Panik geriet, dachte ich nur: ‚Woher soll ich denn wissen, was wir mit mir anfangen sollen? Ich bin doch erst in der zehnten Klasse. Deshalb bin ich ja zu dir gekommen!'"

Woher kommt die Fähigkeit, Ruhe zu bewahren und nicht in Panik zu geraten? Sie ist das Ergebnis einer in ruhigen, prüfungsfreien Zeiten gefaßten Überzeugung, daß Gott uns alle Dinge zum Besten dienen läßt (siehe Römer 8,28; vgl. Jesaja 61,3).

Wenn ein Feuer bereits ausgebrochen ist, hat man keine Zeit, über das Verhüten von Bränden nachzudenken. Wenn Eltern emotional oder zornig auf das Auftreten von Problemen reagieren oder gar in Panik geraten, sorgen sie nur für zusätzliche Spannungen. Sie sollten sich lieber rechtzeitig einen Plan zurechtlegen. Eltern können ihre Emotionen besser in den Griff bekommen, wenn sie sich von vornherein folgendes vor Augen halten: Gott kann gerade solche Ereignisse, die Kinder in ihren eigenen Augen herabsetzen, zur Stärkung ihres Charakters benutzen.

Als Michael im vergangenen Sommer den schweren Unfall hatte, hätte ich ihm gleich als erstes eine Standpauke halten können: „Hattest du denn deinen Gurt nicht angelegt, junger Mann? Was hat denn der Fahrer des Wagens gemacht? Hast du ihn etwa abgelenkt? Mike, dies ist schon dein zehntausendster Unfall. Du kannst dir gar nicht vorstellen, wie peinlich es ist, die Krankenkasse deinetwegen schon wieder benachrichtigen zu müssen. Du müßtest doch eigentlich wissen, daß die Kosten im Gesundheitswesen gerade solcher sinnlosen Unfälle wegen in die Höhe schnellen!"

Falls ich nicht böse gewesen wäre, hätte ich eine fromme Miene aufsetzen und sagen können: „Michael, bist du nicht begeistert? Aufgrund dieses Unfalls wirst du doch geistlich wachsen! Möchtest du Gott nicht gerade jetzt dafür danken, daß du so viele Schmerzen hast?"

Das habe ich aber nicht getan. Während Mike im Krankenhaus lag, haben Norma und ich ihm nur liebevoll und ruhig zur Seite gestanden und ihn ermutigt, trotz seiner Schmerzen durchzuhalten.

In den Sprüchen Salomos steht, daß, wer angesichts des Leides eines anderen fröhlich ist, sich genauso verrückt verhält wie jemand, der an einem bitterkalten Tag ohne Mantel spazierengeht (Sprüche 25,20). Das gleiche trifft auf jeden zu, der auf die Prüfung eines anderen mit begeisterten Worten reagiert und davon schwatzt, wieviel er durch die erlittenen Schmerzen lernen könne. Wenn ein Problem auftaucht, sollten Sie weder Ihren Kindern eine Standpauke halten noch in Panik geraten, noch sollten Sie fromme Sprüche klopfen. Sie sollten Ihre Kinder lieber gleich zu

Anfang der Prüfung in aller Ruhe trösten. So legen Sie ein Fundament, das es ihnen ermöglicht, sich trotz der negativen Erfahrung wertvoll vorzukommen. Wenn wir uns ganz auf Gottes Wort verlassen, quillt die Ruhe aus unserem Inneren. Schmerzvolle Anfechtungen erzeugen Reife, die ihrerseits zu mehr Liebe führt (siehe Jakobus 1,2; Hebräer 12,10f.)!

2. Halten Sie sich über die Gedanken Ihres Kindes während und nach der Prüfung auf dem laufenden.

Menschen, die in Kalifornien leben und mehrere Erdbeben hinter sich haben, wissen, wieviel Wahrheit in der alten Redensart steckt: Man soll den Tag nicht vor dem Abend loben. Das erste Beben mag zwar vorbei sein, doch werden sie sich hüten, allzu schnell wieder in ihre Häuser zurückzukehren. Aller Wahrscheinlichkeit nach wird es Nachbeben geben, die fast genauso tödlich sein können wie die erste Erschütterung.

Etwas Ähnliches gilt, wenn Sie Ihren Kindern helfen möchten, mit Anfechtungen fertig zu werden. Sie müssen auch nach der Prüfung auf ihre Reaktionen achtgeben, damit eventuell auftretende emotionale Nachbeben ihr Selbstwertgefühl nicht zum Einsturz bringen.

Sind sie enttäuscht oder zornig? Das sind ganz normale, weitverbreitete Emotionen. Aber: Läßt ihr Zorn vielleicht nicht nach? Fühlen sie sich andauernd mutlos? Verfallen sie beim geringsten Anlaß in Depressionen? Kommen sie immer wieder auf die Prüfung zu sprechen? Oder meiden sie das Thema verbissen?

Wenn Ihre Kinder etwas Schweres erleben, sollten Sie sie danach im Auge behalten. Haben sie nach einiger Zeit immer noch zu kämpfen, dann können Sie ihnen zu Hilfe kommen. Sind sie aber mit dem Problem gut fertig geworden, dann können Sie ihnen Mut machen, bei dieser Reaktion zu bleiben.

Nach unseren Beobachtungen sind Menschen, die eine schmerzliche Erfahrung gut überstanden haben, häufig in der Lage, ähnliches in Zukunft besser zu verkraften. Michael hatte schon so viel durchgemacht, daß der Verkehrsunfall für ihn gar nicht so traumatisch war. Er blieb sogar während der zweistündigen Operation, bei der man ihm die Glassplitter aus dem Gesicht herausholte, ganz ruhig und scherzte mit seinem Bruder, der im OP „mithelfen“ durfte. Mikes Einstellung war eine Woche nach dem Unfall immer noch positiv, obwohl er wußte, daß er den ganzen Sommer über – und das in Arizona! – den Arm in Gips tragen mußte und nicht schwimmen gehen durfte.

Da wir Mike beobachteten, bekamen wir auch Gelegenheit, ihn für die Art, wie er die Situation meisterte, zu loben. Mehrere Monate nach dem Unfall entschlossen wir uns, uns über seine Reaktion auf diese Prüfung weiterhin auf dem laufenden zu halten. So können wir Warnsignale wie Niedergeschlagenheit oder Angst wahrnehmen, die später in ernsthaftere Probleme ausarten könnten.

3. Halten Sie einige Tage nach der Prüfung Ausschau nach einer günstigen Gelegenheit, mit Ihrem Kind darüber zu sprechen, wie Gott die Situation gebrauchen könnte.

Wann können Sie am besten mit Ihrem Kind über den Wert schmerzlicher Erfahrungen sprechen? Und wie können Sie es so tun, daß Ihre Worte nicht zuckersüß klingen? Es werden möglicherweise mehrere Tage oder gar Wochen verstreichen, ehe das Kind bereit ist, die Botschaft aufzunehmen, daß Gott schwere Prüfungen zum Guten wenden kann.

Mitunter bringe ich das Thema mit folgender Frage zur Sprache: „Bist du nach der Prüfung, die du durchgemacht hast, wieder mit dir und der Welt zufrieden?“

Wenn das Kind sich seit der Prüfung noch nicht hat aussprechen können, antwortet es fast immer mit Nein. „Im Gegenteil, mir ist hundeelend. Ich fühle mich todunglücklich.“

An dieser Stelle frage ich: „Möchtest du diese Woche ein bißchen Zeit mit mir verbringen, um die Prüfung, die dich getroffen hat, ‚auszuwickeln'?“ Vielleicht nehme ich dabei das Kind in den Arm oder setze ein beruhigendes Lächeln auf.

Antwortet es auf meine Frage mit Ja, was in neun von zehn Fällen geschieht, dann kann ich ihm erklären, was das Wort Gottes über Anfechtungen zu sagen hat. Davon ist im nächsten Kapitel die Rede. Antwortet es mit Nein, so ist das nicht weiter schlimm. Ich komme einfach an einem anderen Tag wieder und biete ihm ruhig, aber beharrlich die Gelegenheit, den Karton seiner Prüfung aufzumachen und die darin enthaltenen Schätze zu entdecken.

Wenn Sie Ihren Kindern mit Hilfe des Wortes Gottes zeigen, wie sie schweren Erlebnissen Positives abgewinnen können, leuchten Sie ihnen den Weg (Psalm 119,105). Biblische Prinzipien sind wie leistungsstarke Lampen. Sie sind imstande, auch die finsterste Prüfung, die Ihre Kinder erleben, zu erhellen.

Weil Sie das wissen, können Sie diese Botschaft sowohl mit Worten als auch durch Ihr Verhalten weitergeben. (Ihre Kinder werden immer wieder Gelegenheit bekommen, zu beobachten, wie Sie auf Prüfungen reagieren.) Sie können sie auch fragen, ob sie bereit sind, nach dem Ausschau zu halten, was Gott ihnen durch ihre Schwierigkeiten zeigen möchte.

Auf die Frage, ob Gott wirklich schwere Erfahrungen zum Positiven wenden kann, bietet folgende Geschichte eine dramatische Antwort. Es ist die Geschichte eines jungen Mannes namens David. Aus seinen Erfahrungen wird auf ehrfurchtgebietende Weise deutlich, wie Gott Schwierigkeiten zum Guten wendet.

Jahrelang vertrat David die Ansicht, Prüfungen beträfen nur das Äußere. Jedesmal, wenn er finanzielle oder sonstige Rückschläge hinnehmen mußte, wurde er mutlos und fühlte sich betrogen. Dann entdeckte er: Ganz gleich, was mit dem äußeren Menschen geschieht, in Wirklichkeit berühren Prüfungen unser Innenleben. Heute reist er in alle Welt, um den Menschen von dieser Entdeckung zu berichten. Wie Jerry, dessen Geschichte wir im letzten Kapitel erzählten, hat auch David erkannt: Je schwerer die Prüfung, desto größer die Gelegenheit, die Kraft und den Frieden Gottes am inneren Menschen wirken zu lassen.

Wie man auch den schwersten Prüfungen Positives abgewinnen kann

Während des Vietnamkrieges wurde David nach einer harten Ausbildung Mitglied einer Elitetruppe der Marineinfanterie, deren Aufgabe darin bestand, besonders gefährliche Ziele auszumachen und zu zerstören. Bei einem nächtlichen Überfall auf eine feindliche Stellung erlebte David die größte Prüfung seines Lebens. Als er und seine Männer vom Feind mit Maschinengewehrfeuer belegt wurden, holte David aus seinem Gurt eine Phosphorgranate hervor und richtete sich auf, um sie zu werfen. Als er aber mit dem Arm zum Wurf ausholte, wurde die Granate von einer Kugel getroffen. Sie explodierte direkt neben seinem Ohr.

Am Ufer eines schmutzigen Flusses hingestreckt, sah er, wie ein Teil seines Gesichtes an ihm vorbeigespült wurde. Als der Phosphor, der in seinen Körper eingedrungen war, mit der Luft in Berührung kam, glommen und entzündeten sich abwechselnd sein ganzes Gesicht und seine Schulter.

Es war ihm sofort klar, daß er sterben mußte. Aber wie durch ein Wunder entkam David dem Tode. Er wurde von Kameraden aus dem Wasser gezogen, auf schnellstem Wege nach Saigon gebracht und von dort aus nach Hawaii ausgeflogen. Davids Schwierigkeiten waren allerdings noch nicht vorbei.

Gleich bei der ersten der vielen Operationen, die notwendig waren, sah sich das Ärzteteam einem größeren Problem gegenüber. Immer wenn man verbranntes oder aufgerissenes Gewebe herauszuschneiden versuchte, kam der Phosphor aus der Granate mit dem während der Operation verwendeten Sauerstoff in Berührung und entzündete sich von neuem. Mehrmals liefen die Ärzte und Krankenschwestern davon und ließen ihn allein zurück, weil sie Angst hatten, der Sauerstoff könne explodieren! Kaum zu glauben, aber David überlebte die Operation und wurde auf eine Station gebracht, wo Soldaten mit besonders schlimmen Verbrennungen und Verletzungen gepflegt wurden.

Auf seinem Bett liegend, den Kopf so groß wie ein Basketball, wußte David, daß er eine groteske Figur abgab. Einst war er ein gutaussehender Mann; jetzt hatte er weder seiner Frau noch irgend jemandem sonst etwas zu bieten. Er fühlte sich einsamer und wertloser als jemals zuvor.

David war nicht allein auf seinem Zimmer. Ein weiterer in Vietnam verwundeter Soldat lag dort, und auch er war ein grausiger Anblick. Er hatte einen Arm und ein Bein verloren, und sein zerfetztes Gesicht war eine einzige Narbe.

Während David sich von der Operation erholte, traf die Ehefrau dieses anderen Mannes aus den Staaten ein. Als sie das Zimmer betrat, wurde ihr schon nach einem flüchtigen Blick auf ihren Mann übel. Sie nahm ihren Ehering ab, legte ihn neben ihrem Mann auf den Nachttisch und sagte: „Es tut mir furchtbar leid, aber so wie du jetzt aussiehst, kann ich unmöglich mit dir zusammenbleiben." Und mit diesen Worten verließ sie den Raum.

Der Soldat konnte zwar seines aufgerissenen Rachens und Mundes wegen kaum einen Laut von sich geben, doch weinte und zitterte er stundenlang. Zwei Tage später starb er.

Die Einstellung dieser Frau veranschaulicht in mancherlei Hinsicht, wie sich die Welt gegenüber Unfallopfern und Behinderten verhält. Wenn jemand durch eine Prüfung emotional oder körperlich verletzt wird und dadurch seine Attraktivität verliert, sagt man: „Was häßlich ist, ist schlecht." Die Folge ist, daß sich die Person wertlos vorkommt.

Für den armen Soldaten war das Wissen, daß seine Frau ihm keinen Wert mehr beimaß, schrecklicher als alle körperlichen Verletzungen. Es zerstörte seine letzte Hoffnung, daß irgendwo irgend jemand da war, der ihn noch wertvoll fand. Er wußte, daß die Welt ihn abschreiben würde.

Drei Tage später kam auch Davids Frau an. Nachdem er beobachtet hatte, wie es dem anderen Soldaten ergangen war, wußte David nicht, wie sie reagieren würde. Ihm graute vor ihrem Besuch. Aber seine Frau, eine entschiedene Christin, sah ihn sich kurz an, kam zu ihm ans Bett und setzte einen Kuß auf die einzige Stelle seines Gesichts, die nicht vom Verband zugedeckt war. Dann sagte sie mit sanfter Stimme: „Schatz, ich liebe dich. Ich werde dich immer lieben. Und ich möchte, daß du weißt: Ganz gleich, wie schwer es sein mag – gemeinsam werden wir's pakken!" Sie umarmte ihn, so gut es ging, und blieb mehrere Tage bei ihm.

Gerade angesichts der Reaktion der anderen Frau war für David die Liebe seiner eigenen Frau eine ungeheure Kraftquelle. Daß sie so viel Verständnis zeigte und ihn akzeptierte, stärkte darüber hinaus auch seine Beziehung zum Herrn.

In den darauffolgenden Wochen und Monaten heilten Davids Wunden langsam, aber sicher. Es bedurfte zwar Dutzende von Operationen und eines monatelangen, schmerzerfüllten Genesungsprozesses, aber heute kann David – und das ist ein Wunder – sehen und hören.

David machte bei einem späteren Fernsehauftritt folgende erstaunliche Aussage:

> *Durch meine Erfahrung in Vietnam bin ich innerlich wesentlich reifer geworden. Durch mein Leiden hat Gott mir geholfen, den Schmerz anderer mitzufühlen. Deshalb brennt mein Herz heute für die Evangelisation. Trotz allem, was ich durchgemacht habe, hat mir der Herr die Möglichkeit gegeben, auf das Leben vieler Menschen in aller Welt einen positiven Einfluß auszuüben.*
> *Ich möchte das, was ich durchlitten habe, nicht missen, denn meine Schwierigkeiten haben sich auf mein eigenes Leben, auf das meiner Familie und auf die zahllosen Jugendlichen und Erwachsenen, die ich im Laufe der Jahre beeinflussen konnte, sehr positiv ausgewirkt.*

Niemand wird seinen Kindern eine derartige Prüfung wünschen, wie David sie erlebte. Und dennoch: Trotz der ganzen Tragik seiner Situation hat Gott das Schwere, das er durchgemacht hat, zum Guten gewendet.

Die Erkenntnis, daß der allmächtige Schöpfer Himmels und der Erde sogar die schwersten Prüfungen nehmen und sie zu seiner Ehre verwenden kann, sollte uns als Eltern mit neuem Mut erfüllen. Derselbe Gott, der die Trauernden zu Zion in Bäume der Gerechtigkeit verwandeln kann (Jesaja 61,3), kann unseren Kindern durch ihre Prüfungen ein gesundes Selbstwertgefühl vermitteln.

Im nächsten Kapitel wollen wir uns fünf besondere „Aktivposten" ansehen, die in jeder Prüfung, die unsere Kinder oder wir selbst erleben und „auswickeln", enthalten sind. Gemeint sind positive Elemente, die unser Selbstwertgefühl stärken und uns Wertschätzung vermitteln können.

Anmerkungen

[1] Die Notwendigkeit, Probleme ehrlich zuzugeben, statt sie zu bemänteln, bespricht auf einleuchtende Weise der Psychotherapeut M. Scott Peck in seinem Buch Der wunderbare Weg. Eine neue Psychologie der Liebe und des spirituellen Wachstums (München: Bertelsmann, 1986).

[2] Siehe Walter Bauer, Griechisch-deutsches Wörterbuch zu den Schriften des Neuen Testaments und der übrigen urchristlichen Literatur (Berlin: De Gruyter, 1971), Sp. 315.

Kapitel 5

Wie wir unseren Kindern helfen können, schweren Erlebnissen Positives abzugewinnen:

Zweiter Teil

Als ich (Gary) meinen Sohn erblickte, war mein erster Gedanke der, daß er diesmal nicht überleben werde. Er lag regungslos, um den Kopf einen dicken Verband, auf einer blutbefleckten Trage. Ich beruhigte mich erst, als die Sanitäter mir versicherten, er sei nur geringfügig verletzt und werde sich bald erholen.

Mir gingen damals folgende Gedanken durch den Kopf: Wie könnte sich so etwas je als nützlich erweisen? Welchen Nutzen hat es, daß Kinder derartigen Prüfungen ausgesetzt werden?

Von der Schrift her, aber auch aufgrund eigener Erfahrungen, war ich bereits zu der Überzeugung gelangt, daß Gott diese Prüfung zu unserem Besten und zur Verherrlichung seines Namens gebrauchen konnte und wollte. Heute bin ich mir mindestens fünf positiver Folgen dieser Prüfung bewußt. Diese nützlichen Folgen sind nach unserer Erfahrung bei jeder Prüfung im Paket mitenthalten. Wenn Eltern ihre Kinder auf diese positiven Folgen aufmerksam machen, können sie ihnen auch in schweren Zeiten das Gefühl vermitteln, wertvoll zu sein.

Damit ist nicht gesagt, daß Menschen nicht verbittert werden oder tiefen Zorn empfinden können, wenn sie eine traumatische Erfahrung machen oder einen schmerzlichen Verlust erleiden. Wir leugnen weder, daß Tränen manchmal gesund sein können, noch heißen wir die verletzenden Taten derer gut, die den Schmerz verursacht haben. Aber wenn wir unseren Kindern beibringen, daß Gott aus Prüfungen Gutes hervorbringen kann, tun wir so den ersten Schritt, um ihnen diese positiven Folgen zu erschließen.

Wenn unsere Kinder leiden, kann es positive Folgen haben:

1. Sie bringen möglicherweise mehr Verständnis für die Nöte und Schmerzen anderer auf.

Im zweiten Akt von Romeo und Julia läßt Shakespeare Romeo sagen: „Der macht sich über Narben lustig, der nie eine Wunde fühlte"[1]. Für den, der noch nie ein tiefes emotionales Trauma erlebt hat, bleibt Empathie meist nur ein Begriff aus dem Lexikon.

Dr. Gary Collins, ein gläubiger Psychologe, vertritt folgende Ansicht: „Das besondere Merkmal eines Menschen, der andere wirklich lieben und ihnen effektiv beistehen kann, ist die Fähigkeit, ihre Schmerzen mitzuempfinden"[2]. Nachdem Kinder – aber auch Erwachsene – schwere Zeiten durchlebt haben, bringen sie den Nöten und Schmerzen anderer fast immer Verständnis entgegen. Wir kennen beispielsweise einen Pfarrer aus dem mittleren Westen, dessen Seelsorgetätigkeit durch eine größere Prüfung, die er durchlitt, völlig umgekrempelt wurde.

Bob ist ein großartiger Bibellehrer, aber er gibt selbst zu, daß die Seelsorge schon immer sein Schwachpunkt war. Er konnte verletzten Menschen nie gut zuhören und begegnete auch dem schwersten Problem mit einem hastig ausgesuchten Bibelvers und einem schnell heruntergeleierten Gebet.

Er hätte es zwar niemandem erzählt, doch hatte er oft das Gefühl, die Menschen, die ihm „was vorjammerten", seien schwach und vertrauten Gott nicht; sie müßten den Riemen enger schnallen und sich zusammenreißen. Das alles veränderte sich jedoch eines Nachmittags, als Bob die Nachricht vom plötzlichen Tod seines Vaters erhielt.

Bob und sein Vater hatten nicht bloß die übliche Vater-Sohn-Beziehung, sondern waren die besten Freunde. Bob wußte zwar um die gesundheitlichen Probleme seiner Mutter, aber der plötzliche Tod seines Vaters an einem Aneurysma war für ihn eine völlige Überraschung.

Bob hatte schon bei Dutzenden von Beerdigungen gepredigt, aber nun saß er plötzlich selbst mit seiner Familie in der vordersten Reihe. Er erlebte zum erstenmal die Qual, einen geliebten Menschen zu verlieren – und wurde für immer verändert. Er wurde weicher, sensibler.

Bob ist heute immer noch ein großartiger Pastor und Bibellehrer, aber seine Botschaften haben mehr Tiefgang. Und seit dem Tod seines Vaters hört er seinen Gemeindemitgliedern zu. Wenn sie Kummer haben, weint er mit ihnen – was er in all den Jahren zuvor kaum einmal tat.

Bob teilt nun etwas von dem Empfinden, das den alttestamentlichen König David in die Lage versetzte, seine ergreifenden, gefühlsbetonten Psalmen zu schreiben. Bob hat wie David Leid, Schmerz und Zerbruch kennengelernt.

Derselbe Psalmist, der die erbaulichen Worte schrieb: „Herr, unser Herrscher! Groß ist dein Ruhm auf der ganzen Erde!" (Psalm 8,2), konnte auch schreiben: „Ich weine die ganze Nacht, mein Bett ist durchnäßt von Tränen, meine Augen sind schon ganz geschwollen" (Psalm 6,7f.).

Trotz seiner herrlichen Siege und großartigen Gebete – und der Menschenmengen, die ihm zujubelten – weinte sich David oftmals in den Schlaf. Er wurde von einem Mann, der ihn einst gemocht hatte, in die Wüste gejagt (1. Samuel 19,1ff.). Er trauerte über den Tod seines besten Freundes Jonathan (2. Samuel 1,12ff.). Seine Frau verachtete ihn und seine Hingabe an Gott und verhöhnte ihn deshalb (2. Samuel 6,16). Er hatte einen rebellischen Sohn, dessen Versuch, ihn vom Thron zu stürzen, mit dem brutalen Tod des jungen Mannes endete (2. Samuel 15,1ff.). David beging auch selbst eine schlimme Sünde: Er zeugte mit der Frau eines seiner Soldaten ein Kind und ließ daraufhin ihren Mann umbringen. In der Folge mußte zur Strafe auch das Baby sterben (2. Samuel 11,1ff.).

David konnte von dem Hirten berichten, der ihn durchs dunkle Tal begleitete, weil er selbst durch dieses Tal hindurchgegangen war. Von Menschen gejagt, die ihm einst ihre Liebe beteuert hatten, wurde er von der unergründlichen Finsternis schwerster Prüfungen überrollt. Dennoch konnte er zuletzt in das Licht Gottes treten. Es kann jedem von uns genauso ergehen.

Wie David durchlebte auch eine junge Frau namens Nancy schreckliche physische und emotionale Qualen. Ihr Leiden hatte jedoch eine andere Ursache: Sie wurde vom eigenen Vater sexuell mißbraucht. Drei Jahre lang wurde sie auf die denkbar schlimmste Weise von einem Mann entehrt, der eigentlich verpflichtet war, sie zu ermutigen und ihr zu helfen.

Wenn Eltern die persönlichen Grenzen eines Kindes auf diese Weise mißachten, fügen sie ihm eine tiefe seelische Wunde zu, die dauerhafte Narben hinterläßt und das Kind sein ganzes Leben lang belasten kann. Bei Nancy jedoch haben diese Narben eine unwahrscheinliche Sensibilität hervorgerufen. Wir können es nicht erklären, aber Nancy braucht nur einige Minuten mit einer Gruppe von Frauen zu verbringen, um mit einer unheimlichen Gewißheit sagen zu können, wer von ihnen sexuell mißbraucht worden ist.

An dem, was Nancy in ihrer entehrenden Familie erleiden mußte, war nichts Gutes dran. Und dennoch ist es zum Guten gewendet worden. Obwohl sie über keinerlei psychologische Ausbildung verfügt, tut sie an Frauen, die unter den Folgen sexuellen Mißbrauchs leiden, einen äußerst effektiven Dienst.

Es ist gar keine Frage, wer in meiner (Garys) Familie der Sensibelste ist. Keiner von uns fühlt so stark mit anderen Menschen oder gar mit Tieren mit wie Mike – derjenige, der am meisten gelitten hat. Ich habe ihn darauf aufmerksam gemacht und ihm versichert, daß Gott diese Sensibilität sowohl in seiner Familie als auch in seinem späteren geistlichen Dienst gebrauchen wird. Seine Augen leuchteten, als ihm dieser positive Aspekt seiner Leiden aufging.

Wie oft ist es schon vorgekommen, daß uns jemand während einer schwierigen Phase mit liebevoller Fürsorge gedient hat und wir später festgestellt haben, daß diese Person vorher selbst eine ähnliche Prüfung durchlitten hatte! Der Verfasser des Hebräerbriefs sagt, daß Jesus Leidenden aufgrund dessen, was er selbst erlitten hat, zu helfen vermag (Hebräer 2,18).

Lehren Sie Ihre Kinder, nach den positiven Ergebnissen ihrer Prüfungen Ausschau zu halten! Ein offenkundiger Nutzen besteht darin, daß Gott ihnen mehr Verständnis für die Schmerzen anderer geben kann. Diese vermehrte Sensibilität kann sie wiederum zu seelsorgerisch gesinnten Menschen heranreifen lassen, die anderen echte Liebe entgegenbringen.

2. Sie können christliche Demut lernen.

Der gemeinsame Nenner fast aller schweren Prüfungen ist, daß sie demütigend sind. Ganz gleich, ob ein Junge in der Schule beim Treppensteigen ausrutscht und hinfällt oder eine junge Frau bei einem Klassentreffen zehn Jahre nach der Schulentlassung Schwierigkeiten hat, den anderen die Gründe für ihre Ehescheidung zu erklären – durch Prüfungen gelangen Menschen häufig auf den absoluten Tiefpunkt.

Infolge seines Autounfalls hat Mike mehrere Narben an der Wange, am Augenlid und an der Lippe. Mit einem vernarbten Gesicht herumzulaufen, ist für ihn demütigend, vor allem in der Schule. Natürlich konnte er seinen Schulkameraden eine Zeitlang damit imponieren, aber inzwischen hat die Sache jeden Reiz verloren. Unser Hausarzt hat uns zwar versichert, daß die Narben mit der Zeit weniger auffallen werden, aber für Mike ist das Ganze eine recht demütigende Erfahrung.

Welchen Nutzen hat es, wenn wir gedemütigt werden? Vielleicht kommen Ihnen folgende Bibelverse bekannt vor: „Selig sind die Sanftmütigen; denn sie werden das Erdreich besitzen" (Matthäus 5,5). „Gott widersteht den Hochmütigen, aber den Demütigen gibt er Gnade" (Jakobus 4,6). Zu den positiven Auswirkungen schmerzlicher Erfahrungen gehört, daß wir mehr Gnade von Gott empfangen. Wir erhalten ein größeres Maß an unverdienter Gunst und an Kraft für ein erfolgreiches Leben.

Vor einiger Zeit wurden wir von einem Bekannten eingeladen, während seines Radioprogramms eine Hörersprechstunde abzuhalten. Während der Pausen war das Mikrophon ausgeschaltet, und unser Bekannter nutzte die Zeit, um uns einiges über seine Kindheit zu erzählen. Als Junge wurde er von einem Verwandten sexuell mißbraucht. Die Erfahrung war für ihn so traumatisch, daß er seinen Eltern, die ihn sehr lieb hatten und ihn auch sehr gut behandelten, nie davon erzählen konnte. Er empfand, daß der Verwandte ihn im gewissen Sinne um den Segen seiner Eltern gebracht habe.

Er schämte sich des Vorgefallenen so sehr, daß es ihm jedesmal einfiel, wenn er etwas Bedeutendes leistete, und ihn davon abhielt, sich darüber zu freuen. Trotz seines großartigen beruflichen Erfolgs steckte er voller Unsicherheiten und Selbstzweifel. Er hatte aber ein Jahr zuvor eine wichtige Wahrheit entdeckt.

Beim Bibelstudium war er auf folgende, an den Apostel Paulus gerichtete Worte des Herrn gestoßen: „Laß dir an meiner Gnade genügen" (2. Korinther 12,9). Paulus erlebt hier eine Anfechtung, die er als demütigend empfindet, und bittet Gott darum, ihr ein Ende zu setzen. Gottes Antwort lautet: „Laß dir an meiner Gnade genügen." Danach findet Paulus die Kraft, mit seinem „Pfahl im Fleisch" zu leben.

Während unser Bekannter über seine eigene demütigende Erfahrung nachdachte, fiel ihm plötzlich ein weiterer Bibelvers ein: „Den Demütigen gibt Gott Gnade." Er war ganz gewiß gedemütigt worden und wußte ebenfalls, daß er sich an Gottes Gnade genügen lassen konnte. Nun brachte er endlich beide Tatbestände miteinander in Verbindung. Die

Wahrheit, die er mit dem Verstand längst begriffen hatte, konnte ihm so auch ins Herz fallen.

Unser Bekannter ist einer der besten Seelsorger, die wir kennen. Er geht während seiner Hörersprechstunde mit großer Sensibilität auf jeden Anruf ein. Jedesmal, wenn wir bei ihm sind, staunen wir über die Sicherheit, mit der er das eigentliche Problem jedes Anrufers feststellt, und das, obwohl er nur einige wenige Einzelheiten der jeweiligen Situation erfährt. Er gibt allerdings zu, daß er einen so effektiven Dienst des Erbarmens und Helfens nicht ausüben könnte, wenn er nicht selbst so stark gelitten hätte.

Natürlich handelte es sich bei seinem Erlebnis um ein abscheuliches Verbrechen, das sich bis heute erniedrigend auf ihn auswirkt. Aber er ist dadurch in reichem Maße der Gnade Gottes teilhaftig geworden. Jener Verwandte hat zwar die Selbstachtung unseres Bekannten „in Schutt und Asche" gelegt, aber Gott hat die negativen Folgen in „Schmuck" verwandelt (vgl. Jesaja 61,3).

Demütigungen können uns helfen, anderen besser zu dienen

Demütigungen lassen die Gnade Gottes auf uns herabströmen und helfen uns, bessere Diener zu werden. Vielleicht hört sich das nicht allzu reizvoll an. Die meisten Menschen haben gar kein Verlangen, ein Diener zu sein, denn Diener haben einen nur geringen gesellschaftlichen Status. Indessen: Wenn Gott wertvolle Menschen sucht, zeigt er zuallererst auf Diener und behauptet, nur sie seien wirklich „groß" (Matthäus 20,26). Wissen Sie, was nach den Worten Jesu die höchste Berufung ist? Nicht die zum Predigen. Nicht die zum Lehren. Auch nicht die zum Evangelisieren. Die höchste Berufung ist die zum Dienen (Johannes 13,1ff.).

Ich (John) habe festgestellt, daß Demütigungen mich zu einem besseren Diener gemacht haben. In der Zeit, als ich auf die High-School kam, mußte sich meine Mutter ihrer Arthritis wegen einer Reihe von Operationen unterziehen. Wir nannten sie zum Schluß „Bionic Woman", weil sie so viele künstliche Gelenke hatte, daß sie einen besonderen Ausweis brauchte, um am Flughafen den Metalldetektor zu passieren.

Während meine Mutter sich von den Operationen erholte, mußte sie entweder sehr langsam gehen und sich dabei auf einen Stock stützen oder einen Rollstuhl benutzen – wobei einer ihrer Söhne sie schieben mußte. Mit diesem Dienst hätte ich mir bei den Pfadfindern womöglich ein

Abzeichen verdient. Aber in der Clique, mit der ich vor meiner Bekehrung zusammen war, erntete ich nichts als Hohn und Spott.

Um ganz ehrlich zu sein, fand ich es manchmal erniedrigend. Aber wissen Sie, was ich dabei lernte? Die Demütigungen, die ich durch meine gefühllosen Freunde erlitt, machten mich zu einem besseren Diener. Wiewohl ich auf der High-School war, lernte ich durch das Eingehen auf die Nöte meiner Mutter enorm viel über das Dienen. Die Lektionen, die ich als Jugendlicher lernte, sind mir heute in meinem geistlichen Dienst wie in der eigenen Familie eine große Hilfe.

Demütigungen verhelfen uns zu einem größeren Maß der Gnade Gottes. Die Kraft der in uns wirksamen Gnade verleiht uns die Fähigkeit, anderen das Leben zu bereichern, und diese Fähigkeit steigert wiederum unser Selbstwertgefühl. Im Leben eines jungen Mädchens namens Lori bewirkte sie allerdings mehr als nur das. Lori entdeckte in ihr den Schlüssel zu dem, was Gott in Zukunft mit ihr vorhatte.

Jahrelang haßte Lori nicht nur sich selbst, sondern auch Gott, weil er sie so groß gemacht hatte. In der Grundschule waren viele Mädchen größer als die Knaben, aber Lori behielt diesen Vorsprung auch nach Jahren bei. Da sie sich gehemmt und einsam fühlte, gab sie sich Eßgewohnheiten hin, die ihr bald ein weiteres Problem bescherten: sie wurde übergewichtig.

Da sie alle anderen überragte, fiel sie ständig auf – und das haßte sie. Zudem war sie sich im klaren darüber, daß ein Mädchen, das so kräftig gebaut ist, nur geringe Aussichten auf Verabredungen hat. Auf der High-School wurde sie zwar gläubig, im Blick auf ihr Aussehen gab es jedoch nichts, wofür sie Gott danken mochte.

Dann unternahm Loris Betriebswirtschaftsklasse eines Tages eine Exkursion in ein nahegelegenes Krankenhaus. An diesem Nachmittag veränderte sich plötzlich Loris ganzes Leben. Es geschah, als sie die Abteilung für Krankengymnastik besuchte.

Während eine Krankenschwester den Schülern und Schülerinnen die verschiedenen Geräte zeigte und erläuterte, wie sie eingesetzt werden, trat ein Notfall ein. Eine junge Frau, die an der Wirbelsäule verletzt war, rutschte von ihrem Trainingsgerät und stürzte zu Boden. Sie begann zu weinen, und Lori eilte sofort, ohne weiter zu überlegen, zu ihr hinüber, hob sie auf und setzte sie sanft in ihren Rollstuhl. Das wäre normalerweise eine Aufgabe für mindestens zwei Krankenschwestern gewesen. Lori war jedoch so kräftig, daß sie die junge Frau auch ohne fremde Hilfe problemlos aufheben konnte.

Zu der Zeit, als wir mit Lori sprachen, waren seit der Exkursion sieben

Jahre vergangen. Sie erzählte: „Jahrelang betrachtete ich meine Körpergröße als Fluch und nicht als Segen. Erst damals im Krankenhaus wurde mir klar, daß Gott mich so gebrauchen kann, wie ich bin! Die junge Frau, die zu Boden gefallen war, brauchte meine starken Arme. An jenem Nachmittag dankte ich Gott zum erstenmal dafür, daß er mich so groß gemacht hat."

Inzwischen hat Lori eine Ausbildung als Krankengymnastin abgeschlossen und ist in einem großen Krankenhaus im Südwesten angestellt. Im Dienst an verletzten Kindern und Erwachsenen kommt sie sich – so wie Gott sie gemacht hat – wertvoll, sogar unentbehrlich vor.

Prüfungen können demütigend sein. Es ist nicht besonders angenehm, wenn Ihr Kind in der letzten Phase eines Staffellaufs das Staffelholz fallenläßt, bei einem Konzertabend als einziges seine Noten vergißt, bei Nachbarn übernachtet und dabei ins Bett macht oder wenn es die zweite Klasse wiederholen muß. Passiert es aber doch, so kann Ihr Kind dadurch die Gnade Gottes empfangen. Prüfungen können es anderen gegenüber sensibler machen. Gott kann sie gebrauchen, um das Kind in Zukunft zu einem besseren Diener zu machen. Einige Kinder entdecken sogar durch Prüfungen ihre Lebensaufgabe.

3. Das Erlittene kann sie zur Reife führen und ihnen Ausdauer vermitteln.

Ist Ihnen schon einmal aufgefallen, daß Menschen, die gelitten haben, oftmals eine Reife und eine innere Stärke aufweisen, die weit über das ihrem Alter Entsprechende hinausgeht? Genau diesen Nutzen zog jedenfalls ein Mädchen namens Carol aus ihren Prüfungen. Sie wurde von ihrer Mutter, einer Alkoholikerin, allein erzogen. Auf der High-School gehörte sie zwar zu einer Clique, die alles mitmachte, doch wahrte sie zu den anderen stets eine gewisse Distanz. Aufgrund dessen, was sie zu Hause durchgemacht hatte, traf Carol schon früh einige Entscheidungen, deren Richtigkeit ihre eher unreifen Freundinnen erst viel später – zumeist nach großem Herzeleid – einsahen.

Als die Clique anfing, sich auf ihren Partys alkoholische Getränke einzuschenken, wußte Carol bereits, wohin das Trinken „um der Gemeinschaft willen" führen kann. Ihre Freundinnen hatten noch nie jemanden bewußtlos im eigenen Erbrochenen liegen sehen. Carol hingegen hatte die eigene Mutter so erlebt, und darum fiel es ihr verhältnismäßig leicht, einen angebotenen Drink abzulehnen. Da sie wußte, welche Rolle der

Alkohol bei der Scheidung ihrer Eltern gespielt hatte, setzte sie auch bei Verabredungen weit höhere Maßstäbe als die meisten ihrer Freundinnen.

Kinder aus Familien mit Alkoholproblemen neigen dazu, selbst Alkoholiker zu werden. Sie haben vielfach ein niedriges Selbstwertgefühl, das sie dazu verleitet, die Fehler ihrer Eltern zu wiederholen. Carol hingegen ließ sich von den durchlittenen Prüfungen nicht ins Bockshorn jagen, sondern hielt stets nach den positiven Aspekten ihres Familienhintergrunds Ausschau. Auf diese Weise konnte sie ihr Selbstwertgefühl aufbauen.

Gerade weil Carol aus einer Familie mit Alkoholproblemen stammte, schreckte sie vor dem Trinken zurück. Dazu kam, daß sie lange vor den meisten ihrer Freundinnen einer Teilzeitarbeit nachgehen und einen Haushalt führen mußte. Was sie dabei über Verantwortung lernte, kam ihr später sowohl im Berufsleben als auch im Umgang mit ihrem Mann und ihren Kindern zugute.

Das vorzeitige Erwachsenwerden kann eine recht schmerzliche Angelegenheit sein. Aber Carol – sie wohnt seit Jahren nicht mehr bei ihrer Mutter – kann Gott heute für das Verantwortungsbewußtsein und für die Reife danken, die ihr durch ihre schweren Erlebnisse zuteil wurden. Was Ausdauer und die Fähigkeit, mit Schwierigkeiten fertig zu werden, betrifft, ist sie vielen Gleichaltrigen um Jahre voraus.

Andere junge Menschen können das gleiche bezeugen – Alan zum Beispiel. Alans Schwester starb an Leukämie, als sie in die Oberstufe ging und er Student im ersten Semester war. So erschütternd diese Erfahrung auch war, nach dem Tode seiner Schwester veränderte sich Alan sehr zum Positiven. Kleinigkeiten, die er bis dahin als selbstverständlich hingenommen hatte, kamen ihm mit einemmal sehr wertvoll vor. Er begann sich ernsthaft mit Lebens- und Glaubensfragen zu befassen. Der Tod seiner Schwester bewirkte in seinem Leben Wachstum und Reife. Er entwickelte die Fähigkeit, sich um andere zu kümmern, sowie eine Last für missionarische Gemeindearbeit. Er ist heute einer der erfolgreichsten Pastoren im ganzen Land.

Die Natur hat ihre eigenen Möglichkeiten, diese geistliche Wahrheit zu veranschaulichen. Diejenigen unter uns, die einen Garten haben, vollziehen jedes Jahr im Herbst das Ritual, ihren Rasen ein letztes Mal zu mähen, und zwar so kurz wie irgend möglich. Wenn wir das Gras so kurz abschneiden, sieht es aus, als werde es nie wieder nachwachsen. Und doch: Gerade weil es so kurz geschnitten wurde, wird es im Frühling üppiger und grüner als je zuvor. Die Bibel sagt, daß der Herr von Zeit zu Zeit jede Rebe, die Frucht bringt, beschneidet, damit sie kräftiger wird und noch mehr Frucht bringt (Johannes 15,1-8). So schmerzhaft das Beschnittenwerden auch sein mag, wir bringen in der Folge Frucht – die „Frucht des Geistes", die unser eigenes Leben wie auch das der Menschen um uns herum verändern kann (Galater 5,22).

Niemand, der die Geschichte von Joni Eareckson Tada kennt, wird bestreiten, daß Gott sie durch ihren schrecklichen Unfall zu einer großartigen Persönlichkeit gemacht hat. Wenn sie im Fernsehen oder im Rundfunk in Talkshows auftritt, strahlt sie eine Reife aus, die sichtbar macht, wieviel Gott ihr durch ihre Leiden zeigen konnte. Reife ist die dritte positive Folge des Leidens. Wollen Sie Ihre Kinder ehren und ihnen helfen, sich auch in schwierigen Situationen wertvoll zu fühlen? Dann machen Sie sie darauf aufmerksam, daß sie durch solche Situationen zu größerer Reife gelangen können.

4. Wir können als Familie enger zusammenrücken.

In einem gesunden Körper gilt: Wenn ein Glied leidet, leiden alle anderen Glieder mit (1. Korinther 12,26). Das gilt ebenso in einer gesunden Familie. Wenn ein Glied der Familie leidet, rückt der Rest der Familie aufgrund des miteinander geteilten Leids enger zusammen. Und damit hätten wir die vierte positive Auswirkung von Leiderfahrungen erreicht.

Vor einigen Jahren wurden wir Zeugen eines gefühlsgeladenen Augenblicks. Wir übernachteten in einem Hotel in einem Vorort von Chicago. In diesem Hotel wurde gerade ein Treffen ehemaliger Angehöriger einer im Zweiten Weltkrieg unter dem Befehl General Pattons stehenden Panzerdivision veranstaltet. Offiziere und einfache Soldaten dieser Division hatten sich von Italien aus nach Frankreich durchgekämpft, wo sie bei der Ardennenschlacht unter Einsatz ihres Lebens die umzingelten alliierten Truppen retten konnten. Die meisten unter ihnen hatten im Verlauf des Krieges eine ganze Anzahl enger Freunde verloren. Sie alle hatten gemeinsam schwerste Prüfungen durchstanden.

Wir befanden uns gerade in der Eingangshalle, als das Treffen zu Ende ging, und konnten beobachten, wie die Männer sich voneinander verabschiedeten. Das Ganze wirkte in gewisser Weise komisch. Ganz anders als heute verfügten Panzerbesatzungen im Zweiten Weltkrieg über keinen wirksamen Gehörschutz. Wenn sie ihre Geschütze feuerten, entstand in den Panzern ein Höllenlärm. Aus diesem Grunde waren viele der Anwesenden schwer hörgeschädigt.

Die Abschiedsgespräche wurden deshalb viel lauter geführt, als das normalerweise der Fall ist. Immer wieder vernahm man die Bitte, das Gesagte noch einmal zu wiederholen. Und dennoch: Die Tränen, die Umarmungen und die gegenseitige Verbundenheit dieser Männer mehr als 40 Jahre nach ihrem gemeinsamen Einsatz werden wir niemals vergessen. Ihr Gehör war vielleicht nicht mehr so gut wie einst; aber dieser Mangel wurde durch ihr Zusammengehörigkeitsgefühl mehr als ausgeglichen.

Schwere Erfahrungen hatten diese Männer zu einer einzigen großen Familie zusammengeschmiedet. Wenn Kinder Prüfungen durchleben, kann das bei jedem einzelnen Mitglied der Familie ähnliche Folgen zeitigen.

Früher, wenn ich (Gary) meinen Sohn Michael fragte: „Woher kommt es, daß dein Papi dich so liebhat?", pflegte er zu lächeln und zu sagen: „Weil ich dich in die Familie zurückgeholt habe."

Als Michael geboren wurde, war ich auf dem „Höhepunkt" meiner Karriere. Die anderen Kinder waren schon älter, und ich hatte deshalb keine Bedenken, mich auf Dienstreisen zu begeben. Die zusätzliche familiäre Verantwortung kam mir in dieser Situation sehr ungelegen.

Um ganz ehrlich zu sein, war ich in gewisser Weise auf Michael sauer, zumindest in der ersten Zeit, nachdem wir ihn vom Krankenhaus nach Hause geholt hatten. Das alles änderte sich jedoch, als wir eines Tages im Swimmingpool eines Motels schwimmen gingen. Als ich mich umsah, lag der dreijährige Mike bewegungslos auf dem Grund.

Ich werde nie vergessen, wie mir, als ich in die Tiefe tauchte und ihn hochholte, der Gedanke durch den Kopf ging: „O Herr, wir haben ihn verloren!" Ich legte ihn neben dem Becken nieder und versuchte, ihn mit Mund-zu-Mund-Beatmung wiederzubeleben. Und tatsächlich: Nach kürzester Zeit hustete er und fing an zu weinen. Von diesem Augenblick an waren Michael und ich in besonderer Weise miteinander verbunden. Die gemeinsam durchlittene Prüfung hat mich gewissermaßen in die Familie zurückgeholt. Hauptsächlich aufgrund dieser Erfahrung bat ich meinen Chef um eine neue Aufgabe, um nicht so viel unterwegs sein zu müssen und mehr Zeit mit meiner Familie verbringen zu können.

Im Verlauf der Jahre haben die schweren Erlebnisse auch der anderen Kinder den Rest der Familie enger zusammenrücken lassen. Immer wieder konnte Gott jedoch gerade Michaels viele Unfälle dazu benutzen, uns als Familie enger aneinanderzuschmieden. Ein weiteres Beispiel wäre das, was letztes Jahr zu Weihnachten geschah.

Eine beliebte Familientradition der Smalleys schreibt vor, daß es am ersten Weihnachtstag Fleischfondue gibt. Wir waren fleißig damit beschäftigt, Rindfleisch- und Brotstücke mit unseren langen Fonduegabeln aufzuspießen und sie ins siedende Fett zu tauchen, als Mike plötzlich einen entsetzlichen Schrei losließ.

Beim Versuch, ein Stück Fleisch aufzuspießen, hatte er sich aus Versehen mit der Fonduegabel die Hand durchstochen! Einige Minuten lang herrschte im ganzen Haus ein völliges Tohuwabohu. Während Norma und Kari Michael zu trösten versuchten, rannten Greg und ich, um eine Kneifzange zu holen, mit der wir die Gabelspitze abknicken und sie ihm aus der Hand ziehen konnten.

Nachdem wir Michael die Hand verbunden hatten, fühlte er sich etwas besser und begann zu lachen. Bald wälzten wir uns vor Lachen wegen der Aufregung und der Hektik, die der Unfall bei uns ausgelöst hatte. Es kam uns vor, als wären wir allesamt schreiend, aber völlig orientierungslos hin und her gelaufen.

Als es wieder ruhig geworden war, sah mich Michael mit einem Grinsen an und meinte: „Sag mal, woher kommt es, daß ich immer derjenige bin, der die Familie wieder zusammenbringt?“

5. Sie können liebevoller werden.

Haben Sie schon den roten Faden entdeckt, der die bisher besprochenen positiven Folgen des Leidens miteinander verbindet? Sie alle tragen dazu bei, daß Kinder liebevoller werden. Die wertvollste Münze, die wir beim „Auspacken“ einer Prüfung entdecken können, ist Liebe. Schwere Erlebnisse heben immer wieder Kanäle aus, durch die die Liebe Gottes zu uns und unsere Liebe zu anderen fließen kann.

In den Wochen nach Michaels Verkehrsunfall bekam ich mehrmals die Gelegenheit, mich mit ihm zusammen hinzusetzen und einige positive Folgen seiner Prüfung aufzuzählen. Weil wir das schon nach so vielen Unfällen getan haben, hatte er auch ohne meine Hilfe gemerkt, daß er sensibler und reifer geworden war und daß seine demütigenden Narben auch ihre positiven Seiten haben. Die größte Gabe aber, die er durch seine Prüfungen bekommen kann, ist die Fähigkeit, mit anderen liebevoller umzugehen.

Was ich an Menschen wie Joni Eareckson oder meinem Sohn Michael am meisten schätze, ist die tiefe Liebe zum Herrn und zu anderen Menschen, die sie aufgrund ihrer Leiden entwickelt haben. C. S. Lewis sagte einmal: „Gott flüstert in unseren Freuden; in unseren Schmerzen aber ruft er laut“[3]. Er hatte damit recht. Menschen, die Gott im voraus für die positiven Folgen ihrer Leiden danken, helfen nicht nur sich selbst damit, sondern auch ihren Kindern – vorausgesetzt, sie geben die hier besprochenen Prinzipien an sie weiter.

Kinder müssen nicht für immer in ihrem Schmerz eingesperrt bleiben. Unser Gott hält, was er verspricht – und er hat zugesagt, denen, die ihn lieben, alles zum Besten dienen zu lassen (Römer 8,28). Er ist so zuverlässig, daß wir ihm danken können, noch ehe wir die positiven Folgen unserer schweren Erlebnisse sehen (1. Thessalonicher 5,18). Wenn Kinder liebevolle Eltern haben, die ihnen helfen, dem Karton ihrer Prüfungen den Deckel abzunehmen, können sie im Laufe der Zeit liebevoller werden, und zwar mit Hilfe gerade der Erlebnisse, die ihnen mit umgekehrtem Vorzeichen die Liebe geraubt hätten.

Weitere Hinweise darüber, wie wir aus Prüfungen den Nutzen ziehen können

Bevor wir dieses Kapitel beschließen, möchten wir noch ein paar Bemerkungen über unsere Reaktion auf Leiderfahrungen hinzufügen. Bei Problemen wie einer ungewollten Schwangerschaft, schweren Unfällen, Krebserkrankungen, dem Tod eines Elternteils oder anderen traumatischen Erlebnissen dürfen Sie nicht damit rechnen, daß Ihr Kind die positiven Folgen seiner Prüfung von heute auf morgen wahrnimmt. In einigen Fällen kann dies ein ganzes Jahr oder noch länger dauern.

Nancy, deren Geschichte wir bereits erzählt haben – sie wurde von ihrem Vater sexuell mißbraucht –, benötigte fast zwölf Monate, ehe sie an ihrem schrecklichen Erleben irgend etwas Positives zu erkennen vermochte. Als ihr jedoch aufging, daß Gott sie durch ihre Erfahrung sensibler und liebevoller gemacht hatte, wurde es ihr möglich, ihrem Vater zu vergeben und sich zum erstenmal von dem aus ihrer Vergangenheit herrührenden Schmerz zu lösen. In der Auseinandersetzung mit seinem Vater mußte Jerry fast acht Monate lang eine tägliche Entscheidung treffen, seine Prüfungen „auszupacken“ und nach ihren positiven Folgen Ausschau zu halten. Erst dann konnte er sich dem schmerzhaften Zugriff der Vergangenheit entziehen.

Die Experten sagen uns, daß wir eine Handlungsweise mindestens 30 Tage lang wiederholen müssen, ehe sie uns zur festen Gewohnheit wird. Wollen Sie schweren Erlebnissen Positives abgewinnen, so müssen Sie bei der Suche nach dem Nutzen, den Sie daraus ziehen können, unbedingt Ausdauer mitbringen.

Wir bestreiten nicht, daß einige Menschen nach durchlittenen Schwierigkeiten alles andere als liebevoller sind. Jeder, dem etwas zustößt, wird eine Zeitlang über das Vorgefallene zornig sein – das ist ganz natürlich. Wenn wir uns jedoch entschließen, zornig zu bleiben, werden wir geistlichen Wahrheiten gegenüber nicht mehr sensibel sein. Ein solcher Entschluß kann zu Bitterkeit und Groll führen. Er verhärtet das Herz und läßt die Beziehung zu Gott und zu anderen Menschen abkühlen.

Nicht die Menge der vergossenen Tränen entscheidet darüber, ob ein Mensch durch Prüfungen wächst oder nicht, sondern seine Bereitschaft, Gott beim Wort zu nehmen. Hört er nur auf die Weisheit dieser Welt, so werden Prüfungen, die von außen an ihn herantreten, fast immer sein Selbstwertgefühl erschüttern. Hört er jedoch auf das unwandelbare Gotteswort, und sei es nur ein sanftes, leises Säuseln mitten im Gewitter der Leiderfahrung, so können ihm in seinem Inneren Reife und Erbauung zuteil werden.

Weshalb lohnt es sich, sich mit seinen Kindern hinzusetzen und ihnen zu zeigen, daß man schweren Erlebnissen auch Positives abgewinnen kann? Die Antwort auf diese Frage finden wir in einigen Worten Salomos, des klügsten Menschen, der jemals gelebt hat:

„Denk an deinen Schöpfer,
solange du noch jung bist,
ehe die schlechten Tage kommen
und die Jahre, die dir nicht gefallen werden.“
(Prediger 12,1)

Verzichten Sie immer wieder auf den Nutzen, den Sie aus Ihren Prüfungen ziehen können, so wird mit der Zeit jegliche Freude aus Ihrem Leben weichen. Das hat Salomo gemeint: Wer lange genug lebt, wird am Ende so viel Leid erfahren, daß ihm die Freude am Leben vollends abhanden kommt.

Sind Sie weise, so werden Sie Ihre Kinder auf das Positive, das Gott durch Prüfungen in ihrem Leben zu bewirken vermag, aufmerksam machen, noch ehe die harten Realitäten des Lebens sie um ihre Freude bringen. Weisen Sie sie als erstes darauf hin, daß die Kraft Gottes gerade dann verfügbar ist, wenn sie eine Niederlage erlebt haben. Wenn sie einsam sind, ist die Gegenwart Gottes für sie da. Sollte ihnen Schlimmes zustoßen, so gibt ihnen Gott die Kraft, in ihm Wertschätzung zu finden sowie notleidende Menschen zu lieben und ihnen zu dienen.

Jetzt wollen wir unser Augenmerk auf einen weiteren Aspekt der Ehre richten. Es geht darum, wie wir als Eltern unsere persönlichen Stärken und unseren persönlichen Stil identifizieren können.

Anmerkungen

1 William Shakespeare, Romeo und Julia. Übersetzt von Herbert Geisen (Stuttgart: Reclam, 1983), II/2.

2 Siehe Gary Collins, Einführung in die beratende Seelsorge (Witten: Bundes-Verlag, 1979); zitiert nach der amerikanischen Ausgabe.

3 C. S. Lewis, Über den Schmerz. Ins Deutsche übertragen von Hildegard und Josef Pieper (Gießen; Basel: Brunnen, 1991), S. 93.

Kapitel 6

Als Eltern müssen wir unsere persönlichen Stärken und unseren persönlichen Stil identifizieren

Gleich zweimal verpaßt er seiner Tochter Geri eine Ohrfeige, dann packt er sie am Arm. „Du freches Gör!" schreit er die Zehnjährige an. „Sieh zu, daß du endlich dein Zimmer aufgeräumt kriegst!"

Seine Frau eilt herbei, um ihre jüngste Tochter zu verteidigen. Aber jetzt ist es zu spät, denn ihr Mann hat bereits die Beherrschung verloren. Er schreit Geri mit wütender Stimme an: „Ich will dieses Zimmer wieder tipptopp sehen! Dort hinter der Tür liegen noch Socken – hältst du das etwa für aufgeräumt? Den Besuch bei deiner Freundin kannst du dir aus dem Kopf schlagen! Du hast ab sofort Stubenarrest, verstanden?" Mittlerweile schreit er so laut, als wäre seine Tochter taub.

Woher kommt es, daß einige Kinder sehr streng erzogen werden, während andere in einem eher ausgeglichenen, lockeren Zuhause aufwachsen? Woher kommt es, daß einige Eltern völlig unrealistische Erwartungen in ihre Kinder setzen, während andere sie nur ermutigen, die ihnen gegebenen Möglichkeiten auszuschöpfen? Und woher kommt es, daß einige Eltern selbstbewußte Kinder hervorbringen, während Kinder aus anderen Familien unsicher oder labil sind?

Durch unsere Arbeit in der Familienberatung sind wir zu der Erkenntnis gelangt: Eltern, die in Erziehungsfragen einen eigenen, durchdachten Standpunkt vertreten und einen eigenen Stil entwickeln, bringen selbstbewußte Kinder hervor, die das Gefühl haben, wertvoll zu sein. Mit anderen Worten: Eltern, die ein positives Selbstverständnis haben und mit den eigenen Stärken vertraut sind, ehren ihre Kinder und vermitteln ihnen ein gesundes Selbstwertgefühl.

In diesem Kapitel besprechen wir die vier Kategorien, in die man die meisten Eltern einordnen kann, sowie ihre jeweiligen persönlichen Stärken. Es sind zahlreiche ausgezeichnete Bücher und Persönlichkeitstests zu diesem Thema erschienen, doch wollen wir uns auch hier damit befassen, wie unsere persönliche Veranlagung unseren Kindern zugute kommen kann.

Als Eltern müssen wir unsere Stärken kennen

Weshalb ist es so wichtig, daß Mütter und Väter ihre Stärken kennen? Einen wichtigen Grund entdeckte ich (John) auf dem theologischen Seminar. An dem Seminar, das ich besuchte, mußten alle Studenten im ersten Semester den Kursus „Methodik des Bibelstudiums" belegen. Der für diesen Kursus zuständige Dozent war Dr. Howard Hendricks, ein in ganz Amerika bekannter Pädagoge und Familienberater, den die Seminaristen liebevoll „Prof" nannten. Er war der beste Ausbilder, dem ich je begegnet bin. Seine begeisternden Vorträge über die christliche Familie hatten maßgeblichen Einfluß auf meine Entscheidung, selbst im Bereich der Seelsorge und der Familienberatung mein Betätigungsfeld zu suchen.

Als ich am ersten Tag des neuen Schuljahres im überfüllten Vortragssaal einen Sitzplatz ergatterte, war ich von großer Sorge erfüllt. Wie ich wußte, hatten viele meiner Kommilitonen eine Bibelschulausbildung. Vermutlich hatten auch die meisten als Kinder eine christliche Schule besucht. Ich selbst hingegen hatte an einer weltlichen Universität studiert und war erst seit kurzem gläubig. Aus diesem Grunde reichten meine Bibelkenntnisse bei weitem nicht an die der anderen Studenten heran. Ich fragte mich, ob ich überhaupt Chancen hätte, den Kursus erfolgreich abzuschließen. Würde ich die nächsten vier Jahre überstehen? Hatte ich wirklich das Zeug dazu?

Nachdem Dr. Hendricks den Unterricht mit einem Gebet begonnen hatte, tat er als nächstes etwas, was mich noch mehr beunruhigte. Energisch, wie er war, zeigte er mit dem Finger auf die Anwesenden und sagte: „Meine Damen und Herren, ich lasse Sie sofort eine Prüfung schreiben. Bestehen Sie diese Prüfung, so kann ich Ihnen beinahe garantieren, daß Sie im geistlichen Dienst Erfolg haben werden. Fallen Sie jedoch durch, so ist es durchaus denkbar, daß Sie auch im Dienst scheitern werden. Nehmen Sie bitte eine DIN-A5-Karte zur Hand und beantworten Sie folgende Fragen."

„O nein!" stöhnte ich leise, während ich nach einer Karteikarte griff. „Er wird uns bestimmt bitten, alle Bücher des Alten Testaments oder alle Namen aus dem Geschlechtsregister Jesu aufzuzählen. Oder er will die ‚versteckte' Bedeutung irgendeiner griechischen Vokabel wissen, mit der jeder Bibelschulabsolvent vertraut ist."

In vornübergebeugter Sitzhaltung dachte ich bereits angestrengt darüber nach, wie ich meiner Familie und meinen Freunden erklären könne, daß ich wegen ungenügender Leistung vom Seminar geflogen sei. Ich war noch keinen ganzen Tag hier und hatte jetzt schon das Gefühl, den Herrn und meine Familie enttäuscht zu haben.

Meine Gedanken wurden unterbrochen, als Dr. Hendricks sagte: „Vermerken Sie bitte auf der einen Seite der Karte Ihre drei größten Schwächen."

Meine drei größten Schwächen? Das war ja nicht schwer! Die einzige Schwierigkeit, die ich dabei hatte, war, mich auf drei Schwächen zu beschränken. Ich sah mich um. Niemand schien Probleme damit zu haben, seine Schwächen zu benennen. Einige Minuten lang wurde überall im Raum eifrig geschrieben.

Nach einer kurzen Pause sagte Dr. Hendricks: „Das war nur eine Übung zum Aufwärmen. Jetzt kommt die eigentliche Prüfungsfrage."

„Das habe ich geahnt!" sagte ich mir. „Jetzt fragt er uns bestimmt nach den Büchern des Alten Testaments."

Dr. Hendricks fuhr sehr bedächtig fort: „Ich möchte, daß Sie Ihre Karte umdrehen und auf der anderen Seite Ihre drei größten Stärken vermerken."

Es war sehr leicht, unsere Schwächen aufzuzählen. Aber unsere Stärken? Sollten wir uns überhaupt dafür die Zeit nehmen, sie aufzuschreiben? Hier sollten uns doch christliche Werte vermittelt werden! Wäre es nicht eher angebracht, uns auf unsere Schwächen zu konzentrieren? Ich hatte zwar nur eine weltliche Schule besucht, doch kannte sogar ich das Sprichwort: „Hochmut kommt vor dem Fall." Diesmal wurde nicht so eifrig geschrieben. Viele Studenten ließen ihren Bleistift oder Kugelschreiber eine Zeitlang liegen und dachten lieber intensiv über ihre Antwort nach.

Seither habe ich mich des öfteren an die weisen Worte erinnern müssen, die Dr. Hendricks im Anschluß an die „Prüfung" äußerte: „Ich bin seit vielen Jahren Lehrer. In der Zeit ist mir äußerst selten jemand begegnet, der mir nicht auf Anhieb seine Schwächen nennen konnte. Wenn Sie jedoch die Stärken nicht kennen, die Gott Ihnen in die Wiege gelegt hat, werden Sie im geistlichen Dienst niemals erfolgreich sein.“

Wir brauchen nur an das Wirken Jesu zu denken, um uns zu überzeugen, daß Dr. Hendricks recht hatte. Jesus wußte, wer er war und wer ihn gesandt hatte (Johannes 16,5). Er wußte, daß er eine Beziehung zum Vater hatte und daß er nur tun konnte, was er vorher den Vater tun sah (Johannes 5,19ff.). Sein Vertrauen in die Heilige Schrift bedeutete, daß er nicht davor zurückschreckte, sich, wenn es sein mußte, auf ein Wortgefecht einzulassen, auch wenn sein Gegner ein hochgelehrter Pharisäer war (Matthäus 15,1ff.; Markus 7,5ff.; Lukas 5,30ff.). Kurzum, Jesus kannte seine Stärken und setzte sie im Dienst an Gott und den Menschen ein.

Was hat das alles mit uns zu tun, die wir unseren Kindern unsere Wertschätzung vermitteln wollen? Eltern, die ihre persönlichen Stärken kennen, sind eher in der Lage, ihren Kindern zu dienen. Wenn Sie Ihre drei größten Stärken nicht auf Anhieb aufschreiben können, haben Sie wahrscheinlich ein niedriges Selbstwertgefühl. Es wird Ihnen deshalb schwerfallen, Ihren Kindern ein höheres – gesundes – Selbstwertgefühl zu vermitteln. Erst wenn Sie die Stärken und die positiven Charakterzüge kennen, die Gott Ihnen geschenkt hat, werden Sie Ihre größten Schwächen bei der Erziehung Ihrer Kinder zu identifizieren vermögen.

Wenn Stärken ins Extreme ausarten ...

Für die meisten unter uns gilt: Unsere Schwächen sind extrem ausgeprägte Stärken. Dieser Satz ist es wert, wiederholt zu werden: Schwächen sind oftmals extrem ausgeprägte Stärken. Nehmen wir als Beispiel den Apostel Petrus.

Petrus, der Fels, hatte eine große Stärke: seine Bereitschaft, den Stier bei den Hörnern zu packen. Diese Stärke ließ ihn am ersten Pfingsttag eine so vollmächtige Predigt halten, daß dreitausend Menschen errettet wurden. Was passierte aber, als er dieser Stärke die Zügel schießen ließ?

Einmal stellte er in Abrede, daß Jesus für das Kreuz bestimmt war (Matthäus 16,21ff.). Bei der Gefangennahme Jesu im Garten Gethsemane hätte er fast ein Massaker ausgelöst (Johannes 18,10). Und als er vor der Kreuzigung Jesu von einigen Frauen in die Mangel genommen wurde, verleugnete er seinen Herrn (Matthäus 26,69ff.). Es war ganz gewiß eine Stärke des Petrus, daß er sich zum schnellen Handeln entschließen konnte. Aber manchmal handelte er auch dann, wenn es weiser gewesen wäre, nichts zu tun.

Vielleicht gehört Entschlossenheit auch zu Ihren Stärken. Entschlußfreudigkeit kann durchaus eine Stärke sein. Allerdings kann der schnell Entschlossene, wenn diese Stärke extrem ausgeprägt ist, herrschsüchtig oder rechthaberisch wirken.

Vielleicht gehört das Zuhören-Können zu Ihren Stärken. Nehmen Sie sich die Zeit, Ihrem Kind aufmerksam zuzuhören, so werden Sie ganz gewiß sein Selbstwertgefühl stärken. Was passiert jedoch, wenn Sie diese Stärke ausufern lassen? Es entstehen Situationen wie die, in der sich ein Mädchen namens Faye befand.

Faye hatte Probleme und unternahm wiederholt den Versuch, bei ihrer Mutter Rat zu holen. Aber jedesmal, wenn Faye eine wichtige Sache mit ihrer Mutter zu besprechen hatte, hörte ihre Mutter immer nur zu. Weil sie sich unsicher fühlte, machte sie ihrer Tochter nie irgendwelche hilfreichen Vorschläge. Faye fühlte sich oft so frustriert, daß sie ausrief: „Mutti, gib mir doch irgendeinen Rat!“ Das Zuhören-Können ist eine Stärke, die wir alle brauchen, aber in diesem Fall war sie so stark ausgeprägt, daß sie zwangsläufig zu Enttäuschungen führte. Fayes Mutter konnte ihrer Tochter mit dieser Verhaltensweise unmöglich ihre Wertschätzung vermitteln.

Hat ein Mensch seine Stärken erkannt, dann ist er in der Lage, seine Schwächen zu identifizieren. Eine sehr ordentliche, gewissenhafte Hausfrau sollte Gott für diese ihre Veranlagung danken. Sie muß sich jedoch in acht nehmen, damit Sauberkeit für sie nicht zur Zwangsvorstellung wird und sie an ihren Kindern laufend etwas zu mäkeln hat. Ein entschlußfreudiger Vater sollte Gott für seine Entschlossenheit und Tatkraft danken, aber er muß aufpassen, damit er es mit seiner Entschlußfreudigkeit nicht zu weit treibt und dadurch seiner Familie gegenüber hart, herrschsüchtig oder tyrannisch wird.

Es gibt einen weiteren Grund, weshalb es für Sie als Vater oder Mutter hilfreich sein kann, Ihren persönlichen Stil und Ihre persönlichen Stärken kennenzulernen. Sie erfahren dadurch sowohl, mit welchem Ihrer Kinder Sie die meisten Schwierigkeiten haben werden (nämlich mit demjenigen, das die meisten seiner Stärken mit Ihnen teilt), als auch, wie Sie jedes Ihrer Kinder mit Hilfe seiner natürlichen Veranlagung ermutigen und für das Leben zurüsten können.

Wahrscheinlich befürchten einige Leser dieses Buches, daß ihnen keine einzige Stärke einfallen würde, die sie auf einer DIN-A5-Karte vermerken könnten. Wir hoffen jedoch, daß Sie, während wir die vier grundlegenden Elterntypen schildern, nicht nur nach Dingen Ausschau halten, die Sie bei sich ändern müssen. Wir wünschen vielmehr, daß Sie – vielleicht zum erstenmal überhaupt – in die Lage versetzt werden, Ihre natürlichen Stärken zu erkennen und Gott dafür zu danken. Dann werden Sie diese Stärken einsetzen können, um bei Ihren Kindern ein gesundes Selbstwertgefühl zu fördern.

1. Dominierende Eltern

Wenn dominierende Eltern ihre Kinder bitten, etwas zu erledigen, dann wollen sie, daß diese sofort parieren. Eine typische Bemerkung solcher Eltern lautet: „Wenn ich dir sage, daß du springen sollst, dann frag mich nicht, warum, sondern wie hoch!"

Eltern diesen Typs stellen sich gern den Herausforderungen des Lebens. Wenn alles – für ihre Vorstellungen – zu ruhig verläuft, kann es durchaus sein, daß sie selbst für ein wenig Aufregung sorgen. Wenn sie Zeit oder Geld in irgend etwas investieren, wollen sie möglichst bald Ergebnisse sehen. Bekommt ihr Sohn Nachhilfeunterricht, dann erwarten sie, daß sich seine Schulnoten schnellstens verbessern. Erhält ihre Tochter Klavierunterricht, dann können sie ihren ersten Solovortrag kaum abwarten.

Dominierende Eltern sagen unverblümt ihre Meinung. Man weiß immer ganz genau, wie man bei ihnen dran ist. Ihre Kinder brauchen nicht zu raten, ob Mutter oder Vater böse, glücklich oder traurig ist. Sie zeigen es ganz offen und verstecken sich nicht hinter einer Maske. Diese Offenheit ist an sich sehr positiv. Manchmal kommt es jedoch vor, daß dominierende Eltern ihre Kinder schonungslos kritisieren, ohne sich darüber im klaren zu sein, wieviel Schaden sie mit ihren herben Worten anrichten können.

Haben dominierende Eltern ein Kind im Teenageralter, dann kann es zu Reibereien kommen. Dominierende Eltern sind alles andere als verständnisvoll, wenn ihre Kinder den Status quo in Frage stellen. Sie werden leicht zornig, wenn ihre Meinung hinterfragt wird.

Wenn die Kinder dominierender Eltern etwas erzählen oder eine Bitte vortragen, müssen sie gleich zur Sache kommen, sonst stoßen sie schnell auf Widerstand. Dominierende Eltern sind nur selten zum Plaudern aufgelegt; sie wollen kurze, sachliche Gespräche führen und sich anschließend wieder den Herausforderungen des Lebens widmen.

Nehmen dominierende Eltern eine Situation wahr, die ihrer Meinung nach ein Eingreifen erfordert, dann reagieren sie sofort. Sind sie beispielsweise der Ansicht, daß Bobbys Zimmer neu eingerichtet werden muß, dann fahren sie noch am gleichen Tag los, um neue Möbel zu kaufen. Möchte Jayne das einzige Mädchen an ihrer Schule sein, das Dudelsackunterricht erhält, dann hat ihre dominierende Mutter schon nach einigen Stunden den einzigen Dudelsacklehrer der Stadt aufgespürt und ihre Tochter bei ihm angemeldet.

Wie der Apostel Petrus verfügen dominierende Eltern über Tatkraft und Entschlußfreudigkeit. Sie sollten sich jedoch lieber mit Bobby über die Neueinrichtung seines Zimmers unterhalten, statt loszufahren, ohne ihn zu fragen, und anzunehmen, daß er für die neuen Sachen schon dankbar sein wird.

Wie können dominierende Eltern sich ihrer natürlichen Veranlagung bedienen, um ihren Kindern ihre Wertschätzung zu zeigen?

- Sie sollten mit Hilfe ihrer Neigung zu schnellen Reaktionen in erster Linie die Bedürfnisse ihrer Kinder oder ihres Ehepartners befriedigen.
- Sie sollten frank und frei ihre Meinung äußern und nicht versuchen, andere Familienmitglieder zu manipulieren.
- Sie sollten die Initiative ergreifen, um der Familie zu dienen, und ein positives Vorbild sein.

Wie können dominierende Eltern verhindern, daß ihre Stärken in Schwächen ausarten?

- Sie können daran arbeiten, ihre Sensibilität gegenüber den Empfindungen anderer Familienmitglieder zu steigern.
- Sie können ihr Tempo so weit drosseln, daß andere die Gelegenheit bekommen, Fragen zu stellen. Daraufhin sollten sie ihre Entscheidungen begründen. (Wir kennen einen dominierenden Vater, der seiner Frau und seinen Kindern erst dann erzählte, daß die Familie umziehen müsse, als er bereits in einer anderen Stadt ein Haus gekauft und ihre bisherige Wohnung in der Zeitung zum Verkauf angeboten hatte!).
- Sie können sicherstellen, daß die Familie bestimmte Zeiten erlebt, in denen alle, auch der dominierende Elternteil, miteinander Spaß haben und sich entspannen können.

2. Eltern, die Spaß lieben

Spaßliebende Eltern kann man am ehesten wohl mit Ottern vergleichen! Oder haben Sie schon mal einen Otter erspäht, der nicht so aussah, als würde er sich großartig amüsieren? Ein Otter hat, wie es scheint, immer nur Spaß, ganz gleich, ob er gerade eine Auster aufknackt oder eine Böschung hinunterrutscht.

Eltern, die Spaß lieben, gehen mit genau dieser Einstellung an das

Leben heran. Sie lieben es, ihre Freunde und ihre Kinder um sich zu sammeln und mit ihnen zu plauschen. Wo immer Eltern diesen Typs auftauchen, wird spontan ein Fest gefeiert. Sie fragen ihre Kinder gern nach ihren Erlebnissen und verwickeln sie am liebsten gleich in lange Gespräche. Sie sind optimistisch eingestellt und können andere gut motivieren. Fährt die Familie auf Campingurlaub, so vergessen sie zwar den Proviant und fahren zwei Stunden später als geplant los, aber wenn sie einmal am Ziel sind, sorgen sie für einen Heidenspaß.

Jeder Elterntyp hat sowohl Stärken als Schwächen. Spaßliebende Eltern ermutigen ihre Kinder und motivieren sie, können sie aber auch durch bestimmte Verhaltensweisen herabwürdigen. Häufig nehmen sie so viele Einladungen an und nutzen so viele Gelegenheiten zum Arbeiten oder zum Spielen, daß sie für die eigenen Kinder keine Zeit haben. Eltern, die Spaß lieben, müssen es lernen, auch mal nein zu sagen. Sie sollten es sich zur Gewohnheit machen, mindestens einmal am Tag etwas abzulehnen, und wenn es nur ein zweites Stück Torte wäre.

Es gibt eine weitere Falle, in die spaßliebende Eltern geraten können. In den Sprüchen Salomos wird uns gesagt: „Je mehr einer redet, desto leichter versündigt er sich." In ihrer Begeisterung über eine Geschichte oder Begebenheit neigen spaßliebende Eltern dazu, beim Erzählen die eine oder andere „Tatsache" hinzuzufügen. Und in ihrem Bestreben, anderen sympathisch zu erscheinen, sagen sie nicht: „Ich bin zu beschäftigt", sondern bleiben lieber die ganze Nacht auf, um irgendeine Aufgabe zu erledigen. Hinterher sind sie jedoch zu müde, um mit der eigenen Familie Zeit zu verbringen. Kinder (oder Ehepartner), die mit solchen Menschen leben müssen, fühlen sich zeitweise sehr frustriert. Sie kommen sich vor, als nähmen sie auf der Prioritätenliste ihrer Eltern oder ihres Partners nur den dritten oder vierten (oder gar den siebten oder achten) Platz ein.

Wie können spaßliebende Eltern sich ihrer natürlichen Veranlagung bedienen, um ihren Kindern ihre Wertschätzung zu zeigen?

- Sie sollten ihr weitverzweigtes Beziehungsnetz benutzen, um die Bedürfnisse ihrer Kinder oder ihres Ehepartners zu befriedigen.
- Sie sollten sich für die Leistungen ihrer Kinder (oder ihres Ehepartners) begeistern.
- Sie sollten ihre Freizeit so gestalten, daß die Einheit der Familie gefördert wird.

Wann können ihre Stärken in Schwächen ausarten?

- Wenn sie ihrer schlechten Zeiteinteilung wegen weniger Zeit mit der einen Gruppe verbringen können, die sie lieben „muß", nämlich mit ihrer Familie.

- Wenn sie ja sagen, obwohl sie wissen, daß sie eigentlich nein sagen müßten.
- Wenn sie unbedingt möchten, daß ihre Kinder sie sympathisch finden, und deshalb die Disziplin vernachlässigen (das gilt insbesondere dann, wenn ihnen die typischen Eigenschaften des dominierenden Elterntyps völlig oder fast völlig abgehen).

3. „Treue Freunde"

Eltern, die in diese Kategorie gehören, haben meist nicht so viele Bekannte wie Eltern, die Spaß lieben, aber ihre Beziehungen gehen viel tiefer. Spaßliebende Eltern kennen in der Regel Hunderte von Menschen, jedoch nur oberflächlich; „treue Freunde" hingegen haben den Wunsch, eine Handvoll Menschen sehr gut zu kennen. Eltern diesen Typs verhalten sich ihren Kindern, ihrem Ehepartner und ihren Freunden gegenüber äußerst loyal. Von allen verschiedenen Elterntypen können „treue Freunde" am besten zuhören, wenn Familienmitglieder oder Bekannte verletzt sind und ihren Schmerz bei ihnen abladen wollen.

„Treue Freunde" möchten lieber zu Hause bei den Kindern bleiben als jeden Abend ins Kino gehen. Sie können immer gut zuhören und zeigen stets Mitgefühl, wenn ihre Kinder sich bei ihnen ausweinen wollen. Sie verstehen es, den kleinen Sammy zu beruhigen, wenn er glaubt, wegen eines Kratzers am Knie verbluten zu müssen. Und ganz gleich, ob sie ein Einzelzimmer oder eine Villa bewohnen, herrscht dort garantiert eine warme, heimelige Atmosphäre.

Wie die anderen Elterntypen laufen auch „treue Freunde" Gefahr, ihren natürlichen Stärken die Zügel schießen zu lassen – mit dem Ergebnis, daß die Selbstachtung ihrer Kinder untergraben wird. So lieben sie beispielsweise eine konstante, gleichbleibende Umgebung und können Veränderungen nur schwer ertragen. Aber wenn ein Kind oder der Ehepartner zum dominierenden oder spaßliebenden Typ gehört, finden Veränderungen jeden Tag statt!

Loyalität ist fraglos ein lobenswerter Charakterzug. Doch können „treue Freunde" manchmal so lange und so intensiv dem Klagen anderer zuhören, daß sie nie Zeit haben, ihr eigenes Leid und ihre eigenen Nöte auszusprechen. Menschen diesen Typs sind im allgemeinen sehr empfindsam, was die Schmerzen ihrer Kinder betrifft. Dennoch müssen sie den Kindern den Freiraum geben, den sie brauchen, um erwachsen zu werden. Sie sollten ihre Kinder nicht zwingen, im Nest zu bleiben, lange nachdem sie hätten flügge werden können. In einem späteren Kapitel über die dunklen Seiten der Bindung an die Familie weisen wir darauf hin, daß sich liebevolle Loyalität nicht im Zuhören erschöpfen darf. Manchmal reicht es nicht, wenn Eltern die unbestimmte Hoffnung hegen, die Probleme ihrer Kinder würden sich von selbst lösen. Es gibt Situationen, in denen eine Konfrontation, so unangenehm sie auch sein mag, unbedingt erforderlich ist.

Wie können „treue Freunde" sich ihrer natürlichen Veranlagung bedienen, um ihren Kindern ihre Wertschätzung zu zeigen?

- Sie sollten mit Hilfe ihrer Gabe des Zuhören-Könnens deutlich machen, daß sie sich für alles interessieren, was ihr Kind oder ihr Ehepartner sagt.
- Sie sollten Vorbilder sein, wenn es darum geht, tiefe Gespräche zu führen, statt nur leichtfertig daherzureden.
- Sie können ihren Lieben dadurch ein gesundes Selbstwertgefühl vermitteln, daß sie sich intensiv um jeden einzelnen kümmern.

Und wie können sie dafür Sorge tragen, daß ihre Stärken nicht in Schwächen ausarten?

- Sie müssen lernen, daß Veränderungen nicht nur ein Anlaß zur Besorgnis, sondern auch eine Gelegenheit zum Wachsen sein können.
- Sie müssen das Risiko eingehen, eigenes Leid und eigene Nöte auszusprechen, statt alles in sich hineinzufressen.
- Sie sollten einmal wöchentlich irgend etwas tun (einen Hauskreis besuchen, mit einem Bekannten zu Mittag essen, sich für einen gemütlichen Einkaufsbummel Zeit lassen, ein interessantes Buch lesen), womit sie ihren emotionalen „Tank", den sie so gern für andere entleeren, füllen können.

4. Eltern, die alles richtig machen wollen

Spaßliebende Eltern fragen: „Macht es uns allen Spaß?" Eltern, die alles richtig machen wollen, fragen: „Befolgen wir wirklich die Spielregeln?" Wenn Sie gern alles richtig machen und sich am liebsten nach irgendwelchen Vorschriften richten – so beispielsweise von dem Augenblick an, in dem Sie erfahren, daß Sie schwanger sind –, dann gehören Sie zu diesem Elterntyp. Da Sie ein Kind erwarten, wollen Sie den Arzt so oft wie vorgeschrieben aufsuchen, die richtigen Vitamine bekommen und nur das Richtige essen – und Sie verzichten auf all die Schnellgerichte, die spaßliebende Eltern nebenbei noch futtern. Selbstverständlich informieren Sie sich auch darüber, mit welcher Farbe man nach den neuesten psychologischen Erkenntnissen die Wände des Kinderzimmers streichen sollte.

Akkuratesse ist das Markenzeichen einer Mutter, die alles richtig machen will, und ihr Haus, ihr Büro und die Zimmer ihrer Kinder spiegeln diesen Tatbestand wider. Eine solche Mutter setzt sich und ihren Kindern Grenzen und sorgt auf großartige Weise dafür, daß sie eingehalten werden. Manchmal neigt sie jedoch zu Starrheit oder Unbeugsamkeit.

Eltern, die alles richtig machen wollen, weisen eine große Stärke auf: Konsequenz. Sie üben in der Tat eine Art „Qualitätskontrolle" aus. Sind sie zu einer Party eingeladen, dann kommen sie auf die Minute pünktlich an. Wenn ihr Kind in der Schule vor einer größeren Prüfung steht oder eine Fahrgelegenheit vom Fußballtraining zum Klavierunterricht braucht, kann man sicher sein, daß alles Notwendige pünktlich und ordentlich erledigt oder organisiert wird.

Mütter und Väter diesen Typs sorgen dafür, daß das Leben ihrer Kinder in geregelten Bahnen verläuft, und das vermittelt ihnen wiederum Geborgenheit und ein gesundes Selbstwertgefühl. Und dennoch: Wie die anderen Elterntypen, die wir besprochen haben, laufen auch Eltern, die alles richtig machen wollen, hin und wieder Gefahr, ihre Kinder aufgrund ihrer natürlichen Stärken herabzuwürdigen.

Das kritische Denken solcher Eltern und ihre Liebe zum Detail können, wenn sie ausufern, in Gesetzlichkeit und einen ungesunden Perfektionismus ausarten. Wenn Eltern diesen Typs von ihren Kindern oder sich selbst erwarten, daß sie vollkommen sind, erzeugen sie, statt Wertschätzung zu vermitteln, eine unerträgliche Last. Die Angst, etwas verkehrt zu machen und ihren Kindern dadurch einen lebenslangen Schaden zuzufügen, kann solche Eltern lahmlegen und sie davon abhalten, überhaupt etwas zu tun. Und wenn Probleme auftauchen und sie auf ihre Kinder oder ihren Ehepartner wütend werden, treten sie lieber mehrere Schritte zurück, um dem Schmerz zu entgehen, als sich ihrem Zorn oder ihrem Verletztsein zu stellen.

Wie können Eltern, die alles richtig machen wollen, sich ihrer natürlichen Veranlagung bedienen, um ihren Kindern ihre Wertschätzung zu zeigen?

- Sie sollten für einen geregelten Tagesablauf sorgen und ihre Kinder auf diese Weise zu Beständigkeit anhalten.
- Wenn ihre Kinder sich zanken, sollten sie diplomatisch sein und den Streit mit logischen Argumenten zu schlichten versuchen.
- Sie sollten ihren Kindern beibringen, daß Akkuratesse und Genauig-

keit bei der Arbeit zu persönlicher Befriedigung führen (und einem die Mühe sparen können, alles noch mal machen zu müssen!).

Und wie können diese Eltern dafür Sorge tragen, daß ihre Stärken nicht in Schwächen ausarten?

- Sie sollten darauf achten, daß Putzen und Saubermachen und das Erledigen des täglichen Arbeitspensums für sie nicht wichtiger werden als Gelegenheiten, mit ihren Kindern (oder ihrem Ehepartner) zu spielen oder sich mit ihnen zu unterhalten.
- Sie sollten sich stets vor Augen halten, daß sie dazu neigen, gerade solche Menschen heftig zu kritisieren, von denen sie einst meinten, sie hätten sehr viele positive Eigenschaften. (In neun von zehn Fällen sind diese positiven Eigenschaften weiterhin vorhanden!)
- Sie sollten sich, falls erforderlich, Konfliktsituationen stellen, statt ihnen aus dem Wege zu gehen.

Wir haben uns hier mit den vier grundlegenden Elterntypen befaßt. Sie alle bauen die Selbstachtung ihrer Kinder auf, können sie aber auch untergraben, wenn sie ihre natürlichen Stärken übertreiben. Vielleicht haben Sie sich beim Lesen der letzten paar Seiten klar wiedererkannt. Es ist jedoch ebenso möglich, daß Sie Stärken und Schwächen verschiedener Elterntypen in sich vereinigen.

Einige Experten vertreten die Ansicht, jeder Mensch sei nur einem einzigen „Typ" zuzuordnen. Außerdem vertrügen sich bestimmte Typen überhaupt nicht, heißt es. Dem können wir nicht zustimmen. Jeder von uns ist äußerst vielschichtig, und man darf niemanden auf diese Weise mit einem vereinfachenden Etikett versehen. So kennen wir beispielsweise eine Mutter, die in erster Linie spaßliebend ist, aber auch stark dazu neigt, alles richtig machen zu wollen. Und wir kennen einen Vater, der sich so gut wie immer wie ein „treuer Freund" verhält, aber als sein Chef ihn bei der Arbeit unter Druck setzte, verwandelte er sich zu Hause in einen dominierenden Typ.

Nach unserem Dafürhalten kann sich jede Mutter und jeder Vater die Stärken jedes Elterntyps aneignen. Vielleicht haben Sie das schon an sich selbst beobachtet. So haben Sie schon einmal nach der Geburt eines Babys oder dann, als Ihr Kind ein bestimmtes Alter erreichte, Ihren Stil geändert.

Um ihren Kindern im Laufe der Jahre ein gesundes Selbstwertgefühl vermitteln zu können, müssen sich Eltern unbedingt die positiven Aspekte jedes Elterntyps aneignen. Bei Kindern im Vorschulalter, die noch kein Urteilsvermögen haben und sich von bestimmten Dingen nicht fernhalten wollen, sind schnelle Reaktionen und dominierende

Verhaltensweisen unverzichtbar. Aber welches Kind im Grundschulalter käme ohne die ununterbrochene Unterhaltung aus, mit der spaßliebende Eltern aufzuwarten verstehen? Welcher Vater oder welche Mutter könnte ohne Geduld und die Gabe des Zuhörens – die Merkmale eines „treuen Freundes“ – mit einem Jugendlichen fertig werden? Und Kinder jeder Altersstufe müssen die Wichtigkeit von Spielregeln und Akkuratesse begreifen, denn nur so werden sie dem Worte Gottes die Treue halten und auf dem guten Weg bleiben.

Wäre es nicht großartig, wenn wir jeder natürlichen Veranlagung das Beste entnehmen und es in unseren eigenen Charakter einfügen könnten? Nun, es gibt tatsächlich jemanden, der alle Vorzüge in sich vereinigt. Und je besser wir unseren himmlischen Vater kennenlernen, desto klarer erkennen wir, mit welch einer unwahrscheinlichen Ausgewogenheit und Reife er mit seinen Kindern umgeht.

Alle Stärken kombiniert

Bei der Ausbildung seiner Jünger wies Jesus die Stärken aller vier Elterntypen auf. Vielleicht fallen Ihnen einige Begebenheiten ein, bei denen er sich wie ein dominierender Vater verhielt. So bedrohte er einmal Petrus und sagte: „Gehe hinter mich!“; er setzte sich für die Jünger ein, wenn sie von den religiösen Führern angegriffen wurden; er gab ihnen Anweisungen für ihren Dienst und erteilte den Missionsbefehl; und er machte sein Gesicht „hart wie einen Kieselstein“, als er für sie ans Kreuz ging.

Der Erlöser lebte seinen Jüngern auch spaßliebende Charaktereigenschaften vor. Wohin ging ihre erste gemeinsame Reise? Auf eine Hochzeit. Was warfen ihm die Pharisäer andauernd vor? Ein Fresser und Weinsäufer zu sein. Er führte lange Gespräche mit Sündern und mischte sich häufig unter die Menge.

Jesus empfand zwar Mitleid mit ganzen Menschenmassen, doch pflegte er nur zu seinen Jüngern Beziehungen von exemplarischer Tiefe. Könnte es jemals einen besseren, treueren Freund der Sünder geben als unseren Herrn Jesus? Innerhalb des Jüngerkreises gab es so etwas wie einen „inneren Kreis“, dem nur drei Jünger angehörten. Und von diesen dreien galt wiederum nur einer als „der Jünger, den Jesus liebhatte“. Die allerintimste Beziehung pflegte Jesus mit seinem himmlischen Vater. Das wird aus der Tatsache deutlich, daß er sich manchmal, lange bevor die Sonne aufging, zurückzog, um sich dieser Beziehung zu widmen. Das Leben unseres Herrn war von Anfang bis Ende von Loyalität gekennzeichnet, einer Loyalität, die ihn den ganzen Weg zum Kreuz gehen ließ.

Konnte irgend jemand Jesus überführen, je etwas Falsches getan zu haben? Während er bei seinen Jüngern war, zeigte er ihnen durch sein persönliches Vorbild, was es heißt, dem Worte Gottes treu zu bleiben. Seine sorgfältig formulierten Antworten auf die Fragen der Jünger, aber auch jedes Wunder, das er vollbrachte, machten deutlich, wie sehr er bestrebt war, jeden Augenblick im Lichte der Ewigkeit zählen zu lassen.

Am Beispiel Jesu erkennen wir das Beste an jedem persönlichen Stil, an jedem Elterntyp. Auch in unserem Leben sollten alle Stärken zu finden sein. Der Herr Jesus kann uns sowohl das Verlangen als auch die Kraft geben, uns sämtliche Stärken der verschiedenen Elterntypen anzueignen.

Der nächste Schritt

Machen Sie sich doch einmal die Mühe, eine Liste der positiven Eigenschaften der vier Elterntypen anzufertigen. Wählen Sie dann je eine Eigenschaft aus und nehmen Sie sich vor, in den kommenden sechs Wochen in diesem Sinne an sich zu arbeiten. Bitten Sie Ihren Ehepartner oder einen guten Freund, am Ende dieser Zeit Rechenschaft von Ihnen zu fordern.

Sie sollten sich zudem die Zeit nehmen, Ihren Kindern zu erklären, mit welchem Elterntyp Sie sich selbst am ehesten identifizieren. Sprechen Sie mit ihnen über Ihre Stärken, aber auch über Ihre Schwächen. Helfen Sie Ihren Kindern, ihre eigene Veranlagung zu identifizieren. Machen Sie sie darauf aufmerksam, daß ihre Stärken sie zu besonders wertvollen Mitgliedern der Familie machen.

Wenn Sie bei sich in der Familie zu viert sind und feststellen, daß jedes Familienmitglied eine andere Veranlagung hat, sollten Sie auf keinen Fall den Mut verlieren. In solchen Situationen muß jeder die Entscheidung treffen, selbst ausgewogener zu werden und gleichzeitig die besten Eigenschaften der anderen zu fördern.

Sie dürfen niemals versuchen, ein Kind zu einer bestimmten Verhaltensweise zu zwingen, nur weil Sie sich mit Menschen des gleichen Typs umgeben wollen. Sie werden wahrscheinlich doch in die eine oder andere Richtung tendieren, aber Sie müssen es lernen, Veränderungen sanft herbeizuführen, ohne den Wert oder die Identität ihrer Kinder in Frage zu stellen.

Wer klug ist, trachtet nach Weisheit und Einsicht (Sprüche 2,1-9;

9,8ff.). Ein tieferes Verständnis Ihrer eigenen Stärken als Mutter oder Vater kann Ihnen helfen, das Zusammenleben mit Ihren Kindern weise zu gestalten. Dieser dritte Aspekt der Ehre gibt Ihnen einen Schlüssel in die Hand, mit dem Sie das Herz eines jeden Kindes aufschließen und es mit Liebe und Selbstachtung füllen können. Sie können auch eine neue Freude an sich selbst bekommen, das heißt, an Ihrer natürlichen Veranlagung wie auch an der Entwicklung, die Gott Ihnen vorzeichnet.

Daß Ihnen klargeworden ist, welche Stärken Sie haben und welchen Erziehungsstil Sie bevorzugen, wird Ihnen helfen, die im Rest dieses Buches dargelegten Grundsätze anzuwenden. Ein besseres Verständnis Ihres Selbst wird Ihnen ebenfalls helfen, in Ihrer Familie für ein gesundes Gleichgewicht zu sorgen. Und damit hätten wir den nächsten Aspekt der Ehre erreicht.

Kapitel 7

Ein gesundes Gleichgewicht:

Erster Teil

Zwei Tage vor meinem 14. Geburtstag mußte ich (Gary) teures Lehrgeld zahlen – und das nur, weil ich einen Augenblick lang das Gleichgewicht verlor. Lassen Sie mich davon erzählen. Unweit unseres Wohnortes gab es eine tiefe, enge Schlucht, über die der dünne Stamm einer umgefallenen Kiefer eine „Brücke" bildete. Den Gang über diese „Brücke" bezeichneten wir als „Spaziergang für Selbstmörder". Nun drängten mich alle meine Freunde, es selbst einmal zu wagen.

Es sah gar nicht so schwierig aus. Ich mußte nur meinen Blick auf das andere Ende des Baumstammes heften und geradeaus gehen – und durfte nicht auf die tief unten befindlichen Bäume und messerscharfen Felsen hinabblicken. Die ersten Schritte tat ich ziemlich siegessicher, aber meine Freunde hörten auf zu jubeln, als sie sahen, wie ich zuerst mein Selbstvertrauen und dann das Gleichgewicht verlor und etwa sechs Meter in die Tiefe stürzte. Ich landete, dem Herrn sei Dank, in einer alten Eiche, die die Wucht des Aufpralls auffing und mir vielleicht sogar das Leben rettete. Dennoch war ich sehr erschrocken und trug zahlreiche Schnittwunden und Prellungen davon.

Es ist nicht immer leicht, das Gleichgewicht zu halten, auch in der Familie nicht. Dennoch kann es manchmal äußerst wichtig sein. Wir wollen Sie zwar nicht in Panik versetzen, indem wir Ihrer Familie unterstellen, in prekärer Lage zu sein. Aber wenn Sie die Entscheidung getroffen haben, Ihre Kinder zu ehren und ihnen ein gesundes Selbstwertgefühl zu vermitteln, müssen Sie unbedingt zwei wesentliche Faktoren verstehen und dafür sorgen, daß diese sich bei Ihnen zu Hause die Waage halten. Tendiert eine Familie zu sehr in die eine oder andere Richtung, so kann das zu erheblichen Schwierigkeiten führen.

Diese beiden wesentlichen Faktoren sind 1. das Bedürfnis der Kinder, sich zugehörig zu fühlen, und 2. die Notwendigkeit, sie langsam und vorsichtig zur Selbständigkeit zu erziehen. Wir wollen jeden dieser Faktoren für sich allein betrachten. Dabei werden wir feststellen, daß wir unseren Kindern durch eine ausgewogene Haltung eine gesunde Grundlage fürs ganze Leben vermitteln können.

Auf Ausgewogenheit setzen

Bei uns in Amerika erzählt man gern folgende Geschichte: Eines Tages standen zwei Jungen an einer Straßenecke. Jeder brüstete sich damit, häufiger als der andere von einem Bundesstaat zum anderen umgezogen zu sein. Der erste kleine Junge sagte: „Meine Familie ist in den letzten drei Jahren dreimal umgezogen."

„Na und", erwiderte der andere. „Das ist noch gar nichts. Meine Eltern sind allein in diesem Jahr fünfmal umgezogen – und ich habe sie jedesmal wiedergefunden!" Dieser zweiten Familie fehlte wohl das Zusammengehörigkeitsgefühl!

Das Bedürfnis nach Zugehörigkeit

Jeder Mensch hat das Bedürfnis, ein besonderer, notwendiger und geschätzter Teil seiner Familie zu sein. Wir alle brauchen das Gefühl, zu unseren Eltern und zu unseren Geschwistern zu passen und einen wertvollen Beitrag zum Familienleben zu leisten. Unser Zugehörigkeitsgefühl entspringt dem Wissen, daß wir, auch wenn wir uns überraschend ankündigten, ein Wunschkind und kein das Familienleben störender „Unfall" waren. Noch wichtiger ist die Erkenntnis, daß Gott selbst unsere Stupsnase oder unsere krausen Locken geplant hat (siehe Hiob 31,15; Psalm 119,73).

Kinder, die mit einem starken Zugehörigkeitsgefühl aufwachsen, haben anderen manches voraus. Die Saat des Angenommenseins, die in solche Kinder hineingelegt wurde, wird ganz gewiß Frucht bringen, denn sie verleiht ihnen die Fähigkeit, auch andere zu lieben und anzunehmen.

Da ist beispielsweise Judy. Ihr blieb zwar das Gefühl dazuzugehören in der eigenen Familie versagt, doch wurde es ihr bei den Großeltern gleichsam mit jeder Mahlzeit serviert.

Judy wuchs in einer Familie auf, in der die Eltern nur selten Liebe und

Annahme ausstrahlten. Außerdem hatte sie als das jüngste von sechs Kindern das ständige Necken ihrer Geschwister zu ertragen. Bald zogen sie über ihre strähnigen Haare oder ihre Stupsnase her, bald erzählten sie den anderen Kindern aus der Nachbarschaft, ihre Eltern hätten Judy als Baby in einem Schrebergarten aufgefunden und seien nun bereit, sie dorthin wieder zurückzuschicken!

Dennoch fühlte sich Judy als Kind wertvoll und geschätzt. Woher kam dieses Gefühl? Als sie darüber nachdachte, erkannte sie, daß die vielen Stunden, die sie bei ihren Großeltern verbracht hatte, ihr ein Zugehörigkeitsgefühl vermittelt hatten. Ihre Großeltern wohnten damals nur wenige Häuser von ihrer eigenen Familie entfernt. Opa war Tischler gewesen, bevor er in den Ruhestand trat, und Oma hatte den besten Schoß zum Draufsitzen in der ganzen Nachbarschaft! Jeden Tag nach der Schule lief Judy, noch ehe sie nach Hause ging, zu ihren Großeltern, um bei ihnen einen Keks oder einen kleinen Imbiß zu stibitzen. Und jeden Tag bekam sie dort ein Geschenk, das ihr noch süßer schmeckte als die Schokoladenkekse, die sie dort naschte: das Gefühl dazuzugehören.

Judys Eltern waren meist zu beschäftigt, um ihr zuzuhören, aber Oma und Opa hatten immer für sie Zeit. Als sie sich mit einem anderen Mädchen aus ihrer Klasse nicht vertragen konnte, lasen ihr die Großeltern nicht ungeduldig die Leviten, sondern erteilten ihr verständnisvoll Rat. Wenn sie sich verletzt oder entmutigt fühlte, nahm Oma ihren Kopf auf ihren Schoß, streichelte ihr sanft die Haare und sprach ihr liebevolle, tröstende Worte zu. Judys Großeltern versicherten ihr zudem, daß ihre Eltern und Geschwister sie in Wirklichkeit doch liebten und schätzten – sie wüßten nur nicht, wie sie es ihr zeigen sollten.

Heute führt Judy eine vorbildliche Ehe. Das ist keineswegs selbstverständlich. Aber Judy erhielt von ihren Großeltern den Segen eines gesunden Zugehörigkeitsgefühls. Und heute gibt sie ihren Kindern den gleichen Segen weiter.

Das Bedürfnis nach Getrenntheit

Die Kehrseite der Medaille ist Getrenntheit – das Bedürfnis, das jeder Mensch verspürt, bestimmte Dinge ohne fremde Hilfe zu schaffen, und das Gefühl, seiner einzigartigen Begabung wegen eine besondere Stellung innerhalb der Familie zu genießen. Mit dieser Vorstellung mußte sich ein Junge namens Kevin auseinandersetzen. Er und sein Bruder waren eineiige Zwillinge und zogen deshalb recht viel Aufmerksamkeit auf sich.

Weil er sozusagen einen Doppelgänger neben sich hatte, verspürte Kevin kaum das Bedürfnis, im Umgang mit anderen eine einzigartige Identität zu entwickeln – bis sein Bruder eines Tages beschloß, zu Hause auszuziehen und eine Militärakademie zu besuchen.

Als Kevin zu uns in die Seelsorge kam, litt er seit einiger Zeit an schweren Depressionen. Da er jetzt allein war, fühlte er sich wie im Stich gelassen. Auf den Umgang mit anderen war er einfach nicht vorbereitet. Solange sein Bruder da war, wußte er genau, wie er zu reagieren hatte. Aber jetzt mußte er Freundschaften schließen, seinen Tagesablauf planen und Entscheidungen fällen, ohne sich mit seinem Bruder abzusprechen, und er wußte einfach nicht, was er mit dieser Freiheit anfangen sollte.

> Die Kehrseite der Medaille ist Getrenntheit – das Bedürfnis, das jeder Mensch verspürt, bestimmte Dinge ohne fremde Hilfe zu schaffen, und das Gefühl, seiner einzigartigen Begabung wegen eine besondere Stellung innerhalb der Familie zu genießen.

Wenn Kinder aufwachsen, ohne ein gesundes Maß an Unabhängigkeit von ihren Eltern oder Geschwistern zu entwickeln, bekommen sie zwangsläufig Probleme. Der Hang, Entscheidungen hinauszuzögern, Launenhaftigkeit, Kontaktarmut, fehlende Motivation und eine tiefverwurzelte Angst vor dem Alleinsein können sie daran hindern, ihre Bestimmung in Gott zu erreichen.

In jeder Familie sollte es sowohl für die individuelle Lebensgestaltung des einzelnen als auch für ein starkes Zusammengehörigkeitsgefühl Raum geben. Das Vorhandensein beider ist eine Grundvoraussetzung gesunden Wachstums. Es handelt sich hier nicht etwa um unvereinbare Gegensätze, sondern um zwei sich ergänzende Faktoren.

Ideal wäre es, wenn diese beiden Faktoren sich in jeder Familie die Waage hielten. Immer gelingt dies jedoch nicht. In einigen Familien werden Eigenschaften, die an sich positiv sind, in ungesunder Weise auf die Spitze getrieben.

Übertriebene Stärken

Die Taylors haben als Familie eine echte Stärke: Sie lieben es, miteinander zu spaßen und Witze zu reißen. In Familien, in denen man sich eng miteinander verbunden fühlt, spielt der Humor häufig eine wichtige Rolle. Wird er jedoch auf die Spitze getrieben, so hört der Spaß auf.

Mary ist die älteste Tochter der Familie. Obwohl sie stets empfindlich reagiert, wenn ihr Übergewicht zur Sprache kommt, wird sie am laufenden Band mit neuen Witzen über dicke Frauen traktiert. Als sie eines Tages zum erstenmal ein neues, rot-weiß-blaues Kleid anhatte, verkündete ihre Schwester am Mittagstisch: „Na, habt ihr alle Marys neues Kleid bemerkt? Als Mary und ich heute an einer Straßenecke standen, kam jemand auf uns zu, blieb vor ihr stehen und versuchte, einen Brief einzuwerfen."

Auch die Eltern lassen es sich nicht nehmen, einander durch den Kakao zu ziehen. Als sie neulich auf dem Flughafen waren, fragte ein Gepäckträger: „Soll ich Ihnen die Tasche abnehmen, Mister?"

„Nein, danke", antwortete Mr. Taylor. „Sie geht lieber zu Fuß!" (Anm. d. Übers.: Das englische Wort „bag" = Tasche hat in der Umgangssprache die Bedeutung „alte Schlampe").

Wenn der Humor in dieser Weise auf die Spitze getrieben wird, sind nach einer Weile oberflächliche Gespräche die einzig sicheren. Wenn wir meinen, das ganze Leben mit Humor einzudecken, schütten wir die Brunnen unserer wichtigen Gefühle und Emotionen zu, über die wir dann nicht mehr sprechen können. Familienmitglieder sollten jedoch nicht nur ihre Freuden, sondern auch ihr Leid miteinander teilen können.

Etwas Ähnliches geht in Familien vor, die Getrenntheit oder Zugehörigkeit auf die Spitze treiben. Es handelt sich zweifellos in beiden Fällen um Stärken. Eine Familie kann jedoch so einseitig werden, daß sie völlig aus dem Gleichgewicht gerät. Genau das hat eine junge Frau namens Joan erlebt. Lassen Sie uns von ihr erzählen.

Wenn Zugehörigkeit auf die Spitze getrieben wird ...

In Joans Familie stellte man immer nur die Bedeutung der Zugehörigkeit heraus. Bei Außenstehenden erweckte dies den Eindruck eines besonders starken Zusammenhalts. Joan selbst jedoch fühlte sich wie in einem Netz der Manipulation gefangen, aus dem sie sich nicht befreien konnte.

Als junges Mädchen ging Joan nicht zur Schule, sondern wurde zu

Hause von den eigenen Eltern unterrichtet. Diese Entscheidung trafen die Eltern nicht aus Angst vor dem, was in den staatlichen Schulen gelehrt wird, sondern aus Angst vor dem Einfluß, den Außenstehende auf ihre Tochter ausüben könnten. Joans einzige Freunde waren die eigenen Geschwister. Ihnen allen war es streng verboten, mit den „heruntergekommenen" Kindern aus der Nachbarschaft zu spielen.

Später durfte Joan die High-School besuchen, doch wurde von ihr erwartet, nach dem Unterricht sofort nach Hause zu kommen. „Schließlich haben wir als Familie so viel zu tun, daß wir für andere gar keine Zeit haben" – so die Standardantwort ihrer Eltern, wenn sie einmal bat, an irgendwelchen Aktivitäten außerhalb der Familie teilnehmen zu dürfen.

Daß Joans Eltern sie von jedem Kontakt mit Gleichaltrigen abschirmten, verstärkte ihre Schüchternheit. Die Folge war, daß sie in der Schule isoliert blieb und vor anderen Jugendlichen Angst hatte. Wenn sie beispielsweise hörte, wie die anderen Mädchen davon sprachen, eine Nachthemdparty zu feiern, empfand sie ihre Einsamkeit als schmerzlich, andererseits überwog jedoch die Angst, auch nur eine Nacht von ihrer Familie getrennt zu sein.

Wenn sie mit ihren Eltern zusammen war, verkündete Joan die Botschaft: „Wir haben nur füreinander Zeit!" Nachts, wenn sie allein war, flüsterte sie: „Warum komme ich mit Menschen außerhalb meiner Familie nicht klar?"

Joan – sie ist heute mit ihren 29 Jahren so unsicher wie eh und je – fehlt die Gewißheit, daß sie außerhalb des Familienrahmens existieren könnte. Sie hat mehrere Arbeitsstellen gehabt und hat auch eine Zeitlang an einem College studiert. Doch jedesmal, wenn Prüfungen bevorstanden oder zwischenmenschliche Schwierigkeiten auftauchten, kündigte sie entweder die Stelle oder beendete die Beziehung – und zog sich wieder in die inzwischen zerbrechlich gewordene Koexistenz mit ihren Eltern zurück.

Joan ist wegen ihrer fehlenden Selbständigkeit auf ihre Eltern sauer; wenn sie bei ihnen zu Hause ist, schmollt und grübelt sie nur. Aber da sie Angst davor hat, sich von der einzigen Quelle des Angenommenseins, die ihr bisher zur Verfügung stand, zu entfernen, ist sie nicht bereit, ihre erstickende Beziehung zu ihren Eltern aufzugeben. Sie träumt zwar oft von einem Märchenprinzen, der hergeritten kommt, um sie zu entführen, doch hat sie es in ihren wachen Stunden ausschließlich mit einem König und einer Königin zu tun, die ihr Herz in einer entehrenden Familie gefangenhalten.

Die Vorteile des Zusammenhaltens wurden in dieser Familie so übermäßig betont, daß Joans Leben völlig aus dem Gleichgewicht geraten ist. Etwas sehr Ähnliches läßt sich in der Familie eines Mannes namens George beobachten. Nur wurde in dieser Familie nicht das Zusammenhalten, sondern die Notwendigkeit der Selbständigkeit überbetont.

Wenn Getrenntheit auf die Spitze getrieben wird ...

George entstammt einer Einwandererfamilie, die ein starkes Bewußtsein ihrer nationalen Identität beibehalten hat. Sobald seine Eltern in Amerika von Bord gegangen waren, fingen sie an zu arbeiten. Sie bauten in kurzer Zeit ein Schuhreparaturgeschäft auf. Aber in den 35 Jahren, die seither verstrichen sind, haben sie Tag und Nacht nicht aufgehört zu arbeiten. Die gleiche Haltung wurde von jedem der Kinder erwartet. „Steht auf und geht an die Arbeit" – diese Worte bekamen die Kinder häufig zu hören.

Soweit sich George – er ist heute 43 – erinnern kann, haben ihm seine Eltern kein einziges Mal gesagt, daß sie ihn liebten oder auf ihn stolz wären. Ihm ist jedoch nur allzu deutlich in Erinnerung geblieben, daß ihm immer wieder gesagt wurde, daß er das Leben entweder aus eigener Kraft oder gar nicht meistern werde.

An eine bestimmte Begebenheit erinnert er sich besonders deutlich. Als er noch jung war, wohnte seine Familie in einer Gegend, in der es keine anderen Angehörigen ihrer Volksgruppe gab. Eines Tages liefen ihm drei ältere Jungen nach und hänselten ihn wegen seines Akzents. Als George kurz vor der eigenen Haustür eine bissige Antwort wagte, schlugen sie ihn fürchterlich zusammen und ließen ihn auf der Straße liegen.

Georges Kopf und Gesicht pochten vor Schmerz, und er blieb deshalb eine ganze Weile liegen. Als er endlich in der Lage war, sich aufzurichten, merkte er, daß sein Vater nur einige Meter entfernt auf der Veranda stand und ihn beobachtete. Er hatte die ganze Zeit über dort gestanden und alles gesehen.

„Warum hast du mir nicht geholfen?" schrie George.

Sein Vater erwiderte: „Laß dir das eine Lektion sein. Niemand kann für dich kämpfen" – und verschwand wieder ins Haus.

Daß George lernen mußte, sich allein durchzuboxen, hat ihn in gewisser Weise stärker gemacht. So brachte er sich das Kämpfen bei und entwickelte eine selbständige Haltung, die ihm im College und später im Geschäftsleben zugute kam. Das einzige Problem dabei war, daß er mit der gleichen „Ich schaff's schon allein"-Haltung in die Ehe ging.

Da er in einer Umgebung aufgewachsen war, in der die Bedeutung von Getrenntheit und Selbständigkeit übermäßig betont wurde, sehnte er sich nach der Liebe und Wärme, die seine junge Frau ausstrahlte. Weil er sich jedoch nur mit Getrenntheit wohl fühlte, verstand er es nicht, Liebe zu geben oder zu empfangen. Seiner Gefühllosigkeit wegen geriet die Ehe bald in die Zerreißprobe. George hatte überhaupt keine Schwierigkeiten damit, auf eigenen Beinen zu stehen. Sein Problem war, daß er nie einen anderen umarmen konnte, auch nicht seine Frau oder seine Kinder.

Treibt man Getrenntheit auf die Spitze, so schafft man potentiell die einsamsten Menschen auf der Welt. Es gibt nichts Bemitleidenswerteres als einen Menschen, der in der Wüste kurz vor einer Oase verdursten muß. Ein Mensch, der äußerst unabhängig ist, aber es nie fertigbringt, sich für die Interdependenz zu öffnen, ist nicht minder bemitleidenswert.

Er sehnt sich ständig danach, Worte der Liebe und der Annahme zu hören, aber wenn sie endlich einmal an ihn gerichtet werden, geht er auf Distanz. Er begreift zwar vom Intellekt her, daß er seine Liebe zu seiner Familie mit Worten ausdrücken muß, aber es gelingt ihm einfach nicht, den mit seiner Unabhängigkeit verbundenen Stolz loszulassen.

Werden solche Menschen gläubig, dann läßt sie ihr Elan eine Stellung als Bibellehrer, Seelsorger oder Leiter in einer Gemeinde oder einem übergemeindlichen Werk anstreben. In vielen Fällen kommt lediglich auf diese Weise ihre natürliche Dynamik zum Tragen. Bei anderen gilt jedoch der Grundsatz: In einem Raum voller Menschen, die Fragen stellen oder Beziehungen erörtern, kann man sich am besten verstecken, wenn man derjenige ist, der das Gespräch leitet.

Wenn sich Ost und West begegnen, können Funken stieben

Was geschieht, wenn jemand, der aus einer übermäßig auf Getrenntheit ausgerichteten Familie stammt, einer Person begegnet, deren Familie ebenso einseitig auf Zugehörigkeit ausgerichtet war? Oftmals heiraten sie!

Manchmal wird behauptet: Wenn zwei 20jährige heiraten, ergibt das einen 40jährigen. Auf Joan und Norm trifft das beinahe zu. Joan fühlte sich von Norms Unabhängigkeit und seiner Fähigkeit, Entscheidungen zu treffen, ohne vorher seine Familie zu Rate zu ziehen, unwahrscheinlich angezogen. Sie selbst stammte aus einer Familie, in der die einzelnen Familienmitglieder so eng miteinander verbunden waren, daß sie nie irgendwelche Entscheidungen völlig frei treffen konnten. In Norm erblickte Joan die Unabhängigkeit, nach der sie sich schon lange sehnte.

Norm fühlte sich ebensosehr von Joan angezogen. Ihn beeindruckte insbesondere der enge Zusammenhalt ihrer Familie. Obwohl Joan als Studentin voll ausgelastet war und nebenbei noch einer Teilzeitarbeit nachging, fand sie dennoch die Zeit, ihre Mutter zwei- oder dreimal täglich anzurufen. Norm hatte sich nicht einmal die Mühe gemacht, zum Thanksgiving Day zu Hause anzurufen. Von seinen Verwandten hatte auch keiner versucht, ihn anzurufen.

Norm erkannte an Joan eine Stärke, die ihm fehlte. Sie war Expertin auf dem Gebiet der Zugehörigkeit und würde ihm ganz gewiß das Gefühl vermitteln, vollständig und annehmbar zu sein. Joan selbst sah alles aus gegensätzlicher Sicht. In ihren Augen verkörperte Norm die Kraft, die sie brauchte, um sich von ihrer Familie absetzen zu können. Er würde ihr helfen, endlich den Mut aufzubringen, um den Bruch zu vollziehen. Sie hielt ihn für so etwas wie einen Olympiasieger auf dem Gebiet der Getrenntheit.

Nach der Trauung kam alles ganz anders. Die Eigenschaften, die sie während ihrer Verlobungszeit als anziehend empfunden hatten, wirkten in der Ehe nervtötend. Norm drängte Joan von früh bis spät, sein Bedürfnis nach Annahme zu befriedigen. Er wollte die Beziehung immer intensiver gestalten, suchte stets Berührungen und körperliche Nähe und wurde ungeduldig und gereizt, wenn sie sich nicht aktiv an einem Bibelgesprächs- oder Ehepaarkreis oder an irgend etwas anderem beteiligten, was ihnen helfen könnte, „miteinander vertraut zu werden".

Joan hingegen war seit 20 Jahren die enge Verbundenheit ihrer Familie ein Dorn im Auge, und ihre Reaktion auf Norms drängende Bitten war, sich von ihm zurückzuziehen. Zum erstenmal in ihrem jungen Leben war sie jetzt allein. Auch nur der Gedanke daran, sich auf eine intensive Beziehung mit Norm einzulassen, weckte in ihr das gleiche Gefühl, wie wenn sie an einem wunderschönen Frühlingstag nach einem Spaziergang im Freien in ein fensterloses Klassenzimmer zurückkehren müßte, um Verwaltungskunde zu pauken.

Joan nahm an Norm statt der Stärke, mit der sie ursprünglich gerechnet hatte, nur noch seine emotionale Schwäche und Verwundbarkeit wahr. Norm fühlte sich seinerseits ebenfalls betrogen. Die Wärme, die ihn so sehr entzückt hatte, war allem Anschein nach von Joan gewichen. Zurückgeblieben war eine trotzige, kaltherzige, unabhängige Frau.

Joan und Norm hatten beide den Ehepartner bekommen, den sie sich gewünscht hatten; dennoch fühlten sie sich enttäuscht. Als sie heirateten, waren beide einseitig gepolt; der „neutrale Boden", auf dem sie eine dauerhafte eheliche Beziehung hätten aufbauen können, fehlte so gut wie völlig. Erst nachdem jeder für sich verstanden hatte, in welches Extrem er verfallen war, und anfing, sein Leben ausgewogener zu gestalten, konnte Norm Joan aus seinem Würgegriff befreien und Joan eine engere Beziehung zu Norm aufnehmen.

Wir Menschen fühlten uns schon immer zu Extremen hingezogen. Es war wohl dieser Drang zum Äußersten, der die Erforschung der Polargebiete und des Weltraums unvermeidlich machte. Beim Aufbau einer gesunden Ehe oder bei der Erziehung unserer Kinder ist dieser Drang jedoch wenig hilfreich. Extrem einseitige Familien mögen zwar auf Außenstehende interessant wirken, aber den Familienmitgliedern selbst wird kein gesundes Selbstwertgefühl vermittelt. Da ist es ganz gleich, ob Zugehörigkeit oder Getrenntheit überbetont wird – Kinder aus solchen Familien werden kaum darauf vorbereitet, erfolgreiche Beziehungen aufzubauen.

Jesus – ein leuchtendes Vorbild

Woher nehmen wir ein Beispiel für jemanden, der in seinen intimen Beziehungen Getrenntheit und Zugehörigkeit auf ausgewogene Weise miteinander verband? Sehen wir uns doch den Meister an, den Liebenden und Liebe Schenkenden, dessen Beziehung zu seinen Jüngern von vorbildlicher Ausgewogenheit war.

Denken Sie daran, wie oft er seinen Jüngern in der Zeit vor seinem Tod, seiner Auferstehung und seiner Himmelfahrt mitteilte, daß sie sich in seiner Liebe geborgen fühlen konnten. In seinen Predigten wie in vertrauten Gesprächen mit den Jüngern wies Jesus immer wieder auf seine liebende Fürsorge für die Seinen hin. Folgende Aussagen Jesu sind typisch:

> *Darum sollt ihr nicht sorgen und sagen: Was werden wir essen? Was werden wir trinken? Womit werden wir uns kleiden? ... Trachtet zuerst nach dem Reich Gottes und nach seiner Gerechtigkeit, so wird euch das alles zufallen (Matthäus 6,31.33).*

> *Meine Schafe hören meine Stimme, und ich kenne sie ... und ich gebe ihnen das ewige Leben, und sie werden nimmermehr um-*

kommen, und niemand wird sie aus meiner Hand reißen (Johannes 10,27f.).

Euer Herz erschrecke nicht! Glaubt an Gott und glaubt an mich! ... Ich gehe hin, euch die Stätte zu bereiten. Und wenn ich hingehe, euch die Stätte zu bereiten, will ich wieder kommen und euch zu mir nehmen (Johannes 14,1ff.).

Und ich will den Vater bitten, und er wird euch einen andern Tröster geben, daß er bei euch sei in Ewigkeit ... denn er bleibt bei euch und wird in euch sein. Ich will euch nicht als Waisen zurücklassen (Johannes 14,16ff.).

Die Jünger sollten sich jederzeit in der Liebe ihres Retters geborgen fühlen. Dennoch mußten sie „flügge" werden: Sie wurden aufgefordert, über die Grenzen ihrer Gemeinschaft hinaus eine Botschaft der Hoffnung zu verkündigen. Sie wurden immer wieder ausgesandt, um die Botschaft ihres Königs weiterzugeben.

Und er rief die Zwölf zu sich und fing an, sie auszusenden je zwei und zwei (Markus 6,7).

Siehe, ich sende euch wie Schafe mitten unter die Wölfe (Matthäus 10,16).

Sogar als Jesus zum letzten Mal einen Abend mit seinen Jüngern verbrachte, tröstete er sie mit dem Gedanken an seine grenzenlose Liebe. Er wies sie darauf hin, daß sie in Zukunft zwar auf seine leibliche Gegenwart verzichten müßten, dafür aber seinen Geist hätten, der sie führen werde. Wörtlich sagte er: „Ich sage euch die Wahrheit: Es ist gut für euch, daß ich weggehe. Denn wenn ich nicht weggehe, kommt der Tröster nicht zu euch. Wenn ich aber gehe, will ich ihn zu euch senden" (Johannes 16,7).

Die Jünger wußten sich in ihrer Beziehung zu Jesus geborgen, dennoch empfanden sie es als richtig, vom Berg herunterzukommen und zu den Verletzten zu gehen, um ihnen zu dienen. Ist es nicht aufschlußreich, wie sich beide Aspekte miteinander verbanden, um aus den Jüngern eine Kraft zu schaffen, die die Welt veränderte? Wäre ihnen durch das Geborgensein in der Beziehung zu Jesus ein Zugehörigkeitsgefühl vermittelt worden, ohne daß der Herr ihnen Mut gemacht hätte, die Grenzen ihrer geistlichen Familie zu sprengen, hätten Sie heute kein christliches Buch in der Hand. Andererseits hätten die Jünger niemals festbleiben und bei der Verbreitung des Evangeliums Drangsal erdulden können, wenn sie sich nicht für immer in Gottes Liebe geborgen gewußt hätten.

Was hat das alles mit uns zu tun, die wir unsere Kinder ehren und ihnen ein gesundes Selbstwertgefühl vermitteln wollen? Drei Jahre lang verband der Herr Jesus eine Botschaft der Liebe und Annahme mit der Aufforderung an seine Jünger, ihren Glauben auch außerhalb des Kreises, in dem sie sich bis dahin bewegt hatten, zu verkünden. Heutige Eltern sollten in etwa das gleiche tun.

Vermitteln Sie Ihren Kindern ein starkes Zugehörigkeitsgefühl, so werden sie sich, wenn sie von zu Hause weggehen, emotional geborgen fühlen und der Meinung ihrer gleichaltrigen Freunde weniger Gewicht beimessen. Sorgen Sie für Ausgewogenheit, indem Sie sie vorsichtig zur Selbständigkeit erziehen, so haben Sie ihnen sowohl Geborgenheit als auch Flügel zum Flüggewerden vermittelt.

Kapitel 8

Ein gesundes Gleichgewicht:

Zweiter Teil

Wie können wir unsere Familien zu Stätten der Geborgenheit und der Zugehörigkeit machen? Und wie können wir unsere Kinder zur Selbständigkeit erziehen, ohne sie zu früh aus dem Nest zu schieben? Im vorliegenden Kapitel beschäftigen wir uns mit diesen beiden Aspekten eines ausgewogenen Familienlebens. Als erstes wenden wir uns dem Zugehörigkeitsgefühl zu. Wir haben mit Familien aus ganz Amerika über dieses Thema gesprochen. Als Ergebnis unserer Gespräche haben sich fünf Verhaltensweisen herauskristallisiert, die einem Kind das Gefühl geben dazuzugehören.

Wie wir unseren Kindern das Gefühl der Zugehörigkeit vermitteln können

1. Wir vermitteln unseren Kindern das Gefühl dazuzugehören, indem wir Lob und Anerkennung aussprechen.

Ganz gleich, ob wir es selbst aussprechen oder von anderen empfangen – Lob wirkt sich immer positiv aus. Unter anderem weckt es bei dem, dem es zuteil wird, ein Gefühl des Angenommenseins oder der Zugehörigkeit. Amerikanische Psychologen haben festgestellt, daß dieses Gefühl auch dann aufkommt, wenn die Menschen, denen das Lob gilt, wissen, daß die ihnen gemachten Komplimente nicht wahr sind.

So wurde beispielsweise folgende Studie durchgeführt: Beobachtungsgegenstand waren zwei Gruppen von Verkäufern in einem Bekleidungsgeschäft. Beide Gruppen verkauften die gleiche Ware. Aber die Verkäufer der einen Gruppe nahmen den Kunden gegenüber eine ganz andere Haltung ein als die Verkäufer der zweiten Gruppe. Die Verkäufer der ersten Gruppe sprachen nur dann mit den Kunden, wenn sie selbst angesprochen wurden, und faßten sich dabei so kurz wie möglich. Die Verkäufer der anderen Gruppe hingegen machten, so oft sie nur konnten, gefällige Bemerkungen. Kam eine Mutter mit ihrer 19jährigen Tochter in den Verkaufsraum, so bekam sie Sätze zu hören wie: „Ist diese Bluse für Ihre Schwester gedacht?“ oder: „Hoffentlich wissen Sie, wie gut Sie in diesem Kleid aussehen!“

Während des Beobachtungszeitraumes wurden Kunden von Psychologen befragt und die Verkaufsstatistiken der beiden Verkäufergruppen ausgewertet. Sie haben sicherlich schon erraten, was dabei herauskam. Auch Kunden, denen klar war, daß sie es mit Schmeicheleien zu tun hatten, hatten im allgemeinen eine bessere Meinung von den Verkäufern, die sie – wenn auch zu Unrecht – lobten, als von den anderen. Viele sagten zudem, sie kauften lieber in einem Laden ein, wo man ihnen Komplimente mache – auch wenn es sich dabei um lauter Schmeicheleien handele.

Stellen Sie sich einmal vor, wieviel positiver sich berechtigtes Lob auswirkt, das im Rahmen der Familie ausgesprochen wird! Kinder, deren Erziehung von Worten des Dankes und der Anerkennung begleitet wird, fühlen sich fast immer wertvoll und zugehörig. Eine uns bekannte Familie hat dieses Prinzip zu einer regelrechten Kunst entwickelt.

Die Keefers haben eine bewährte Familientradition. Drei Monate vor Weihnachten zieht jedes Familienmitglied aus einem Hut ein Los. Auf dem Los steht der Name eines anderen Familienmitglieds. Am ersten Weihnachtstag werden dann selbstgefertigte Kunstgegenstände ausgetauscht, die etwas Besonderes über den Beschenkten aussagen. Von aus Streichhölzern gebastelten Figuren bis hin zu Ölgemälden – jedes Jahr kommt eine neue Kunstform an die Reihe. Nach Weihnachten kommen diese Kunstwerke ins „Keefersche Museum wertvoller Menschen“ (das heißt, sie werden in Vater Keefers Werkstatt an die Wand gehängt).

Diese Tradition wurde von Mr. Keefer ins Leben gerufen. Er hatte jahrelang mit seiner Unfähigkeit gerungen, seinen Kindern gegenüber Worte der Liebe und der Anerkennung auszusprechen. Er wußte, daß er es tun sollte, aber es fiel ihm sehr schwer. Aus diesem Grunde entschloß er sich, in stundenlanger Arbeit besondere Geschenke für jedes seiner Kinder anzufertigen. Als er die handgemachten Geschenke seinen Kindern überreichte, erklärte er ihnen ihre Bedeutung. So fiel es ihm wesentlich leichter, seinen Kindern gegenüber seine Liebe und Anerkennung auszudrücken.

Was mit Mr. Keefers Unfähigkeit anfing, seine Wertschätzung anders als durch handgemachte Geschenke auszudrücken, ist inzwischen zu einer sinnvollen Familientradition geworden. Jedes Jahr zu Weihnachten erhält jedes Kind ein besonderes Geschenk. Dann wird ihm eine Geschichte über seinen besonderen Wert erzählt, während der Rest der Familie zuhört.

Wenn Sie Ihren Kindern gegenüber zum Ausdruck bringen, wie sehr Sie sie schätzen, vermitteln Sie ihnen ein Gefühl echter Zugehörigkeit. Das kostet nur wenig Zeit, stellt jedoch sicher, daß Ihre Kinder, wenn sie eines Tages zu Hause ausziehen, das Gefühl haben, geliebt und geborgen zu sein.

2. *Wir vermitteln Zugehörigkeit durch Zuhören.*

Wissenschaftliche Studien erbringen immer wieder den Erweis, daß diejenigen Familien am gesündesten sind, in denen am meisten zugehört wird. Das Zuhören ist möglicherweise eine der gesündesten Tätigkeiten überhaupt.

In der John Hopkins Medical School wird Herzpatienten die „lebensrettende Fertigkeit" beigebracht, anderen zuzuhören. Wissenschaftliche Untersuchungen, die dort durchgeführt worden sind, haben ergeben, daß viele Menschen, die einen Herzinfarkt erlitten haben, entweder nicht in der Lage oder nicht willens sind, anderen zuzuhören.

Als die Ärzte ein Gerät zur ständigen Blutdruckkontrolle einsetzten, bemerkten sie etwas Eigenartiges. Immer wenn ein Patient mit jemandem sprach, stieg – ohne Ausnahme – sein Blutdruck. Nahm sich aber ein Patient die Zeit, einem anderen zuzuhören, so ging sein Blutdruck bzw. seine Herzfrequenz zurück.

Der Blutdruck einiger Patienten stieg beim Reden so sehr an, daß die Gefahr eines Herzinfarkts bestand, und das obwohl ihre Worte durchaus ruhig klangen. Es mag zwar schwer zu glauben sein, aber einige Patienten redeten tatsächlich so viel und hörten so selten zu, daß es sie beinahe das Leben gekostet hätte[1].

Wir wollen Ihnen damit nicht einsuggerieren, daß Sie Ihr Leben aufs Spiel setzen, wenn Sie es versäumen, Ihren Kindern zuzuhören. Aber gesund ist das Zuhören allemal, sowohl für Sie als auch für Ihre Kinder. Hören Sie ihnen zu, so verstärken Sie ihr Zugehörigkeitsgefühl.

Der kürzlich verstorbene Joe Bayly war ein sehr gläubiger Mensch, aber er und seine Frau hatten großes Leid zu ertragen: Drei ihrer Söhne sind entweder an Krankheiten gestorben oder tödlich verunglückt. In seinem hervorragenden Buch „The Last Thing We Talk About" (zu deutsch: „Darüber spricht man nicht") schilderte Joe eine Begebenheit, aus der deutlich wird, wie das Zuhören Menschen miteinander verbindet:

Ich erinnere mich sehr deutlich an zwei Beileidsbesuche, die wir nach dem Tod unseres zweiten Sohnes erhielten.
Als der erste Besucher den Raum betrat, erging er sich in lauten Worten darüber, wie kostbar wir in den Augen Gottes seien. Gott müsse im voraus gewußt haben, daß wir die Kraft hätten, mit dieser Tragödie fertigzuwerden. Er zitierte mehrere Bibelverse, dann verließ er mit ebensoviel Lärm, wie er gekommen war, den Raum. Ich war völlig ungerührt, fast böse. Und ich war froh, daß er wieder weggegangen war.
Dann kam ein zweiter Bekannter. Er setzte sich einfach neben mich und ergriff meine Hand. Er hörte mir zu. Er betete kurz. Dann ging er auf leisen Sohlen wieder fort. Ich war gerührt. Ich fühlte mich getröstet. Ich wünschte, er hätte länger bleiben können.

Die meisten Menschen können besser Vorträge halten als zuhören. Hören wir tatsächlich einmal zu, so geschieht es vielfach zwischen Salven wichtiger Mitteilungen (in unseren Augen ist alles „wichtig", was wir selbst zu sagen haben). Dennoch gilt: Sollen unsere Kinder merken, daß sie uns sehr viel wert sind, dann müssen wir es ihnen zeigen, indem wir ihnen zuhören.

Merken Sie sich folgendes: Das Smalley-Trent-Axiom der Verständigung besagt: Die Gelegenheit, Ihren Kindern zuzuhören, ist direkt proportional zur Interessantheit des Fernsehprogramms, das Sie sich gerade ansehen, oder des Buches, das Sie gerade lesen. Mit anderen Worten: Je interessanter das Programm oder je spannender das Buch, desto wahrscheinlicher ist es, daß Ihre Kinder in gerade diesem Augenblick mit Ihnen sprechen wollen!

Es ist uns klar, daß Sie nicht jedesmal, wenn Ihre Kinder Ihnen etwas mitzuteilen haben, alles andere fallenlassen können. Wenn Sie jedoch allzuoft die Tür der Verständigung schließen, werden Sie es nach kürzester

Zeit nicht mehr tun müssen: Ihre Kinder werden Ihnen gar nichts mehr zu sagen haben – auch dann nicht, wenn Sie sie anflehen, mit Ihnen zu reden.

Ich (John) kann mich noch gut an etwas erinnern, was meine Mutter uns immer wieder sagte, als wir Teenager waren. Ihrer gesundheitlichen Probleme wegen mußte sie oft sehr früh ins Bett gehen. Aber beinahe jeden Abend, ehe sie sich zur Ruhe begab, sagte sie: „Wollt ihr Jungs über irgend etwas reden, dann weckt mich einfach. Ich kann jederzeit wieder einschlafen, aber ich habe nicht immer Gelegenheit, mit euch zu reden."

Wissen Sie, was mein Zwillingsbruder und ich fast jedes Wochenende taten, wenn wir nach einer Verabredung oder einem Baseballspiel nach Hause kamen? Sie haben es sicherlich schon erraten. Wir gingen zu unserer Mutter ins Schlafzimmer, setzten uns, einer rechts, der andere links, auf ihr Bett, weckten sie und unterhielten uns manchmal stundenlang über unsere Verabredungen, Probleme, Träume und Ziele oder über das Leben überhaupt.

Viele Eltern wüßten nur zu gern, was ihre Teenager denken und tun. Aber als mein Bruder und ich in diesem schwierigen Alter waren, wußte meine Mutter so ziemlich alles über uns. Das kam daher, daß sie uns durch ihre „Politik der offenen Tür" und ihre Bereitschaft zuzuhören ein Gefühl der Zugehörigkeit vermittelt hatte.

3. Wir vermitteln Zugehörigkeit dadurch, daß wir der Familie klar umrissene Ziele vorgeben.

Haben Sie je Einblick in ein schlechtgehendes Geschäft bekommen? In vielen Fällen orientieren sich solche Firmen an den Erfolgen von gestern oder an der aktuellen Wirtschaftslage statt an klar umrissenen Zielen. Die Angestellten merken sehr wohl, ob es mit einem Betrieb in die richtige Richtung geht. Und sie merken es ebenso, wenn die Geschäftsleitung das Unternehmen ziellos treiben läßt.

Das gleiche gilt für jeden Sportverein. Unser guter Bekannter Norm Evans gewann mit der Footballmannschaft der Miami Dolphins zweimal den Super Bowl. Wir haben durch ihn wertvolle Einsichten in siegreiche Mannschaften und siegreiche Familien gewonnen. Die Wahrheiten, die Norm uns vermitteln konnte, werden nach unseren Beobachtungen immer wieder in gesunden Familien in ganz Amerika bestätigt.

Einmal erzählte uns Norm, was geschah, als Don Shula den Trainerposten bei den Dolphins übernahm. Im Jahr davor hatte die Mannschaft zweimal gewonnen und zehnmal verloren; der Verein befand sich in jeder Hinsicht auf dem absteigenden Ast. Aber bei seinem ersten Treffen mit den Spielern sagte der neue Trainer: „Unser Ziel für das kommende Jahr ist eine Erfolgsbilanz von 10:2."

Einige Mannschaftsmitglieder konnten kaum ein Lachen unterdrükken, aber Shula erklärte ihnen unbeirrt weiter, wie er das Ziel erreichen wollte: „Wir werden viermal täglich trainieren, um uns auf die Sonntagsspiele vorzubereiten. Darüber hinaus werdet ihr bis zum Wochenende alles über den nächsten Gegner erfahren, was es zu erfahren gibt. Ihr werdet einen Plan entwickeln, den ihr so lange einüben werdet, bis ihr hundertprozentig auf das Spiel vorbereitet seid."

Sie erreichten in jenem Jahr tatsächlich ihr Ziel. Und im folgenden Jahr gewannen sie 13 Spiele und somit auch den Super Bowl. Don Shula ist mittlerweile der erfolgreichste Trainer des nationalen Football-Verbandes, und das nicht ohne Grund. Seine Methoden beruhen auf klar umrissenen Zielen und einem wohldurchdachten Plan, den die Mannschaft einübt und verwirklicht.

Klar umrissene Ziele sind nicht nur für erfolgreiche Unternehmen und siegreiche Footballmannschaften unerläßlich. Auch Familien brauchen sie, wenn sie zusammenhalten sollen. Wir (die Smalleys) setzten uns mit jedem unserer Kinder hin und arbeiteten einen Plan aus, der drei Grundziele enthielt: Ehrfurcht vor Gott, gegenseitige Ehrerbietung und Ehrfurcht vor der Schöpfung. Nachdem die Kinder eingeschult worden waren, unterhielten wir uns jeden Abend beim Abendbrot ein paar Minuten lang darüber, ob wir als einzelne und als Familie auf diesen drei Gebieten Fortschritte erzielt hätten. Das taten wir insgesamt drei Jahre lang.

Diese drei Jahre, in denen wir klare Ziele verfolgten und jeden Abend über ihre Verwirklichung sprachen, haben bei unseren Kindern maßgeblich zum Reifeprozeß beigetragen und uns als Familie zusammengeschweißt. Nicht jede Footballmannschaft gewinnt den Super Bowl, und nicht jede Familie bewegt sich auf Super Bowl-Ebene. Dennoch möchten wir häufiger gewinnen als verlieren! Das ist das mindeste, was wir anstreben sollten. Und um dieses Ziel zu verwirklichen, brauchen wir einen Plan, den wir täglich im Rahmen der Familie einüben können.

Das Wort Gottes ist ein Leitfaden des erfolgreichen Familienlebens. Es gehört zu den wichtigsten Zielen unseres Dienstes, die biblischen Aussagen in einen praktischen Aktionsplan zusammenzufassen, den Eltern ohne weiteres befolgen können (so auch im vorliegenden Buch, in dem wir die sieben Aspekte der Ehre auf das Familienleben übertragen).

Kinder merken sehr wohl, ob ihre Familie ein klares Ziel oder einen Plan verfolgt. Und sie merken es ebenso, wenn es nur eine Anhäufung von Regeln gibt, die weder aufeinander bezogen noch eindeutig sind. Durch die Verwirklichung eines wohldurchdachten Planes können wir unsere Kinder zu gesunder Selbständigkeit erziehen. Jetzt wollen wir uns aber der vierten Möglichkeit zuwenden, unseren Kindern ein Gefühl der Zugehörigkeit zu vermitteln.

4. Wir vermitteln Zugehörigkeit, indem wir dafür sorgen, daß sich jedes Glied der Familie für alle anderen verantwortlich fühlt.

Die in unserer geistlichen Familie geltenden Prinzipien lassen sich oft auch mit Gewinn auf unsere natürliche Familie anwenden. Einer Gemeinde gegenüber, die mit Spaltungen zu kämpfen hatte, benutzte der Apostel Paulus einmal folgendes Gleichnis, um deutlich zu machen, wie wichtig die Einheit der Familie ist. Er verglich die einzelnen Christen mit den Gliedern des Leibes und sagte: „Und wenn ein Glied [beispielsweise eine Hand oder ein Auge] leidet, so leiden alle Glieder mit, und wenn ein Glied geehrt wird, so freuen sich alle Glieder mit" (1. Korinther 12,26).

Wie wir meinen, gehört ein Gefühl gegenseitiger Verantwortung zu den hervorstechenden Merkmalen einer gesunden Familie. Wenn Tochter Jane verletzt wird, wird sie von allen anderen ermutigt und unterstützt. Wenn Sohn David an seiner Arbeitsstelle befördert wird, freuen sich alle über seinen Erfolg.

Wie können Eltern in ihrer Familie das Einssein fördern – vor allem dann, wenn sie gesunde, durchschnittliche Kinder haben, die von Natur aus lieber miteinander zanken als essen? Ich (Gary) habe folgendes festgestellt: Was uns als Familie mehr als alles andere zusammenschmiedet, das sind gemeinsam durchstandene Prüfungen. Ich behaupte auch hier nicht, daß wir Schwierigkeiten bewußt herbeiführen sollten. Im Jakobusbrief steht jedoch, daß Anfechtungen sich von selbst einstellen werden. Bei uns zu Hause sieht das folgendermaßen aus: Wir brauchen nur einen Familienausflug zu planen, da geht garantiert etwas schief und fördert in der Folge unsere Einheit untereinander. Lassen Sie mich das näher erklären.

Vor einigen Jahren, als unsere Kinder noch die Grundschule besuchten, entschlossen wir uns, mit unserem Wohnwagen nach Colorado zu fahren, um dort Urlaub zu machen. Die Reise verlief ohne Zwischenfälle, bis wir eine Straße erreichten, die steil bergauf führte. Als ich einen Blick aufs Armaturenbrett warf, merkte ich am Temperaturanzeiger, daß der Motor sich heißgelaufen hatte.

Die Kinder freuten sich jedesmal, wenn wir Rast machten, und sobald ich mit dem Wohnwagen an den Straßenrand fuhr, sprangen sie aus dem Auto und liefen wie wild in alle Richtungen. Als wir uns schon Sorgen machten, daß sie auf die Straße laufen und überfahren werden könnten, kam Greg, der ältere unserer beiden Söhne, auch noch auf die Idee, mit einer herumliegenden Ölkanne einen Dropkick zu versuchen.

So, als würde sie von einem Radarsystem der NASA gelenkt, flog die halbvolle Ölkanne im hohen Bogen durch die Luft und erzielte einen Volltreffer am Kopf unseres jüngeren Sohnes Michael. Er wurde von oben bis unten mit Öl bespritzt und bekam am Kopf eine große Beule.

Sie können sich die Szene bestimmt vorstellen. Der Motor unseres Wagens ist heißgelaufen. Greg versteckt sich, weil er weiß, daß großer Ärger ihn erwartet. Norma und unsere Tochter Kari weinen, weil Mike Öl in die Augen bekommen hat und sie Angst haben, er könnte erblinden. Mike weint, weil er auf Greg böse ist, aber ihn nicht sehen und sich daher nicht an ihm rächen kann. Ich sehe mich nach Wasser um, um das Öl abzuwaschen – und dann fängt es auch noch an zu regnen!

Während wir im Wohnwagen kauerten und darauf warteten, daß der Motor unseres Autos abkühlte und wir Mike zum Arzt fahren konnten, sagte niemand, daß dies ein großartiges Familienerlebnis sei oder daß wir uns besonders einig fühlten. Dennoch haben wir uns seither hundertfach an diese Beinahe-Katastrophe erinnert und herzlich darüber gelacht (es sind keine Dauerschäden zurückgeblieben – außer vielleicht an der Ölkanne). So schmerzhaft sie auch sein mögen, gemeinsam durchstandene Prüfungen können uns enger zusammenführen und uns helfen, das Selbstwertgefühl unserer Kinder zu steigern.

5. Wir vermitteln Zugehörigkeit, wenn wir bereit sind, unsere Fehler einzugestehen.

Die Sprüche (oder Sprichwörter) Salomos sind eine Fundgrube praktischer Weisheit. Dort finden wir unter anderem zwei einfache Aussagen, die uns als Eltern helfen können, unseren Kindern ein gesundes Zugehörigkeits- und Selbstwertgefühl zu vermitteln: 1. „Erst die Bescheidenheit, dann die Ehre“ (Sprüche 15,33); 2. Wer klug ist, zieht andere zu Rate und nimmt Korrektur an (frei nach Sprüche 1,7).

Vielen Eltern fällt nichts schwerer, als ihre Fehler vor den eigenen Kindern zuzugeben. Sich von Kindern – auch den eigenen – korrigieren oder zurechtweisen zu lassen, wäre für viele Erwachsene ein Ding der Unmöglichkeit. Die Schrift lobt jedoch bescheidene Menschen, die nicht meinen, daß sie die Weisheit für sich alleine gepachtet hätten. Solche Menschen sind offen, belehrbar und bereit, Korrektur anzunehmen. Vielleicht waren Sie bisher der Überzeugung, daß Sätze wie: „Es tut mir leid" oder: „Ich weiß es nicht" Sie in den Augen Ihrer Kinder herabsetzen könnten. In Wirklichkeit trifft das Gegenteil zu. Kinder – und nicht nur sie – fühlen sich zu Menschen hingezogen, die bereit sind, ihre Fehler und ihr Versagen einzugestehen.

Zu den Bibellehrern, die wir am liebsten sprechen hören, gehört Dr. Charles Swindoll. Das sehen auch viele andere Menschen so. Seine Bücher und Rundfunksendungen haben Tausende in ganz Amerika zutiefst beeinflußt und zu einem konsequenten christlichen Lebenswandel hingeführt. Was macht den Dienst von Dr. Swindoll so effektiv? Es gibt gewiß gute theologische Gründe dafür, aber der Hauptgrund ist unseres Erachtens der, daß er bereit ist, total ehrlich zu sein – auch was sein Versagen betrifft – und sich verwundbar zu machen. Es ist schwer, jemandem zuzuhören, der drei Stufen über uns zu stehen scheint. Wir können uns jedoch mit einem Mann wie Charles Swindoll, der uns seine Kämpfe und Verletzungen offenbart, identifizieren und lassen uns gern von ihm etwas sagen. Und so sehen es auch Kinder im Blick auf ihre Eltern.

Sich bei den eigenen Kindern zu entschuldigen, ist eine demütigende Erfahrung. Wenn wir es trotzdem tun, merken die Kinder, daß wir unsere Schwächen, die sie ohnehin längst erkannt haben, nicht vor ihnen zu verbergen versuchen. Ganz junge Kinder halten ihre Eltern meist für fehlerlos. Das ändert sich jedoch spätestens nach ein paar Jahren an der Grundschule. Irgendwann bekommen sie einen Blick für die Schwächen ihrer Eltern. Wenn wir dann versuchen, diese Fehler vor ihnen zu verbergen, setzen wir uns in ihren Augen herab und geben ihnen durch unser Vorbild zu verstehen, daß auch sie ihre Probleme leugnen sollten. Unaufrichtigkeit dieser Art dient nur dazu, das Selbstwertgefühl unserer Kinder zu unterminieren. Ihr Selbstwertgefühl aufbauen können wir nur, wenn wir uns demütigen und Korrektur annehmen. Lassen Sie mich (Gary) erzählen, wie das bei uns zu Hause funktioniert.

Kürzlich bat mich meine Tochter Kari, mehrere Kapitel aus den Sprüchen Salomos mit ihr durchzugehen. Sie hatte diese Kapitel kurz vorher im Fach Bibelkunde an ihrem College durchgearbeitet und viele Verse bereits angestrichen. Wir hielten beim Lesen häufig inne und fragten uns:

„Inwiefern deckt sich dieser Vers mit unserem gegenwärtigen Lebensstil?"

Aus den ersten fünf Versen, die wir durchlasen, wurde deutlich: Es ist der Wille Gottes für uns, daß wir fleißiger nach der Wahrheit forschen als nach Silber und Gold. Die anschließenden Verse zählen einzelne Haltungen und Verhaltensweisen auf, die uns in der Kunst, einen rechten Lebenswandel zu führen, voranbringen können.

Während wir uns auf diese Weise unterhielten und unser Verhalten prüften, las Kari einen bestimmten Vers vor und meinte, dies sei ein Bereich, wo ich an mir arbeiten müsse. Nachdem ihr diese Worte entschlüpft waren, konnte ich sofort an ihrem Gesicht ablesen, daß sie sich nicht sicher war, ob sie so etwas hätte sagen dürfen. Sie sah mich prüfend an, um festzustellen, ob ich verärgert war oder mich zur Wehr setzen wollte. Da sie jedoch merkte, daß ich für Korrektur offen war – zumal sie von meiner eigenen Tochter kam –, wurde sie selbst offener denn je. Sie kam in der Folge auf einige Bereiche zu sprechen, in denen auch sie an sich arbeiten muß.

Unsere gegenseitige Liebe ist nach dieser Zeit gemeinsamen Prüfens spürbar gewachsen. Wir achten einander heute mehr denn je, da wir voreinander zugegeben haben, unvollkommen zu sein und von Zeit zu Zeit der Korrektur zu bedürfen – wie andere Menschen auch.

In Verbindung mit den bereits besprochenen vier Möglichkeiten, Kindern ein Gefühl der Zugehörigkeit zu vermitteln, wird Ihre Bereitschaft, Ihre Fehler einzusehen und Korrektur anzunehmen, das Selbstwertgefühl Ihrer Kinder erheblich stärken. Und wenn Kinder einmal das Gefühl haben, wirklich dazuzugehören, sind sie weit besser auf das vorbereitet, worüber es jetzt zu sprechen gilt: die Erziehung zur Selbständigkeit.

Gesunde Getrenntheit

1. Erziehen Sie Ihre Kinder Schritt für Schritt zur Selbständigkeit!

Um in Ihren Kindern ein gesundes Gefühl der Getrenntheit zu wecken, müssen Sie sie Schritt für Schritt zur Selbständigkeit erziehen. Der bekannte Kinderarzt Dr. William Sears ist überzeugt, daß dieser Prozeß bereits mit der Entwöhnung beginnt.

Das hebräische Wort für „entwöhnen" heißt gamal und bedeutet eigentlich: „reifen". Es deutet einen Zustand der Bereitschaft an. Mit der

„Entwöhnung“ ist nicht der Verlust oder der Abbruch einer Beziehung gemeint, sondern die Erlangung eines Zustandes, in dem das Kind das Empfinden hat, so reif und so ausgefüllt zu sein, daß es bereit ist, neue Beziehungen einzugehen. Über Kinder, die in Beziehungen und Verantwortung hineingedrängt werden, ehe sie bereit sind, damit umzugehen, hat Dr. Sears folgendes zu sagen:

> *Die vorzeitige Entwöhnung kann in einem Kind das Gefühl hervorrufen, nicht erfüllt zu sein – das Gefühl, das irgend etwas nicht stimmt. Ein Kind, dem die kindliche Beziehung zu seinen Eltern vorzeitig entzogen wird und das sehr früh in neue Beziehungen hineingedrängt wird, wird möglicherweise in seinem Inneren wie auch nach außen hin rebellieren und Symptome jener Krankheiten aufweisen, die ich als „Krankheiten des Noch-nicht-Bereit-Seins“ bezeichne.*

Um welche „Krankheiten“ handelt es sich? Gemeint sind Verhaltensstörungen wie übertriebene Aggressivität, Wutanfälle und extreme Launenhaftigkeit, um nur einige zu nennen. Ein gelegentlicher Koller oder gelegentliches Schmollen ist nicht gemeint – so etwas erlebt fast jedes Kind. Hier geht es um die sich ständig wiederholenden Verhaltensweisen eines gehetzten Kindes.

Nach unseren Beobachtungen erweisen sich Kinder jeder Altersstufe, wenn ihnen zu früh ein zu hohes Maß an Selbständigkeit und Verantwortung zugemutet wird, als überfordert. Manchmal werden Kinder durch den Tod eines Elternteils oder durch eine Ehescheidung gezwungen, „über Nacht“ erwachsen zu werden. Wenn es irgendwie möglich ist, sollten sie jedoch allmählich – Schritt für Schritt – zur Selbständigkeit hingeführt werden.

2. Muten Sie Ihren Kindern nur solche Entscheidungen zu, die sie in ihrem Alter bewältigen können!

David Elkind hat einen Bestseller mit dem Titel „The Hurried Child“ (zu deutsch: „Das gehetzte Kind“) geschrieben. Vielleicht sind deshalb so viele Exemplare verkauft worden, weil so viele „gehetzte Kinder“ hingelaufen sind, um das Buch zu kaufen!

Wir leben heutzutage in einer Gesellschaft, in der alles sofort geschehen muß. Viele Erwachsene ärgern sich schon, wenn ihr Hamburger und Milchshake nicht in den paar Sekunden fertig sind, die sie brauchen, um beim bekannten Drive-in-Restaurant die vier Autolängen vom Clown bis zum Abholfenster zu fahren. Die meisten Kinder sind in dieser Hinsicht nicht anders.

In unserer unwahrscheinlich komplizierten Gesellschaft erwarten viele Eltern, daß ihre Kinder ausgesprochen kluge Urteile fällen, doch bereiten sie sie nicht im geringsten darauf vor. Nicht Kinder haben teure Markenjeans für Vierjährige erfunden, doch werden diese von den Eltern in Massen gekauft. Es ist auch nichts Ungewöhnliches mehr, wenn fünf- und sechsjährige Kinder geschminkt zur Schule gehen, weil ihre Eltern es nicht abwarten können, daß sie erwachsen werden. Ist denn so etwas noch normal?

Wie Sie haben auch wir beobachtet, wie manche Eltern ihre fünf- oder sechsjährigen Kinder ins Kino mitnehmen, um sich Filme anzusehen, die offiziell nur für Jugendliche ab 16 Jahren freigegeben sind. Diese Mütter und Väter erwarten von ihren Kindern, daß sie die Bälle, die ihnen in solchen Filmen mit großer Wucht zugeworfen werden, abfangen – und daß sie dabei nicht zu Schaden kommen.

Für jeden Vater, der der Meinung ist, sein Kind werde mit derartigen Filmen oder Büchern schon fertigwerden, könnten wir 100 Kinder nennen, die damit nicht fertiggeworden sind, sondern innerlich verletzt wurden. Unseres Erachtens kann man es von der Bibel her nicht einmal gutheißen, wenn „reife" Jugendliche und Erwachsene sich solchen Schund ansehen. Wer sich Filme dieser Art ansieht, der würdigt sich selbst herab und wird möglicherweise dazu animiert, Gott zu verunehren und die entehrenden Praktiken, die darin gezeigt werden, nachzuahmen. Sie erinnern sich doch sicherlich an den biblischen Begriff „entwöhnen". Er besagt, daß wir einem Kind erlauben müssen, reif zu werden, ehe wir ihm Entscheidungen zumuten, die ein bewährtes Unterscheidungs- und Urteilsvermögen verlangen.

Ich (Gary) hatte früher das große Vorrecht, sehr viel Zeit mit Corrie ten Boom zu verbringen. Sie ermutigte mich, jedesmal, wenn ich einen Vortrag halte, Vergleiche und Gegenstandslektionen zu verwenden, und diese sind bis heute ein charakteristisches Merkmal meines Dienstes. Corries Glaube wurde auf dem Amboß einer liebevollen christlichen Familie geschmiedet und bewährte sich im Zweiten Weltkrieg in einem Konzentrationslager der Nazis.

Corrie erzählte mir einmal eine Geschichte, die – in etwas anderer

Form – auch in ihrer inspirierenden Autobiographie „Die Zuflucht" erwähnt wird[2]. Im Alter von sechs Jahren machte sie mit ihrem Vater eine Bahnreise. Als sie in einer ländlichen Gegend zum Fenster hinaussah, erblickte sie zwei Rinder, die sich begatteten. Aus lauter Neugierde fragte Corrie ihren Vater: „Was machen denn die Tiere dort?"

„Corrie", erwiderte ihr Vater, „alles hat seine Zeit. Wenn es für dich Zeit ist, das zu wissen, werden wir beide uns darüber unterhalten." Das war alles, was Corrie zu diesem Zeitpunkt zu wissen brauchte. Einige Jahre später, als die richtige Zeit dafür da war, fand die angekündigte Unterhaltung tatsächlich statt.

Gesunde Getrenntheit sollten wir unseren Kindern auf keinen Fall auf Kosten ihrer Unschuld vermitteln. So kennen wir beispielsweise ein Elternpaar, das es seiner 13jährigen Tochter erlaubte, der Einladung eines College-Jungen von zweifelhaftem Ruf Folge zu leisten und in Begleitung mehrerer nicht-gläubiger Pärchen einen Campingausflug mit Übernachtung mitzumachen. Spätestens dann, als das Mädchen schwanger wurde, haben die Eltern bereut, daß ihnen der Mut fehlte, nein zu sagen. Sexuelle Freizügigkeit ist in einigen Kreisen gang und gäbe; gläubige Eltern brauchen deshalb Mut, um ihren Kindern bestimmte Dinge, für die sie noch nicht bereit sind, zu verbieten.

Wir können unseren Kindern nur helfen, ein gesundes Gefühl der Getrenntheit zu entwickeln, wenn wir für ihre Bereitschaft, Entscheidungen zu fällen und Verantwortung zu übernehmen, offene Augen haben.

3. Geben Sie Ihren Kindern klare Ziele vor, die sie spätestens dann erreicht haben sollen, wenn sie zu Hause ausziehen!

Wir wollen ein paar Fragen stellen. Welche Ziele soll Ihr Kind verwirklicht haben, ehe es zu Hause auszieht? Welche Charaktereigenschaften soll es nach Ihren Vorstellungen entwickelt haben, ehe es sein Elternhaus verlassen darf? Wie oft setzen Sie sich mit Ihrem Kind hin, um sich mit ihm über seine charakterlichen Stärken oder über Bereiche, in denen es noch an sich arbeiten muß, zu unterhalten? Welche Einstellung zu Gott und zum Nächsten wird Ihrem Kind Tag für Tag im Rahmen der Familie vermittelt?

Viele unserer Leser kennen bereits den Bibelvers, in dem es heißt: „Bring einem Kind am Anfang seines Lebens gute Gewohnheiten bei, es wird sie auch im Alter nicht vergessen" (Sprüche 22,6). Im Zusammenhang mit diesem Vers wird meist hervorgehoben, daß ein Mensch nicht vergißt, was ihm in frühester Kindheit beigebracht wurde. Doch richtet sich die eigentliche Aussage dieses Verses an Eltern: Sie sollen ihren Kindern positive Ziele vorgeben (ihnen „gute Gewohnheiten beibringen").

Bei der Vorbereitung Ihres Kindes auf die Selbständigkeit kommt es wirklich darauf an, jeden Tag, den es bei Ihnen zu Hause wohnt, sinnvoll zu nutzen. Die Aufgabe, ein Kind zur Selbständigkeit zu erziehen, ist eine hohe Berufung. Die Charaktereigenschaften und das Maß an Verantwortungsbewußtsein, die heute im Leben Ihres Kindes zutage treten, werden in fünf oder zehn Jahren weitaus deutlicher sichtbar werden. Wenn Ihr Kind heute schon das Gefühl hat, sich erfolgreich von Ihnen abnabeln und auf eigenen Beinen stehen zu können, wird es damit in Zukunft keine Probleme haben.

In der Ehe müssen sich Eheleute ebenso auf die Zukunft vorbereiten, nämlich auf eine Zeit, in der ein Ehepartner vielleicht nicht mehr da sein wird. Darum geben Sie sich die Mühe, eine Lebensversicherung mit Rentenanspruch abzuschließen, ein Testament aufzusetzen und einen Vormund für Ihre Kinder zu bestimmen. Aus diesem Grunde sollten die Finanzen nie Sache des Mannes allein, sondern immer eine Angelegenheit beider Ehepartner sein. Und mit der gleichen Sorgfalt, mit der Sie für die eigene Zukunft sorgen, sollten Sie Ihre Kinder auch auf ihre Zukunft vorbereiten.

Ein Kind, dem seine Eltern keine Ziele vorgeben, wird nicht darauf vorbereitet sein, sein Elternhaus zu verlassen. Wenn es zu Hause auszieht, wird es sich verloren und orientierungslos vorkommen wie eine Witwe, die vom frühen Tod ihres Gatten überrascht wurde. Deshalb müssen Sie sich Fragen stellen, die Ihnen helfen werden, Ihr Kind auf das Selbständig-Sein vorzubereiten. Nach unserer Erfahrung sind folgende Fragen besonders hilfreich:

Was kann ich meinem Kind jetzt über den Umgang mit Geld beibringen, damit es später auf finanziellem Gebiet zurechtkommt? Wie wäre es, wenn Sie ihm ein eigenes Giro- und Sparkonto einrichten und ihm zeigen, wie wichtig es ist, den Zehnten zu geben? Jedes Kind sollte mit dem biblischen Grundsatz vertraut sein: „Wer im Geringsten treu ist, der ist auch im Großen treu" (Lukas 16,10). Halten Sie nach Gelegenheiten Ausschau, in Ihrem Kind ein Verantwortungsbewußtsein zu wecken, gerade was das Finanzielle betrifft. Wenn Ihr Kind sein Fahrrad nicht abschließt und es in der Folge gestohlen wird, sollten Sie ihm nicht gleich ein neues kaufen. Lassen Sie das Kind vielmehr sein Taschengeld sparen, damit es das Fahrrad selbst ersetzen kann.

Wie kann ich meinem Kind schon jetzt beibringen, weise zu leben? Wie wäre es, wenn Sie während der Sommerferien oder im Verlauf des Schuljahres die Sprüche Salomos mit ihm durchnehmen und dabei über ihre praktische Anwendung nachdenken? Sie können das Kind beim Lesen auf einzelne Verse hinweisen, die rechte Entscheidungen, die es früher getroffen hat, bestätigen. Andere Verse wiederum werden ihm helfen, sein gegenwärtiges Fehlverhalten zu erkennen und aus Fehlern zu lernen.

> Ein Kind, dem seine Eltern keine Ziele vorgeben, wird nicht darauf vorbereitet sein, sein Elternhaus zu verlassen. Wenn es zu Hause auszieht, wird es sich verloren und orientierungslos vorkommen wie eine Witwe, die vom frühen Tod ihres Gatten überrascht wurde.

Wie kann ich dafür sorgen, daß der Glaube meines Kindes gefestigt wird, ehe es von zu Hause fortgeht? Viele Eltern überlassen die religiöse Erziehung ihrer Kinder der Kirche oder einer christlichen Schule. Dort werden die Kinder zweifellos gut unterrichtet. Dennoch gilt: Das Wissen, das Kinder sich in der Gemeinde oder in der Schule aneignen, wird „Kopfwissen" bleiben, solange die Eltern nicht auch zu Hause geistliche Ziele vorgeben. Ergreifen Sie doch selbst die Initiative und helfen Sie Ihrem Kind, die Botschaft der Bibel zu verstehen und anzuwenden! Wenn ein Kind zwischen dem, was ihm im Konfirmandenunterricht beigebracht wird, und dem Alltag seiner Familie keinen Zusammenhang sieht, wird es die Bibel später als langweiliges Schulbuch abtun und im Regal verstauben lassen.

In jedem der genannten Bereiche sollten Sie rechtzeitig einen Plan entwickeln. Mit der Verwirklichung dieses Planes brauchen Sie auch nicht zu warten: Fangen Sie damit an, während Ihr Kind noch in den Windeln liegt! Und Sie sollten so lange damit weitermachen, wie das Kind die Füße unter Ihrem Tisch streckt. Wer ein Kind auf angemessene Weise darauf vorbereiten will, sein Elternhaus zu verlassen, der muß mehr tun, als ihm lediglich vor der Schulabschlußfeier ein paar aufmunternde Worte zu sagen und einen Scheck zur Deckung seiner Unterrichtskosten am College zu überreichen.

Eltern, die ihren Kindern keine langfristigen Ziele vorgeben, entehren sie und bereiten sie nur ungenügend auf die Herausforderungen des

Lebens vor. Eltern, die sich die Mühe machen, einen wohldurchdachten Plan zu entwerfen und zu verwirklichen, ehren ihre Kinder, denn sie helfen ihnen, für die Zukunft gewappnet zu sein.

Langfristige Ziele allein reichen freilich selten aus. Es gibt einen weiteren wichtigen Schritt, auf den Sie nicht verzichten dürfen.

Ein weiterer notwendiger Schritt. Sie haben die Möglichkeit, Ihre Kinder dadurch zu ehren, daß Sie ihnen langfristige Ziele vorgeben. Sollen jedoch diese Ziele nicht reine Theorie bleiben, so dürfen Sie einen weiteren wichtigen Schritt nicht vergessen: Sie müssen von Zeit zu Zeit die Wirksamkeit Ihres Planes überprüfen.

Im Geschäftsleben gilt: Vertrauen ist gut, Kontrolle ist besser. Dieser Grundsatz hat auch innerhalb der Familie seine Berechtigung, zumindest was die Verwirklichung der von den Eltern vorgegebenen langfristigen Ziele betrifft. Nach unserem Dafürhalten sollten sich Eltern jedes Jahr möglichst kurz vor oder nach dem Geburtstag eines jeden Kindes zusammensetzen und darüber sprechen, ob und inwiefern sie ihre langfristigen Ziele für das betreffende Kind durchsetzen konnten. Sie können sich beispielsweise folgende Fragen stellen: Inwiefern zeigt das Verhalten unseres Kindes im vergangenen Jahr, daß es Gott immer besser kennenlernt und ihn immer mehr liebt? Inwieweit hat das Kind seine Verantwortung wahrgenommen, im Haushalt mitzuhelfen und die Haustiere zu versorgen? Wie entwickelt sich seine Fähigkeit, in der Schule wie in der Familie mit anderen gut auszukommen? Hat es dem Herrn treu den Zehnten seines Taschengeldes oder seines Verdienstes gegeben und sein Geld auch sonst gut verwaltet? Danach sollten Sie sich mit dem betreffenden Kind hinsetzen, es für seine positiven Leistungen loben und mit ihm zusammen neue Ziele für das kommende Jahr ausarbeiten.

Ihrem Kind langfristige Ziele vorzugeben und jedes Jahr seine Fortschritte bei der Verwirklichung dieser Ziele zu überprüfen – das ist eine hervorragende Möglichkeit, das Kind langsam und vorsichtig zur Selbständigkeit zu erziehen. Für den Fall, daß Sie bei der Ausarbeitung eines speziellen Planes einer weiteren Hilfestellung bedürfen, empfehlen wir insbesondere Garys Buch „Der Schlüssel zum Herzen unseres Kindes“[3].

Gewiß, es kostet Zeit, sich mit einem Kind hinzusetzen und Ziele auszuarbeiten. Aber besser so, als es zu unterlassen. Wer bei der Vorbereitung eines Kindes auf die Selbständigkeit nicht zielbewußt vorgeht, der wird ganz sicher das Ziel verfehlen.

4. Fördern Sie Markstein-Erlebnisse!

Gibt es bei Ihnen zu Hause eine „Ruhmeshalle"? Dazu benötigen Sie nicht unbedingt einen Flur; ein vergilbtes Einklebebuch reicht voll und ganz. Ob Sie Fotos an die Wand hängen oder entwertete Fahrkarten in ein Sammelalbum kleben, auf jeden Fall werden Sie Ihre Kinder ermutigen, wenn Sie ihrer Markstein-Erlebnisse in besonderer Weise gedenken. So könnten Sie beispielsweise mit Ihren Kindern feiern, wenn sie ihren ersten Tanzkursus erfolgreich abschließen, zum ersten Mal mit einer Vereinsmannschaft Fußball spielen, ihren Haupt-, Real- oder Berufsschulabschluß bekommen, ein gewisses Alter erreichen oder einen bestimmten Pokal gewinnen. Das Feiern von Markstein-Erlebnissen wird Ihre Kinder in die Lage versetzen, sich nach neuen, schwierigeren Zielen auszustrecken, und ihnen helfen, ihre Selbstzweifel zu überwinden.

Als wir vor kurzem eine Flugreise machten, lernten wir eine junge Frau namens Betty kennen. Wir setzten uns im Flugzeug neben sie und bemerkten, daß sie offensichtlich vom Scheitel bis zur Sohle ein Kadett sei. Im Verlauf einer zwanglosen Unterhaltung erfuhren wir, daß Betty auf einer Militärakademie ihre Ausbildung zur Pilotin abgeschlossen und am Tag zuvor ihr Pilotenabzeichen erhalten hatte. Jetzt flog sie wieder nach Hause.

Wir sagten: „Das muß für Sie ein großartiges Erlebnis gewesen sein."

„War's auch. Oder hätte es zumindest sein müssen", antwortete Betty mit getrübtem Blick. Als wir sie sanft drängten, ihre Antwort näher zu begründen, seufzte sie und meinte: „Mein ganzes Leben lang habe ich darauf gewartet, daß mein Vater sagt, er sei stolz auf mich. Ich war mir sicher, daß er es gestern tun würde. Aber er tat es nicht. Ich weiß, daß er stolz auf mich ist, aber ich gäbe alles darum, wenn er es mir sagen würde. Ich schätze, ich werde einfach so schwer wie möglich daran arbeiten müssen, eine gute Pilotin zu sein. Vielleicht wird er es mir dann sagen."

Sie haben es gemerkt: Betty befindet sich auf einer verzweifelten Suche. Wenn Eltern bedeutende Marksteine im Leben ihrer Kinder ignorieren, versagen sie ihnen das Gefühl, etwas geleistet zu haben. Vermutlich hat Bettys Vater während seiner Kindheit nie irgendwelche ermutigenden Worte zu hören bekommen und hat es aus diesem Grunde versäumt, seine Tochter zu ermutigen. Aufgrund dieses Versäumnisses ist Betty stets auf der Suche nach einem gesunden Gefühl der Getrenntheit, nach einem Gefühl des Ausgefülltseins, das sie sagen läßt: „Endlich habe ich etwas Lohnenswertes geleistet. Endlich stehe ich auf eigenen Beinen.

Jetzt habe ich etwas getan, worauf nicht nur ich, sondern auch meine Eltern stolz sein können."

Keith Hernandez ist Baseballspieler, und zwar einer der besten. Er hat mehrmals für seine hervorragende Leistung auf dem Spielfeld den „goldenen Handschuh" erhalten. Er ist Meister im Schlagen gewesen, wurde von seinem Verband als „wertvollster Spieler" ausgezeichnet und hat einmal sogar die World Series gewonnen. Dennoch hat ihm trotz all dieser Erfolge etwas Entscheidendes gefehlt: die Anerkennung durch seinen Vater. Während eines sehr offenen Interviews sagte er einmal folgendes: „Einmal fragte ich meinen Vater: ‚Paps, ich bringe es seit Jahren beim Schlagen auf einen Durchschnitt von 0,3. Was kannst du mehr verlangen?' Mein Vater erwiderte: ‚Eines Tages wirst du Rückschau halten und sagen: Ich hätte noch besser sein können.'"

In seinem ausgezeichneten Buch „Getrieben oder berufen"[4] weist Gordon MacDonald darauf hin, daß gehetzte Erwachsene und gehetzte Kinder sich ewig im Kreis drehen. Damit will er sagen, daß sie niemals irgendeine Aufgabe gut genug erledigen können, um sich oder ihren Eltern zu beweisen, daß sie damit fertig seien. Sie müssen stets schneller laufen, höher springen, sich mehr Mühe geben – und das alles, damit ihre Eltern endlich Worte der Bestätigung und der Anerkennung aussprechen. Und wenn sie tatsächlich einmal solche Worte zu hören bekommen, glauben sie nur selten, mit ihren verzweifelten Bemühungen aufhören zu können.

Kindern, deren Markstein-Erlebnisse niemals gefeiert werden, fehlt etwas Entscheidendes. Das hat ein uns bekannter Familienvater namens Hank erkannt. Hank ist Leiter eines christlichen Bildungswerks und hat drei bildhübsche Töchter. Die Familie ist in vielerlei Hinsicht vorbildlich. So sind alle drei Töchter mit einem Gefühl echter Zugehörigkeit aufgewachsen, doch haben auch alle ein gesundes Maß an Selbständigkeit erlangt. Welches Geheimnis steckt dahinter? Als wir die inzwischen erwachsenen Mädchen baten, uns irgend etwas zu nennen, was ihr Vater getan hat, um ihnen ein gesundes Gefühl der Getrenntheit zu vermitteln, kamen sie alle auf das gleiche zu sprechen: „meine ‚16-Kerzen-Verabredung' mit meinem Vater".

Eine „16-Kerzen-Verabredung" – was ist das? Ganz einfach. Es ist etwas, was ein kluger Vater tat, um einen Markstein im Leben seiner Töchter zu feiern. Und die einzige „Vorleistung", die die Mädchen erbringen mußten, um diese besondere Zeit mit ihrem Vater erleben zu dürfen, war die, daß sie älter wurden. Immer wenn eines der Mädchen kurz vor seinem 16. Geburtstag stand, deutete Hank verschiedentlich an, daß er es eines Abends ausführen werde. Zur Zeit des Alten Testaments feierten Eltern das Mündigwerden ihrer Kinder mit einer besonderen Segenshandlung; Hank zog es vor, sich in besonderer Weise mit seinen Töchtern zu verabreden.

Er sorgte in jeder Hinsicht dafür, daß keines der Mädchen „seinen" Abend je vergessen wird. So kam er mit einem großen Blumenstrauß an die Tür, geleitete das Mädchen zum Essen in ein vornehmes Restaurant und überreichte ihm eine handgeschriebene Liste mit Segenswünschen und Gebetsanliegen, die er extra für diese Tochter und ihre zukünftige Familie zusammengestellt hatte. Eine der Töchter berichtete:

> *Nach meinem „16-Kerzen-Abendessen" mit meinem Vater kam ich mir zum erstenmal wirklich erwachsen vor. Wir unterhielten uns über einige Dinge, die noch vor mir lagen, so z. B. über meine Verantwortung bei Verabredungen mit Jungen und beim Autofahren. Das Ganze war sehr hilfreich. Mir wurde klar, daß es für mich an der Zeit war, erwachsen zu werden.*

Wer der Marksteine im Wachstum oder im Reifeprozeß seiner Kinder gedenkt – z. B. bestimmter Geburtstage oder besonderer Leistungen –, der ehrt sie (die Kinder) und vermittelt ihnen das Gefühl, etwas erreicht zu haben. Solche Kinder drehen sich bestimmt nicht im Kreis. Sie bauen vielmehr beim Dienst für den Herrn und an ihrer Familie auf diesen anerkannten Erfolgen auf.

Ganz gleich, ob Ihre Kinder elf, 18, 24 oder 42 Jahre alt sind, Sie können immer noch eine „16-Kerzen-Verabredung" mit ihnen vereinbaren. Es kommt nicht auf das Alter des Kindes an, sondern ausschließlich darauf, was Sie dabei sagen.

Der Segen einer ausgewogenen Familie

Wir haben fünf Möglichkeiten untersucht, in unseren Familien ein starkes Zusammengehörigkeitsgefühl zu erzeugen, und uns mit vier Möglichkeiten befaßt, unsere Kinder Schritt für Schritt zur Selbständigkeit zu erziehen. Alle aufgeführten Aspekte eines ausgewogenen Familienlebens vermitteln Kindern Sicherheit und Geborgenheit und stärken somit ihr Selbstwertgefühl.

Die vier bereits besprochenen Aspekte der Ehre – wir ehren unsere eigenen Eltern; wir helfen unseren Kindern, schweren Erlebnissen Positives abzugewinnen; wir identifizieren als Eltern unsere persönlichen Stärken und unseren persönlichen Stil; wir sorgen in unserer Familie für ein gesundes Gleichgewicht – diese vier Aspekte der Ehre helfen uns, eine Strategie zu entwickeln, damit wir ein siegreiches Familienleben führen können. Sie werden sich jedoch als noch effektiver erweisen, wenn wir einen fünften Aspekt hinzufügen, der mir (Gary) in meiner Jugend sehr deutlich vor Augen geführt wurde.

Als ich noch ein Junge war, machte ich eines Tages eine der schrecklichsten Erfahrungen meines ganzen Lebens. Es ist mir heute klar, daß ich nur dank der Gnade Gottes mit dem Leben davongekommen bin. Wenn ich an jenen grausigen Nachmittag zurückdenke, bin ich überzeugter denn je, daß Eltern ihren Kindern unbedingt Grenzen setzen oder, wenn Sie es lieber so ausdrücken, Schutzzäune errichten und instand halten müssen. Davon handeln die nun folgenden Kapitel.

Anmerkungen

[1] Siehe James J. Lynch, Die Sprache des Herzens (Paderborn: Junfermann, 1987).

[2] Corrie ten Boom mit John und Elizabeth Sherrill, Die Zuflucht. Corrie ten Boom erzählt aus ihrem Leben 1892-1945 (Wuppertal: R. Brockhaus, 1975), S. 32f.

[3] Gary Smalley, Der Schlüssel zum Herzen unseres Kindes (Kehl: Edition Trobisch, 1988).

[4] Gordon MacDonald, Getrieben oder berufen. Ordne dein Leben (Hochheim: Projektion J, 1988).

Kapitel 9

Wie wir auf liebevolle Weise Grenzen setzen können:

Erster Teil

Wer hätte gedacht, daß die Nichtbeachtung einer Grenze beinahe tödlich ausgehen würde? So etwas war für meinen Freund Jim und mich (Gary) unvorstellbar. Und doch passierte es. Lassen Sie mich erzählen.

Jim und ich sind zusammen aufgewachsen, und zwar im Bundesstaat Washington. Als wir noch Kinder waren, warnte uns Jims Mutter immer wieder: „Geht nur nicht in die Gegend um Boulder Flats!" Damit war das ausgetrocknete Bett eines nahegelegenen Flusses gemeint, dessen Lauf sich irgendwann infolge einer größeren Überschwemmung geändert hatte. Es handelte sich um ein mehrere Morgen großes Gelände, das von unterschiedlich großen Felsen übersät war. Das Ganze war vom Gartenamt eingezäunt worden.

Nun, Sie wissen, wie neugierig kleine Jungen sein können. Ich aber war nicht bloß neugierig. Ich stammte aus einer Familie, die keinerlei Grenzen kannte, und Zäune waren für mein Empfinden nichts als eine lästige Behinderung. Daß sie zu meinem Schutz errichtet wurden, konnte oder wollte ich nicht begreifen.

An einem wunderschönen Vormittag im Spätsommer waren Jim und ich durch die nahegelegenen Wälder gestreift. Kurz vor Mittag beschlossen wir (oder besser: beschloß ich), den Weg nach Hause abzukürzen – und zwar mitten durch Boulder Flats hindurch. Würden wir von einem Felsen zum anderen springen, so könnten wir den Rückweg um eine halbe Stunde abkürzen und in Null Komma nichts an der Brücke sein, die über den Fluß führte. Von dort aus wären wir im Nu zu Hause, rechtzeitig zum Mittagessen. Der Hunger kann zehnjährigen Jungen eine Abkürzung äußerst verlockend erscheinen lassen.

Der Stacheldrahtverhau war alt und vom Zahn der Zeit angenagt – und wer beachtet schon Schilder mit der Aufschrift „Betreten verboten"? Den Stacheldraht an einer besonders wackeligen Stelle auseinanderziehend, ließ ich Jim als ersten durch, dann hielt er die Drähte fest, damit auch ich hindurchschlüpfen konnte.

Wir kraxelten hinaus auf die Felsen und fingen an, von einem zum anderen zu springen. Wir kamen recht flott voran und hatten keine Schwierigkeiten. So meinten wir jedenfalls. Erst als wir die halbe Strecke zurückgelegt hatten, merkten wir, daß wir uns in Wirklichkeit ganz große Probleme eingehandelt hatten.

Als wir mitten im Flußbett auf einen großen Felsen sprangen, wurde die morgendliche Stille ganz plötzlich von Gezisch und dem durchdringenden Geräusch von Klapperschlangen zerrissen. Wir hielten uns fest, sahen uns um – und erkannten, daß wir mitten in einer Schlangengrube gelandet waren. Zwischen den kleineren Felsen um uns herum schlängelten sich Dutzende von Klapperschlangen. Kleine Schlangen und große, faustdicke Schlangen lagen entweder zusammengeringelt oder bewegten sich hin und her unter den Felsen. Stundenlang, so kam es uns vor, klammerten wir uns an den Felsen, schrien, so laut wir nur konnten, um Hilfe und bemühten uns, den Halt nicht zu verlieren.

Die Stunden vergingen, aber es kam keine Hilfe. Als sich die untergehende Sonne den Hügeln zuneigte, kamen wir zu dem Schluß, daß wir, wenn wir uns jemals von den Schlangen befreien wollten, keine Wahl hätten: Wir mußten versuchen, das Flußbett weiter zu durchqueren.

Nahe bei dem Felsen, auf dem wir standen, lagen mehrere Stücke Treibholz, Zeugen einer Zeit, in der einst ein mächtiger Strom hier ungehindert hatte fließen können. Jetzt bestand jedoch keine Möglichkeit, daß die Schlangen vom Wasser weggespült werden könnten, noch konnten wir von irgendwelchen Passanten Hilfe erwarten. Wir waren über eine Meile vom nächsten Haus entfernt – und außerdem wußte jeder, daß man Boulder Flats meiden müsse! Also hoben wir zwei lange Holzstücke auf und begaben uns auf den schauderhaften Weg zum anderen Ufer.

Ich kann Ihnen unmöglich die ganze Entsetzlichkeit der nächsten Stunde schildern. Wir mußten jedesmal, wenn wir von einem Felsen zum nächsten sprangen, unseren ganzen Mut zusammennehmen, denn wir wußten: Wenn wir ausrutschten und zu Boden fielen, würden wir sofort, ehe wir uns wieder in Sicherheit bringen könnten, von Schlangen gebissen. Zeitweise mußten wir unsere Treibholzstücke benutzen, um von unserem höheren Standort aus auf die Klapperschlangen einzudreschen. An einer Stelle hoben wir mit dem Treibholz einige Baby-Klapperschlangen auf und schleuderten sie aus dem Weg.

Weinend, betend, hoffend, zwischenzeitlich wieder die Hoffnung verlierend, bahnten wir uns einen Weg durch das Flußbett. Endlich, nach einer Stunde, die uns wie eine Ewigkeit vorkam, sprangen wir vom letzten Felsen hinunter auf den Sand, kletterten das Ufer hinauf und brachten uns so in Sicherheit.

Es dauerte einige Tage, bis wir die nötige innere Kraft aufbrachten, um an die Geschehnisse jenes schrecklichen Nachmittags überhaupt zurückzudenken. Als es soweit war, erinnerten wir uns daran, mindestens 20 Schlangen getötet und Dutzende mit unseren Stöcken geschlagen oder aus dem Weg geschleudert zu haben. Wir erzählten unsere Geschichte auf dem Gartenamt, und daraufhin fuhren einige Männer mit einem kleinen Bulldozer hin. Hinterher berichteten sie, sie hätten über 300 Schlangen gefangen oder getötet, einige von ihnen so lang, daß man damit eine Jagdtrophäe hätte gewinnen können!

Die Nichtbeachtung einer Grenze hätte uns beinahe das Leben gekostet. Jim und ich hatten mehr als nur Glück. Wenn wir ausgerutscht und mitten zwischen die Schlangen gefallen wären, hätte das den sicheren Tod bedeutet. Der Herr hat uns davor bewahrt.

An jenem gräßlichen Nachmittag lernte ich jedoch eine wichtige Lektion über gesunde Familien, insbesondere aber über Eltern, die nicht erkannt haben, was bei der Erziehung ihrer Kinder auf dem Spiel steht. Jeden Tag sprechen wir mit Eltern, die es versäumt haben, ihren Kindern angemessene Grenzen zu setzen. Das hat in vielen Fällen dazu geführt, daß ihre Söhne und Töchter eigene „Boulder Flats-Erlebnisse“ gemacht haben. Sie sind zwar keinen Klapperschlangen begegnet, doch erweisen sich die emotionalen und geistlichen Probleme dieser Kinder als nicht minder tödlich. Sie haben solche Probleme deshalb, weil ihre Eltern zuwenig auf sie achtgeben, ihnen erlauben, Warnschilder zu ignorieren, oder sich gar nicht erst die Mühe geben, irgendwelche Warnschilder aufzustellen.

Wie können wir für unsere Kinder gesunde Grenzen ziehen, um sie vor den vielen „Boulder Flats-Erlebnissen“ des Lebens zu bewahren? Weshalb sollte man seinen Kindern überhaupt Grenzen setzen? Welche Arten von Grenzen sind besonders wichtig? Wir wollen im folgenden mehr darüber erfahren, wie gesunde Grenzen das Selbstwertgefühl unserer Kinder stärken und wie wir zu ihrem Schutz Zäune errichten können.

Kinder brauchen gesunde Grenzen

Im Kontext der Familie sind mit Grenzen „Schutzzäune" gemeint, die um ein Kind errichtet werden, damit es sich geborgen, unterstützt und verantwortlich fühlt. Einem Kind müssen unzweideutige Grenzen gesetzt werden, damit es weiß, welches Verhalten annehmbar ist und welches nicht. Nur so kann es beurteilen, welche Freunde und Erlebnisse als positiv und welche als negativ einzuschätzen sind. Nur so kann es für das, was es tut, zur Rechenschaft gezogen werden.

Früher wäre es nicht nötig gewesen, Eltern daran zu erinnern, daß sie ihren Kindern Grenzen setzen müssen. Das hat sich jedoch in unserer tabufreien Gesellschaft geändert. Gewiß, wir leben im Zeitalter der Gnade; in vielen Familien jedoch artet die Toleranz in Freizügigkeit aus.

Kinder aus „grenzenlosen" Familien müssen oft unter diesem Zustand leiden. Im folgenden nennen wir einige Beispiele für Situationen, in denen Eltern es versäumt haben, ihren Kindern gesunde Grenzen zu setzen oder Schutzzäune für sie zu errichten. Es handelt sich durchweg um Fälle, die wir persönlich beobachtet haben oder auf die wir im letzten Jahr bei unserer Lektüre aufmerksam geworden sind.

Ein Elternpaar wollte sich bei den Freunden seiner heranwachsenden Tochter beliebt machen und für „in" gehalten werden. Deshalb erlaubte es der Tochter, bei einer Feier, zu der sie eingeladen hatte, alkoholische Getränke auszuschenken. Noch in derselben Nacht machte sich ein Junge, der die Feier besucht und dabei die gesetzliche Promillegrenze überschritten hatte, mit dem Auto seiner Eltern auf und davon. Er und ein weiterer Junge, der ihn begleitete, kamen bei einem Verkehrsunfall ums Leben.

Eine Religionslehrerin an einer Fachhochschule im Südwesten erklärte im Ethikunterricht: „Als meine Tochter ihren 16. Geburtstag erreichte, riet ich ihr, die Pille zu nehmen. In der Oberstufe probiert man gern das eine oder andere aus. Ich wollte, daß sie sich frei fühlte zu experimentieren."

Ein Neunjähriger mußte auf seine zwei jüngeren Schwestern aufpassen, während die Mutter kegeln ging. Ein Feuer brach aus, bei dem alle drei Kinder ums Leben kamen.

Ein Vater sitzt bei uns im Büro und weint: Er hat gerade entdeckt, daß seine 16jährige Tochter Drogen nimmt und infolge ihres Verhältnisses mit einem 26jährigen Geschiedenen schwanger ist. Der Vater sagt: „Wir wollten nicht, daß sie mit ihm geht – aber wie hätten wir ihr das jemals beibringen können?"

Obwohl die Eltern wußten, daß ihre Nachbarn aktive Sektenmitglieder sind, erlaubten sie ihnen, die Kinder in ihre Zusammenkunft mitzunehmen. Dort wurden sie „erleuchtet". Jetzt wollen die Kinder weder mit der Kirche, zu der ihre Eltern gehören, noch mit den Eltern selbst etwas zu tun haben – es sei denn, sie schließen sich dieser Sekte an.

Extreme Beispiele? Vielleicht. Und doch sprechen wir jeden Tag mit Kindern, die außerhalb schützender Grenzen aufwachsen. Sie fühlen sich dabei alleingelassen, denn sie müssen gleichsam auf einer Straße ohne Markierungen fahren. Uns ist sehr wohl bewußt, daß einige Eltern ihren Kindern zu viele – und zu unbewegliche – Grenzen setzen; auf sie kommen wir später zu sprechen. Wir haben jedoch festgestellt, daß diejenigen Eltern, die so gut wie gar keine Grenzen setzen, heute in der Überzahl sind. Weil ihnen der Mut und die echte Liebe fehlen, für unzweideutige Grenzen zu sorgen und diese auch durchzusetzen, entehren sie ihre Kinder, untergraben ihr Gefühl für den eigenen Wert und versagen ihnen die nötige Geborgenheit.

Deshalb wollen wir uns im vorliegenden sowie im nächsten Kapitel vier Gründe ansehen, warum es absolut unerläßlich ist, Schutzzäune um das Verhalten unserer Kinder zu errichten.

Schützende Grenzen – warum sie so wichtig sind

Grenzen machen unseren Kindern deutlich, daß wir sie lieben

Gott zeigt seinen Kindern seine Liebe – unter anderem dadurch, daß er eine schützende Grenze um sie errichtet und sie züchtigt, wenn sie über den Zaun seines Wortes klettern.

„Mein Sohn, achte nicht gering die Erziehung des Herrn ... Denn wen der Herr lieb hat, den züchtigt er. [Er jagt ihn über den Zaun zurück.]
Wie mit seinen Kindern geht Gott mit euch um; denn wo ist ein Sohn, den der Vater nicht züchtigt? Seid ihr aber ohne Züchtigung ..., so seid ihr Ausgestoßene und nicht Kinder“ (Hebräer 12,5-8).

In der Bibel finden wir kein einziges Beispiel dafür, daß Gott einen Menschen, den er liebte, nicht züchtigte, wenn dieser außerhalb der vom Wort Gottes gesetzten Grenzen geriet. Gott liebte Adam und Eva und versah sie mit einem vollkommenen Lebensraum. Als sie jedoch im Garten Eden die von Gott gesetzten Grenzen überschritten, wurden sie bestraft (1. Mose 3,1ff.).

Abraham bediente sich der Lüge und wurde dafür gedemütigt (1. Mose 12,20). Sara lachte im falschen Augenblick und wurde dafür zur Rechenschaft gezogen (1. Mose 18,13). Mose bot zwar dem höchsten Machthaber seiner Zeit die Stirn und führte vor den Augen des Pharaos das Volk Israel aus Ägypten heraus, doch wurde er bestraft, als er die von Gott gesetzten Grenzen überschritt und zweimal an den Felsen schlug (4. Mose 20,11f.).

Wir könnten dieser Liste weitere Namen hinzufügen: Simson, Saul, David, Salomo, Petrus usw. Sie alle erfuhren die Liebe Gottes und wurden als von Gott Geliebte bestraft, wenn sie unrecht handelten. Damit ist nicht gesagt, daß ihnen nicht vergeben wurde, sondern nur, daß Gott ihrem Tun Grenzen setzte.

Das hebräische Wort für „züchtigen“ oder „bestrafen“ geht auf eine aramäische Wurzel mit der Bedeutung „binden“ zurück. Wenn wir jemanden bestrafen, begrenzen wir wie mit Seilen seine Bewegungsfreiheit und binden ihn fest. Auch das neutestamentliche Wort ist bildhaft. Es bezog sich unter anderem auf Athleten, die beim Wettlauf „in ihrer Bahn bleiben“ mußten.

Wollen wir etwa damit sagen, daß Menschen sich nur geliebt fühlen, wenn sie „gebunden“ sind und innerhalb einer bestimmten Bahn bleiben müssen? Das müssen wir näher erklären. Grenzen können in der Tat ein Gefühl der Geborgenheit oder Sicherheit vermitteln. Eine unter Kindern durchgeführte Studie hat genau das bewiesen.

Geborgenheit bedeutet, hinter schützenden Zäunen zu bleiben.

Über einen längeren Zeitraum wurde an zwei Grundschulen das Verhalten der Kinder während der Pausen beobachtet. An beiden Schulen stand den Kindern das gleiche Spielgerät zur Verfügung, die Pausen waren gleich lang, und die Zahl der Schüler und Lehrer stand in beiden Schulen in demselben Verhältnis. Welcher Unterschied bestand also zwischen beiden Gruppen? Die eine Gruppe spielte auf einem umzäunten Schulhof, die andere auf einem großen, nicht eingezäunten Spielfeld.

Was meinen Sie – welche Gruppe war in ihrem Spielverhalten kooperativer? Bei welcher der beiden Gruppen wurde weniger gezankt? Welche Kinder wiesen weniger Angst auf? Welche Gruppe hatte nach den Pausen eine positivere Einstellung zum Unterricht? Als glücklicher und angepaßter erwiesen sich nicht die Kinder, die ihre Pausen auf dem großen, weiten Spielfeld verbrachten, sondern die Kinder, deren Schulhof eingezäunt war. Warum wohl?

Kinder, denen eindeutige Grenzen gesetzt werden, empfinden eine Geborgenheit, die anderen Kindern fehlt. Viele Kinder im eingezäunten Schulhof liefen des öfteren am Zaun entlang, denn sie fühlten sich einerseits frei, die bestehenden Grenzen auf die Probe zu stellen, andererseits fühlten sie sich hinter dem Zaun sicher. Die Kinder der anderen Gruppe hingegen hielten sich auf einer kleineren Fläche auf als die Kinder mit dem umzäunten Schulhof.

Ein Leben ohne klare, schützende Grenzen kann echte Probleme verursachen. Das ist mit ein Grund, weshalb Gott uns in seinem Wort unmißverständliche Grenzen gesetzt hat.

Die Bestrafung: ein notwendiger Aspekt echter Liebe.

Wenn wir als Kinder Gottes die schützenden Zäune, die Gott um uns errichtet, nicht beachten, dann müssen wir damit rechnen, daß er uns bestraft. Wir alle brauchen, wenn wir wachsen und reif werden wollen, die Züchtigung des Herrn: Wir müssen ermutigt werden, uns wieder in den von Gott eingezäunten Bereich zu begeben. Wenn wir gezüchtigt oder bestraft werden, ist das ein klarer Beweis dafür, daß Gott uns liebt.

Echte Agape-Liebe bedeutet, sich bereitwillig für das Wohl eines anderen aufzuopfern. Das zeigte Jesus ganz deutlich, als er am Kreuz für uns starb. Er nahm unsere Sünde – wir waren willentlich über den Zaun des Wortes Gottes geklettert – auf sich und ließ sich dort an unserer Stelle bestrafen. Darin erwies sich sowohl die Liebe als auch die Strenge Gottes.

Sind Liebe und Bestrafung (engl. discipline) nicht voneinander zu trennen, so folgt zweierlei daraus. Erstens: Echte Liebe geht Hand in Hand mit Selbstdisziplin. Wenn wir unseren äußeren Handlungen und inneren Einstellungen (beispielsweise unserer Neigung, uns Sorgen zu machen; unserer Launenhaftigkeit; unserem Umgangston; unserer Bereitschaft, unsere Versprechungen einzuhalten; usw.) keine Grenzen setzen – das heißt: wenn wir weder Richtlinien haben, die uns den Weg weisen, noch Seile, die uns an das binden, was richtig ist –, dann verfügen wir über keine gesunde, ausgewogene Liebe, die wir an unsere Kinder weitergeben könnten.

Zweitens: Wenn wir unsere Kinder wirklich lieben und das Beste für sie wollen, werden wir sie bestrafen. Die meisten Kinder verstehen schon sehr früh, daß Liebe und Züchtigung zusammengehören. Auch wenn Kinder nie um Bestrafung bitten, empfinden sie häufig, wenn sie eine Regel verletzt oder etwas Unrechtes getan haben, daß sie bestraft werden sollten. Sie brauchen die Erfahrung, daß es Grenzen gibt, die sie einhalten müssen und die nicht laufend verschoben werden.

Ich (Gary) habe eine kleine Nichte namens Tammie. Früher stand bei ihr zu Hause auf dem Wohnzimmertisch eine Schüssel aus Bleikristall, von der Tammie wußte, daß sie sie nicht berühren durfte. Eines Tages hat sie trotzdem damit gespielt. Sie hielt die Schüssel ans Licht, damit sie wie ein Prisma wirkte, und bewunderte die hübschen Farben des gebrochenen Lichts. Aber dann passierte es: Tammie ließ die Schüssel fallen, und sie zerbrach.

Tammies Mutter befand sich am anderen Ende des Hauses in der Küche und bereitete gerade das Mittagessen zu. Als sie von ihrer Arbeit aufschaute, kam Tammie mit hängendem Kopf hereingeschlichen, in der Hand das besondere Lineal, das ihr Vater verwendet, wenn er sie züchtigt. „Mama, ich muß Haue kriegen", sagte sie. Und dann erklärte sie weshalb.

„Du hast recht, Tammie", erwiderte ihre Mutter. „Wir haben dir doch gesagt, daß du die Schüssel nicht berühren darfst. Und wir haben dir auch gesagt, was passieren würde, wenn du sie kaputtmachtest." Dann gab sie ihr mit dem Lineal einen leichten Schlag auf den Hintern. Ihre Mutter wußte jedoch nicht, daß Tammie in der Gesäßtasche ihrer Jeans einen Bleistift hatte. Als sie zuschlug, zerbrach das Lineal.

Als die Züchtigung vorbei war, nahm die Mutter ihre Tochter in den Arm und sagte ihr, daß sie sie liebe. Tammie fühlte sich besser, weil sie geliebt und bestraft worden war, und ging ins Wohnzimmer zurück, um weiterzuspielen.

Ich möchte allerdings keinen falschen Eindruck erwecken: Tammie ist kein Engel. Ihre Mutter sagte: „Wenn dein Vater nach Hause kommt, mußt du ihm erzählen, warum du Haue bekommen hast." Raten Sie aber, was Tammie als erstes sagte, als ihr Vater zur Tür hereinkam: „Papa, Papa, Mutti hat dein Lineal 'puttgemacht!"

Kindern gefällt es nicht, wenn sie gezüchtigt werden. Und doch: Daran, daß sie bestraft werden, merken sie, daß jemand sie wertvoll genug findet, um ihnen Grenzen zu setzen. Allerdings kennen wir einen Jungen namens Karl, der diese Erfahrung nie gemacht hat.

Wer seinen Kindern keine Grenzen setzt, enthält ihnen echte Liebe vor.

Karl war einer unserer traurigsten Seelsorgefälle. Er wurde zu Hause nicht schlecht behandelt, sondern völlig gleichgültig. Es war so, als wäre er ein unbedeutender Dunst, um den es sich nicht zu kümmern lohnt.

Karl wuchs in einer „vermischten" Familie auf. Als Karls Mutter starb, heiratete sein Vater eine Frau, die drei eigene Kinder hatte, die ungefähr im gleichen Alter waren wie Karl. Karls Stiefmutter behandelte ihn nicht absichtlich grausam, aber sie ging sehr lieblos mit ihm um. Sie hat ihn nie bestraft oder ihm irgendwelche Grenzen gesetzt.

Ihre eigenen Kinder mußten abends den Fernseher ausschalten, damit sie ihre Hausaufgaben erledigen konnten, aber Karl durfte bis Mitternacht aufbleiben, wenn er wollte. Wenn eines ihrer eigenen Kinder durch eine Prüfung durchrasselte oder im Betragen eine schlechte Note bekam, kamen schwere Gewitterwolken auf. Passierte aber bei Karl das gleiche, dann gab es kein einziges Wölkchen. Es war nicht einfach so, daß die Stiefmutter Karls Erziehung seinem Vater überlassen hätte. In ihren Augen war Karl im Gegensatz zu ihren eigenen Kindern nicht wertvoll genug, um die Zeit und Mühe zu rechtfertigen, die es gekostet hätte, ihn zurechtzuweisen. Ihre leiblichen Kinder, aber auch der Fernseher, waren ihr wertvoller als ihr Stiefsohn.

Karls Stiefmutter versorgte ihn zwar mit heißen Mahlzeiten und anderen materiellen Dingen, aber sie gab ihm nicht das, was er am meisten benötigte: das Gefühl, wirklich geliebt und geschätzt zu sein. Obwohl sie ihm gelegentlich sagte, daß sie ihn liebe, glaubte er ihr keine Sekunde. Wie sollte er auch? Jeden Tag sah er, wie sie seiner Stiefschwester und seinen Stiefbrüdern liebevoll Grenzen setzte, während ihm selbst alles erlaubt war. Karl wollte sich wie ein Sohn fühlen. Aber die Handlungsweise seiner Stiefmutter vermittelte ihm lediglich das Gefühl, ein uneheliches, unerwünschtes Kind zu sein. Wir sind überzeugt: Viele Eltern haben einfach nicht erkannt, daß Grenzen das Selbstwertgefühl ihrer Kinder erheblich stärken und daß das Fehlen von Grenzen es in gleichem Maße unterminiert.

Grenzen bewahren Kinder davor, ihrer eigenen Entwicklung vorauszueilen.

Ich (Gary) erinnere mich nur zu gut an eine weitere Gelegenheit, bei der mir die positive Wirkung von Grenzen klarwurde: Sie können uns davor bewahren, unserer eigenen Entwicklung vorauszueilen.

Unweit von meinem Elternhaus befand sich ein riesiger Holzplatz. Eine Zeitlang arbeitete mein Vater dort. Eines Tages begleitete ich ihn zur Mühle, um das Sägegerät in Aktion zu beobachten und mir anzusehen, wie das viele Holz auf das Zuschneiden vorbereitet wurde.

Mein Vater wollte sich mit dem Meister unterhalten. Ehe er zu ihm hineinging, sagte er mir: „Gary, bis ich wiederkomme, darfst du dich im ganzen Betrieb umsehen. Aber geh mir nur nicht in die Nähe der Sägemehlgrube! Die will ich dir selber zeigen, wenn ich beim Meister gewesen bin.“ Selbstverständlich begab ich mich, sobald er verschwunden war, gleich als erstes zur Sägemehlgrube.

Vor mir erstreckte sich ein wunderschöner Anblick. Die Oberfläche der etwa 20 mal 50 Meter großen Grube war von einer Schicht Sägemehl bedeckt, das wie frisch gefallener, unberührter Schnee aussah. Welch eine Versuchung! Ich sah mich noch einmal schnell um, um sicherzugehen, daß mein Vater nicht in Sichtweite war, dann lief ich in meinen brandneuen Turnschuhen los, um die Grube ihrer ganzen Länge nach mit Fußabdrücken zu versehen.

Es machte einen Heidenspaß, mir einen Weg durch das Sägemehl zu bahnen – bis ich die Grube etwa zu einem Drittel überquert hatte. Dann wurde mir mit einemmal bewußt, daß mir die Füße brannten! Was ich vorher nicht wußte: Die Sägemehlschicht war nur etwa 10 cm tief; darunter schwelte ein rotglühendes Feuer! Ich drehte mich, so schnell ich nur konnte, um und brachte mich unter Aufstellung eines neuen Weltgeschwindigkeitsrekords in Sicherheit. Trotzdem waren meine neuen Tennisschuhe ruiniert und meine Füße schwer verbrannt. Ich war dem Versprechen meines Vaters vorausgeeilt, und daran sollten mich lange Zeit danach meine mit Brandblasen bedeckten Füße erinnern.

Klare Grenzen können ein Kind davor bewahren, seiner Entwicklung zu weit vorauszulaufen und sich dabei zu verbrennen. Es stimmt wirklich: Wenn wir einem Kind heute Grenzen setzen, sichern wir sein Morgen. Das gilt ganz besonders im Bereich der Verabredungen.

Heute gelten Eltern mancherorts als altmodisch, wenn sie ihren Kindern auf diesem Gebiet gesunde Grenzen setzen und ihnen vorschreiben, mit welchen Jungen oder Mädchen sie ausgehen dürfen und wann sie nach einer Verabredung wieder zu Hause sein müssen. Nun, altmodisch oder nicht: Nur so können Sie Ihrem Kind eine glückliche Zukunft sichern. Wenn Sie mit Ihren Kindern über Gottes Maßstäbe auf sexuellem Gebiet sprechen und ihnen von sich aus klare Grenzen setzen, schützen Sie sie vor den „Verbrennungen", die sich immer dann einstellen, wenn junge Menschen dem Plan Gottes für ihre Sexualität vorauseilen.

Sexuelle Begegnungen außerhalb der Ehe gleichen in vielerlei Hinsicht jener Sägemehlgrube. Sie sehen sicher und einladend aus. Und doch: Je weiter man geht, desto größer die Wahrscheinlichkeit, daß man schwere Verbrennungen davontragen wird. Als ich damals durch das Sägemehl stapfte, hatte ich keine Ahnung, worauf ich mich eingelassen hatte; ich wußte nur, daß es einen Heidenspaß machte. Auch Ihren Kindern wird Verbotenes ab und zu verlockend vorkommen. Als Vater oder Mutter haben Sie dann das Vorrecht, sie liebevoll auf die Gefahren hinzuweisen, die unter der Oberfläche verborgen liegen können.

Jemand hat den Begriff Sünde wie folgt definiert: „Sünde ist, wenn man zum falschen Zeitpunkt etwas Richtiges tut." Als Definition ist das gar nicht so übel. Als Jesus in der Wüste versucht wurde, wäre es nicht unbedingt verkehrt gewesen, wenn er ein paar Steine in Brot verwandelt hätte. Schließlich hat er erst einige Wochen später ein paar Brote und Fische so vermehrt, daß mehrere tausend Menschen davon satt werden konnten. Es wäre auch nicht falsch gewesen, wenn er sich von der Zinne des Tempels gestürzt hätte und dabei von Engeln aufgefangen worden wäre. Schließlich sind die Engel dazu da, ihm zu dienen (Hebräer 1,14). Sie hätten ihn gewiß aufgefangen, wenn er sie herbeigerufen hätte.

Nicht das, was Jesus zu tun versucht wurde, war falsch, sondern das Timing – die Wahl des Zeitpunkts. Wenn Jesus etwas Richtiges außerhalb der Grenzen des von Gott bestimmten, vollkommenen Zeitpunkts getan hätte, wäre es Sünde gewesen. In unserer heutigen Zeit lassen sich viele Gläubige zu dem Trugschluß verleiten, es käme, wenn sie etwas Gutes tun wollen, auf die Wahl des Zeitpunkts gar nicht an. So gibt es beispielsweise nichts Falsches am Geschlechtsverkehr. Wird er aber außerhalb des von Gott bestimmten Rahmens der Ehe ausgeübt, so können einige Augenblicke des Vergnügens zu jahrelangen seelischen Schmerzen führen (siehe Sprüche 6,20ff.).

Vielleicht möchte Ihr Kind seiner Entwicklung vorauseilen und sich wie ein 16jähriger verhalten, obwohl er in Wirklichkeit erst acht ist. Lassen Sie sich dadurch nicht entmutigen! Kluge Eltern setzen ihren Kindern gesunde Grenzen, die sie vor den Brandwunden bewahren, die sie sich in emotionalen Sägemehlgruben zuziehen können.

Im vorliegenden Kapitel sind wir daran erinnert worden, daß Schutzzäune dazu beitragen, daß Kinder sich geliebt und geborgen fühlen. Außerdem bewahren sie Kinder davor, der eigenen Entwicklung vorauszueilen und Richtiges zum falschen Zeitpunkt zu tun. Im nächsten Kapitel wollen wir uns zwei zusätzliche Nebenprodukte gesunder Grenzen ansehen: Sie mehren die Zahl der produktiven Tage im Leben unserer Kinder und vermitteln ihnen ein Verständnis dafür, daß es in unserer im ständigen Wandel begriffenen Welt absolut gültige biblische Normen gibt.

Kapitel 10

Wie wir auf liebevolle Weise Grenzen setzen können:

Zweiter Teil

Mittlerweile fragen sich sicher viele Leser, wie ich (Gary) meine Kindheit überhaupt überlebt habe. Ich habe allerdings noch ein Erlebnis gehabt, das mir den Nutzen feststehender, schützender Grenzen vor Augen führte. Hätte ich diese Lektion etwas früher gelernt, wäre mir wohl die schauerlichste Erfahrung, die ich jemals gemacht habe, erspart geblieben.

Ich war als Junge zum Angeln an einen wunderschönen Binnensee im Nordwesten gefahren. An vielen Stellen entlang des Sees schwammen dicht an dicht frisch gefällte Baumstämme, die demnächst flußabwärts zur Sägemühle geflößt werden sollten. An einer bestimmten Stelle, ziemlich weit von meinem Standort entfernt, hatte man zahlreiche Baumstämme zu einem Steg zusammengebunden, der zu einer kleinen Insel hinüberführte. Nach allem zu urteilen, was mir die „alten Hasen" erzählt hatten, war diese Insel so etwas wie ein Anglerparadies.

Also begab ich mich auf den weiten Weg zur Brücke. Aber ehe ich sehr weit gekommen war, begann ich mir über die unmittelbar vor mir liegende „natürliche" Brücke Gedanken zu machen. Die im Wasser schwimmenden Baumstämme erstreckten sich ja bis zur Insel. Sie waren so zahlreich und so kräftig, dachte ich mir, daß es überhaupt kein Kunststück wäre, das Anglerparadies auf diesem Wege zu erreichen und mir den Gang zu der künstlich geschaffenen Brücke zu ersparen. Warum sollte ich also Zeit vergeuden und bis zu der Stelle laufen, wo die Baumstämme zusammengebunden waren? Eine begehbare Brücke lag doch unmittelbar vor meinen Füßen!

Vergnügt über meinen brillanten Einfall, lief ich ohne weiteres quer über die schwimmenden Baumstämme in Richtung auf die Insel. Zunächst ging alles gut. Die Stämme waren so dick, daß sie kaum nachgaben, wenn ich auf sie trat. Was ich jedoch vom Ufer aus nicht hatte sehen können: Je näher ich an die Insel herankam, desto dünner wurden die Baumstämme. Mit jedem Schritt, den ich machte, sackten sie tiefer ins Wasser ein – bis es zu jenem letzten, schicksalsschweren Schritt kam.

Die Stämme schwammen zwar immer noch dicht an dicht, doch waren sie inzwischen sehr dünn. Zuletzt rutschte ich, als ich mit dem Fuß auftrat, zwischen die nassen Stämme hindurch – und befand mich plötzlich unter Wasser. Mein Sturz hatte die Stämme einen Moment lang auseinandergeschoben, aber sie rückten ebensoschnell wieder zusammen. Als ich mich wieder nach oben gekämpft hatte, um Luft zu holen, bildeten sie ein hölzernes Dach, dessen Sparren auseinanderzuziehen ich nicht die Kraft hatte.

Verzweifelt um mich schlagend, suchte ich nach irgendeiner Öffnung, und sei sie noch so klein. Endlich entdeckte ich einen Spalt zwischen zwei Baumstämmen und schob, nach Atem ringend, erst einen Arm und dann den Kopf hindurch. Als ich über die mich kaum tragenden Stämme ans Ufer zurückkroch, fühlte ich mich naß, verängstigt, zornig, erschöpft und verlegen. Ich hatte mein ganzes Angelgerät verloren – und beinahe auch mein Leben dazu. Was sich zunächst wie eine großartige Abkürzung ausgenommen hatte, hatte sich in eine anhaltende, lebensbedrohliche Tortur verwandelt! Wochenlang danach wachte ich nachts mit Alpträumen auf. Ich träumte, ich könne nirgends einen Weg durch die Baumstämme an die Oberfläche finden, und führte einen verzweifelten Kampf mit der Bettdecke.

Durch vermeintliche Abkürzungen vergeuden wir oftmals Zeit und Energie. Aber was hat das alles mit dem Selbstwertgefühl unserer Kinder zu tun? Eltern, die das Selbstwertgefühl ihrer Kinder stärken wollen, müssen ihnen unbedingt Grenzen setzen, um sie vor gefährlichen Abkürzungen zu bewahren. Zu diesen Abkürzungen zählen all die unterschiedlichen Taktiken, die Kinder anzuwenden versucht sind, beispielsweise um einen Freund für sich zu gewinnen, um sich eine Beförderung zu sichern oder um einer Strafe zu entgehen.

Grenzen mehren die Zahl der produktiven Tage im Leben unserer Kinder

Wenn Sie klare Grenzen setzen, so daß Ihre Kinder auf gefährliche Abkürzungen verzichten müssen, verschaffen Sie ihnen zusätzliche Tage voller Frieden und Produktivität. Wie ist das möglich? Betrachten wir eine Abkürzung, deren sich viele Menschen recht häufig bedienen: das Lügen. Es verursacht eine Menge Arbeit, löst Angst aus und beraubt uns unserer Freude.

Abraham Lincoln wurde während einer Wahlkampagne von einem Reporter gefragt, warum er es sich zur Gewohnheit gemacht habe, stets die Wahrheit zu sagen. „Dafür gibt es einen sehr guten Grund", erwiderte Lincoln. „So muß ich mich an wesentlich weniger erinnern!"

Haben Sie jemals andere angelogen und hinterher Schwierigkeiten gehabt, die Geschichte aufrechtzuerhalten? Lügen haben nicht nur kurze Beine, sie gönnen uns auch wenig Ruhe. Ganz gleich, ob wir durch Lügen einer Strafe zu entgehen, das Gesicht zu wahren oder uns bei jemandem einzuschmeicheln versuchen — Lügen berauben uns unseres Friedens und erweisen sich fast immer als Bumerang.

Die Bibel sagt folgendes dazu: „Ein falscher Zeuge bleibt nicht ungestraft, wer Lügen flüstert, wird nicht entrinnen" (Sprüche 19,5; Einheitsübers.). Wer lügt, der ist wie jemand, der sich den Fuß verstaucht hat: Solange er nur langsam vorwärts geht und dabei aufpaßt, kann er seine Schwäche verbergen. Er hat jedoch ständig Angst, er könnte einmal die Wahrheit allzusehr verdrehen oder sein Alibi überstrapazieren und sich dadurch eine peinliche Blöße geben.

Errichten Sie um das Lügen einen Grenzzaun, so ehren Sie Ihre Kinder und zeigen ihnen, daß Sie sie wirklich lieben. Nur so können Sie ihnen helfen, die befreiende Kraft der Wahrheit zu erleben.

Eine Abkürzung, die zum Desaster führt

Wenn Sie Notlügen durchgehen lassen, schicken Sie Ihre Kinder auf eine Talfahrt, die in die Finsternis führt. Je mehr sie lügen, desto wahrscheinlicher wird es, daß sie das Trauma erleben, nachts wachzuliegen und darüber nachzugrübeln, daß dies der Tag sein könnte, an dem ihre Lügengeschichten auffliegen.

Diese Last schleppte ein Mann namens Duke Tully mit sich herum. Duke war seit 20 Jahren Herausgeber der größten Zeitung einer Großstadt im Süden. Gegner seiner Zeitung, aber auch jeder, der ihn oder die Zeitung anzugreifen wagte, zogen sich seine erbitterte Feindschaft zu. Seine Freunde und Mitarbeiter behandelte er fast ebenso grob. Schließlich war er „The Duke", ein mit Orden ausgezeichneter Jagdflieger, der im Zweiten Weltkrieg, in Korea und in Vietnam Einsätze geflogen hatte. Kein Wunder, daß er so abgebrüht war. Man brauchte nur einen Blick zu werfen auf die bei Luftschlachten aufgenommenen Bilder und die Orden, die in seinem Büro an der Wand hingen, um sein Verhalten zu verstehen.

Bleiben Sie bei einem Treffen ehemaliger Kriegskameraden in seiner Nähe, sehen Sie sich die an seine Uniform gehefteten Orden an und hören Sie, wie er mit den anderen lautstark Kriegsgeschichten austauscht. Sie können sich darauf verlassen, der alte Duke fühlt sich in der Gesellschaft von Männern wie Joe Foss, dem Fliegeras und Gewinner der Tapferkeitsmedaille im Zweiten Weltkrieg, ebenso wohl wie bei einer Besprechung mit einem Redakteur seiner Zeitung.

Bei alledem gibt es nur ein Problem: Duke Tully war nie beim Militär. Er war nie auf irgendeinem Kriegsschauplatz, hat nie irgendwelche Einsätze geflogen.

Das Ganze begann als einfache kleine Lüge, mit der er einigen Bekannten imponieren wollte. Aber er fügte der Geschichte immer neue Einzelheiten hinzu. Zunächst ging es nur um ein paar Einsätze im Zweiten Weltkrieg. Aber dann kam Korea dazu. Und irgendwann auch Vietnam.

Duke mußte sich zuletzt, um seine Geschichte glaubhaft zu machen und sich vor neugierigen Fragen zu schützen, eine Uniform anschaffen und sich neben diversen Flugzeugen fotografieren lassen. Und er wurde die nagenden Gefühle in der Magengegend nicht mehr los, die sich einstellten, wenn er nachts wachlag und versuchte, sich daran zu erinnern, was er wann und wem erzählt habe.

Können Sie sich vorstellen, wie schrecklich es für diesen Mann gewesen sein muß, da er doch wußte, daß Lügner ihren eigenen Worten letztlich nicht entkommen können? Möchten Sie etwa, daß Ihr Kind den Erniedrigungen und dem Hohn ausgesetzt wird, die Duke Tully zuteil wurden, als die Fakten ans Licht kamen? Setzen Sie dem, was Sie oder Ihre Kinder sagen, keine Grenzen, so könnte das gleiche Schicksal auch Sie ereilen, und zwar schneller, als Sie denken.

Das Schwindeln ist nicht die einzige Abkürzung, die Kinder verlokkend finden. Etwas Ähnliches geschieht auch in anderen Bereichen, in denen Selbstbeherrschung erforderlich ist, beispielsweise auf dem Gebiet des Lernens. Wir haben unzählige junge Männer und Frauen kennengelernt, deren Eltern nie einen Schutzzaun um ihre Freizeit errichteten und nie dafür sorgten, daß sie ihre Hausaufgaben erledigten. Diese Schüler erkannten erst dann den Ernst des Lebens, als sie aufs College kamen und in einem Fach nach dem anderen Fünfen schrieben. Da man ihnen nie irgendwelche Grenzen gesetzt hatte, als sie auf die High-School gingen, hatten sie jetzt keine Ahnung, wie man selbständig und diszipliniert lernt. Das spiegelte sich in ihren Noten und Zeugnissen wider.

Richten Sie dort, wo Ihre Kinder durch Abirren vom rechten Weg verletzt werden könnten, gesunde, legitime Grenzen ein, so ehren Sie sie und ersparen ihnen die Mühe, sich von einer Notlage zu befreien, in die sie gar nicht erst hineingeraten wären, wenn Sie von vornherein einen Schutzzaun errichtet hätten.

Grenzen vermitteln unseren Kindern ein Verständnis dafür, daß es absolut gültige Normen gibt

In einer gegenwärtig sehr beliebten Werbesendung im Fernsehen wird gezeigt, wie ein Bulle an verschiedenen Plätzen frei herumläuft: am Strand, in einem Stadtzentrum, auf den Kornfeldern des mittleren Westens. Anscheinend läuft das Tier, wohin es will. Und im Hintergrund singt ein Chor immer wieder: „Wir kennen keine Grenzen." Dadurch soll Investoren deutlich werden, was finanzielle Freiheit bedeutet.

Wenn Familien keine Grenzen kennen, wird bei den Kindern der Eindruck erweckt, daß es keine unverrückbaren biblischen Normen gibt. Was ist aber gemeint, wenn vom Fehlen „unverrückbarer biblischer Normen" die Rede ist?

Menschen, die keinen absoluten Maßstab kennen, fehlt letzten Endes jedes beständige Wertesystem. Was heute als „richtig" gilt, wird in Zukunft fast garantiert nicht mehr als „richtig" angesehen. (Hätte sich vor 30 Jahren irgend jemand träumen lassen, daß heute in einigen Stadtparlamenten Vertreter der Homosexuellen-Bewegung das Sagen haben würden?) Erwin Lutzer weist in seinem ausgezeichneten Buch „The Necessity of Ethical Absolutes" (Die Notwendigkeit unverrückbarer ethischer Normen) auf die Unsicherheit hin, die aus der Situationsethik und den im ständigen Wandel begriffenen Werten unserer Gesellschaft resultiert. Die Folge davon ist, daß die Menschen die Fähigkeit verlieren, nein zu sagen. Unangemessene ethische Normen führen schnell zum moralischen Verfall.

Versuchen wir, absolute Maßstäbe aus unserer Kultur, aus der Situationsethik oder aus unseren Gefühlen abzuleiten, so gleichen wir einer Spinne, die ihre Spinnwebe zwischen die Zeiger einer Uhr zu spannen versucht. Jedesmal, wenn die Uhr tickt, wird das zarte Gebilde auseinandergerissen, so daß die Spinne ewig Löcher stopfen und die Stellung ändern muß.

Kinder, die ohne konsequent durchgesetzte Grenzen aufwachsen, fallen den gleichen Problemen zum Opfer wie die Gesellschaft, wenn sie den Schutzzaun der autoritativen Botschaft der Bibel mißachtet: Sie haben Schwierigkeiten mit der Identitätsfindung und gründen ihre Entscheidungen auf Gefühle, statt sich zu fragen, was richtig ist oder Bestand hat. Um deutlich zu machen, wie eine „grenzenlose" Familie das Selbstwertgefühl eines Kindes untergraben und seine Zukunft zerstören kann, wollen wir als nächstes die Geschichte eines jungen Mannes namens Todd erzählen.

Ohne festen Anker treibt der Mensch dahin

Todds Eltern wollten es unter allen Umständen vermeiden, ihren Sohn zu Unrecht zu bestrafen; deshalb bestraften sie ihn so gut wie überhaupt nicht. Auf Partys brüsteten sie sich damit, ihn nie geschlagen zu haben. Schließlich waren sie in einer toleranten Gesellschaft aufgewachsen und besuchten eine noch tolerantere Kirchengemeinde. In den Augen dieser freizügigen Eltern galten die biblischen Gebote entweder als „überholt" oder als „mehr oder minder hilfreiche Vorschläge". Folglich hatten sie sämtliche klaren Grenzen und Verbote längst über Bord geworfen.

Weil Todd ohne Grenzen aufwuchs, maß er dem Tadel oder den Hinweisen anderer kein Gewicht bei. Warum sollte er auch? Nicht einmal das Wort Gottes war für Todd maßgeblich. Kein Wunder also, daß er den Worten eines Lehrers, eines Trainers oder eines Chefs wenig Gewicht beimaß. Sie wogen in seinen Augen weniger als Dunst.

Kinder erfahren in der Familie, was richtig und was grundsätzlich falsch ist. Da Todd nie bestraft wurde, nahm er an, daß er ein Recht darauf habe, alles zu tun, wozu er gerade Lust hatte. Leider hatte er jedoch Lust zum Prügeln, Fluchen, Lügen und Stehlen.

Das Aufwachsen ohne Grenzen kann süchtig machen. Ein Kind, das so aufwächst, ist wie ein seit Monaten nicht gezäumtes Pferd, dem plötzlich das Zaumzeug angelegt und das gesattelt werden soll. Wenn es auf die unvermeidlichen Grenzen des Lebens stößt, denen es vorher kaum begegnet ist, rebelliert es.

Todd schlug aus und lehnte sich gegen jeden auf, der den Versuch unternahm, einen Schutzzaun um sein Tun zu errichten. Was die Geschichte noch trauriger machte: Obwohl Todds Eltern sahen, wie ihm das alles zu schaffen machte, gingen sie auf Abstand. Sie hatten kein einziges Mal den Mut oder die echte Liebe, einzuschreiten und ihm zu helfen oder auch nur zuzugeben, daß sie selbst ein Teil des Problems waren.

Todds angestauter Groll, seine Ruhelosigkeit und die Tatsache, daß seine Eltern seinem Zorn keine Grenzen setzten, trugen alle dazu bei, daß er zu einem hartgesottenen Lügner und bald auch straffällig wurde. Er log seine Eltern dauernd an und setzte sich unbekümmert über alles hinweg, was sie ihm zu sagen hatten. Sie erlaubten ihm, sie auf Schritt und Tritt zu entehren. Aber jedesmal, wenn er ungestraft davonkam, verstärkte sich bei ihm der Eindruck, es dürfe keine negativen Folgen haben, wenn er auch andere entehre. Schließlich sei alles erlaubt.

Wir haben bereits einmal gesagt: Wenn wir unsere Eltern entehren, setzen wir unseren eigenen Wert herab, weil wir ihnen so ähnlich sind. Todd fühlte sich außer Kontrolle geraten und unsicher und fing an, seinen Selbsthaß in Taten umzusetzen. Seinen negativen Gefühlen und seinem wachsenden Zorn waren keinerlei Schranken auferlegt, und bald äußerten sich seine Frustrationen in Wutausbrüchen, wann immer er zur Schule ging oder mit den wenigen Freunden zusammenkam, die noch zu ihm hielten.

Als Todds Lehrerin ihn wegen seines aggressiven Verhaltens und seiner nicht erledigten Hausaufgaben zur Rede stellte, starrte er sie haßerfüllt an und gab eine freche Antwort. Als der Trainer seiner Baseballmannschaft ihn auf die Reservebank verbannte, weil er „aus“ gemacht und dann geflucht und seinen Schläger zu Boden geworfen hatte, verließ er die Mannschaft. Als der Zweigstellenleiter des Lebensmittelgeschäfts, in dem er einige Jahre später Arbeit fand, ihn bat, Überstunden zu leisten, weigerte er sich – und erhielt daraufhin die Kündigung.

Und wie stand es um seine Beziehung zu Gott? Mit jemandem, der die Menschen auffordert, ihr Eigenleben aufzugeben und ihm kompromißlos nachzufolgen, wollte Todd partout nichts zu schaffen haben. Außerdem konnte er dem Wort Gottes aufgrund dessen, was ihn seine Eltern gelehrt hatten, unmöglich Glauben schenken.

Todd war auf jeden böse, nur nicht auf seine Eltern. Sie hatten sich ihm nie wie all diese anderen Menschen in den Weg gestellt. Was Todd jedoch nicht merkte: Der Zorn, den er für andere empfand, rührte von der Frustration her, die ihm das Verhalten seiner Eltern einflößte. Er fand es gut, daß sie ihm alles erlaubten. So durfte er beispielsweise bei sich im Zimmer pornographische Bilder an die Wand hängen und Haschisch rauchen. Todd war nicht scharfsichtig genug, um darauf zu kommen, daß seine Eltern ihn durch ihre Art verletzten. Dadurch, daß sie biblische Normen mißachteten, fügten sie ihm einen kaum wiedergutzumachenden Schaden zu.

Als Todds Eltern einige Monate später mit diesem Tatbestand konfrontiert wurden, weigerten sie sich immer noch zuzugeben, daß sie Todds Wutanfälle durch ihre Nachgiebigkeit gefördert hatten. Wären sie ihm auch nur einmal entgegengetreten, so hätten sie seiner schrecklichen Talfahrt möglicherweise ein Ende setzen können.

Wie kommt es, daß das Fehlen von Grenzen bei Kindern zu Zorn und Trotzreaktionen führt? Man könnte dieses Phänomen mit dem vergleichen, was zu Kriegszeiten im Leben vieler Männer vor sich geht.

Kriegsopfer – auch in der Familie?

Frustrationen und Wutausbrüche treten unter Kriegsteilnehmern sehr häufig auf, sogar viele Jahre nach der Einstellung aller Kampfhandlungen. Nachdem er mit einer ganzen Anzahl am Vietnamkrieg Beteiligter gesprochen hatte, stellte der Psychologe William Lewis fest: Die Klagen dieser Männer seien vielfach auf das Fehlen von sicheren Grenzen im Ausland wie zu Hause zurückzuführen.

Es gibt verschiedene Arten von Kriegsopfern; dazu zählen sicher auch die vielen Soldaten, die mit Zorn erfüllt sind, weil sie eine Zeitlang ohne sichere Grenzen leben mußten. Auch in Familien, in denen sichere, von liebevollen Eltern eingerichtete Grenzen Mangelware sind, findet man „Kriegsopfer" – Kinder wie Todd.

Verzichtet man eine Woche lang auf eine gesunde Nachtruhe, so wird man reizbar und fühlt sich schnell frustriert. Verzichtet man jahrelang auf gesunde Grenzen, so verfällt man in tiefen, unkontrollierbaren Zorn.

Todd verhielt sich wie die Kinder, deren Schulhof nicht eingezäunt war. Seine namenlosen Ängste lehrten ihn, stets aufzupassen und sich niemals überraschen zu lassen. Weil er ständig das Gefühl hatte, von seinen Eltern nicht beschützt zu werden, staute sich ein Groll in ihm auf, der es ihm ganz egal machte, was mit ihm selbst oder mit anderen geschah. Und weil er zu früh zu viel verlangte und meinte, sich über sämtliche Regeln der Gesellschaft hinwegsetzen zu können, wurde er mit 16 Jahren verhaftet. Er hatte an zwei Neunjährige Drogen verkauft.

In unserer Gesellschaft gilt: „Alles relativ". Todd und vielen anderen

Kindern wird gleichsam eine Straßenkarte überreicht, auf der Nord und Süd nicht eingezeichnet sind. Dann läßt man sie ohne Kompaß umherirren, so daß sie in schreckliche, zerstörerische Situationen hineingeraten. Sie brauchen unbedingt klare, durch unverrückbare biblische Normen markierte Grenzen.

Bevor wir darüber sprechen, welche Arten von Grenzen am geeignetsten sind und wie man sie einrichten kann, müssen wir zur Vorsicht mahnen. Die meisten Kinder haben von Natur aus eine Einstellung, die es ihren Eltern sehr schwer machen kann, bei einmal festgesetzten Grenzen zu bleiben.

Nicht immer eine positive Reaktion erwarten

Ein kluger Mensch liebt den, der ihn zurechtweist, und begegnet ihm mit Dank und Wertschätzung. Das sagt die Schrift. Wie steht es jedoch um Menschen, die nicht besonders klug sind? Von ihnen darf man leider keine besonders positive Reaktion erwarten. Wird ein Tor getadelt, so wird er wütend. Manchmal fängt er an, den, der ihn zurechtgewiesen hat, zu hassen (siehe Sprüche 9,7f.).

Was hat das mit Kindern oder mit der Einrichtung von Grenzen zu tun? Nun, in einem weiteren Bibelvers heißt es: „Kinder neigen zu Dummheiten" (Sprüche 22,15). Dieser Vers verhilft uns zu einer ausgewogenen Perspektive. Kindern fehlen von Natur aus Reife und Weisheit. Diese Eigenschaften fallen ihnen nicht in den Schoß; sie müssen sie sich aneignen, indem sie lernen, so zu leben, wie Gott es will.

Wenn wir unsere Kinder ehren und ihnen auf liebevolle Weise Grenzen setzen, werden sie auf lange Sicht zu Menschen, mit denen wir und andere gut auskommen können. Während des Lernprozesses kann es jedoch zu Auseinandersetzungen kommen. Erlegen wir unseren Kindern legitime Schranken auf, so ist nicht auszuschließen, daß sie dann und wann wütend auf uns werden.

Wenn ein Kind wutentbrannt erklärt, daß es unbedingt ein bestimmtes Konzert besuchen, sich ein anrüchiges Fernsehprogramm ansehen, während der Schulzeit bis morgens um halb fünf aufbleiben oder eine Nacht mit seinen Freunden in deren Fort verbringen will, geben viele Eltern nach und setzen die bereits festgelegten Grenzen nicht durch, obwohl diese ihr Kind vor schlimmen Verletzungen bewahren könnten. Leider trifft auch folgendes zu: Je geringer die Selbstachtung des Elternteils, desto unsicherer verhält er sich; und je niedriger sein Selbstwertgefühl, desto schwerer fällt es ihm, mit dem Zorn seines Kindes fertig zu werden. Manchmal können wir unsere Kinder nur ehren, indem wir sie bestrafen. Viele unsichere Eltern finden diese Art von „harter Liebe" äußerst schwierig.

Wie die Errichtung eines Schutzzauns effektiv verhindert wird

Jeder Elternteil verliert sein Herz an das Kind, das ihm von der Wiege her zulächelt oder mit einem unnachahmlichen Grinsen auf den Schoß klettert. Hat jedoch der Elternteil selbst sich nie geliebt oder wertvoll gefühlt, so erwidert er die Liebe seines Kindes mit vielleicht etwas mehr als die übliche elterliche Zuneigung. Er betrachtet diese Liebe womöglich als Ausgleich für die vorangegangenen Jahre des Schmerzes.

Wird ein Kind auf uns böse, weil wir seinem Tun Grenzen gesetzt haben, dann will es oftmals eine Zeitlang nichts mit uns zu tun haben. Für viele unsichere Eltern ist dieser Zustand einfach zu schmerzlich, auch wenn er nur ein paar Stunden lang anhält. Von der Liebe abgeschnitten, die sie ansonsten durch das Kind empfangen, werden sie an all die Zeiten erinnert, in denen sie sich allein und unerwünscht vorkamen. Und auch in einer Familie, in der ein Elternteil sich bemüht, streng zu sein, weil der andere es nicht ist, muß stets damit gerechnet werden, daß der unsichere Elternteil jeden Versuch, den „unschuldigen kleinen Engel" zu bestrafen, sabotiert – auch dann, wenn der „kleine Engel" kurz zuvor mit voller Absicht einen Stuhl zertrümmert hat.

Einige Eltern empfinden es als eine ungeheure Erleichterung, wenn sie nachgeben und erleben, wie ihr Kind sich entspannt und vielleicht sogar lächelt. Es ist beinahe so, als wären sie untergetaucht, als ihr Kind mit ihnen böse wurde, und könnten jetzt wieder auftauchen, um Luft zu holen. Kinder merken es jedoch schnell, wenn ihre Eltern von ihrer Zuneigung abhängig sind, und drohen einfach mit Liebesentzug, wenn sie eine Regel umgehen wollen.

Auch sehr junge Kinder können mit unwahrscheinlicher Energie gegen Grenzen anrennen, um zu prüfen, ob sie echt sind. Und in manchen Familien müssen sie nur, wie die Israeliten bei Jericho, siebenmal mit verschränkten Armen um sie herum ziehen und ein „lautes Geschrei anstimmen" (Josua 6,5), da stürzen die von den Eltern errichteten Mauern schon ein.

Wenn es Kindern gelingt, die von ihren Eltern errichteten Schutzzäune zum Einsturz zu bringen, dann wird ihnen klar, daß in Wirklichkeit sie selbst in der Familie das Sagen haben. Die Ungerechtigkeiten und unlogischen Entscheidungen, die daraus resultieren, können sich verheerend auf das Leben der Eltern wie auch der Kinder selbst auswirken.

Alleinerziehende Eltern auf dem Prüfstand

Alleinerziehende Eltern werden im Normalfall besonders hart geprüft. Das gilt vor allem in Familien, wo der Vater fehlt. Vielen Kindern scheint das Nein eines Vaters mehr Ehrfurcht einzuflößen und unausweichlicher zu sein als das ihrer Mutter. Die weibliche Sensibilität und das ausgeprägte Einfühlungsvermögen einer Mutter machen sie anfällig für Angriffe auf die von ihr festgelegten Grenzen.

Sind Sie alleinerziehende Mutter, dann müssen Sie damit rechnen, daß Ihre Grenzen geprüft werden. Wenn ein Elternteil die Familie verläßt, geht vielfach die Geborgenheit der Kinder mit – ganz gleich, wie schlimm das Leben mit dem Ex-Mann gewesen sein mag. Kinder, die sich nicht geborgen fühlen, rennen oftmals gegen bestehende Schutzzäune an, nur um sicherzugehen, daß sie wirklich existieren. Es ist durchaus möglich, daß Ihre Kinder Ihnen einzureden versuchen, Sie seien über Nacht zu einem lieblosen Spaßverderber geworden. Aber sobald sie sich innerhalb der von Ihnen gesetzten Grenzen geborgen fühlen, werden sich die Gewitterwolken verziehen. Geben Sie jedoch den Forderungen Ihrer Kinder nach, so werden Sie es über kurz oder lang bereuen.

Es ist alles andere als angenehm, für ein paar Stunden oder gar Tage von den eigenen Kindern „gehaßt" zu werden. Die Versuchung nachzugeben ist stark. Doch können Sie Ihre Kinder nur ehren, wenn Sie an Ihren Überzeugungen festhalten und sich trotz ihres Murrens weigern, klein beizugeben. Ich (John) habe eine Tante, deren liebevolles Handeln mir dieses Prinzip einst sehr deutlich vor Augen führte.

Liebevoll gezogene Grenzen im Rückblick

Als ich im siebten Schuljahr war, mußte meine Mutter sich mehrmals operieren lassen. Danach war eine lange Rekonvaleszenz angesagt. Da unsere Verwandten aus Indiana ihre Hilfsbereitschaft bekundeten, zog meine Mutter zur Erholung in den mittleren Westen, während meine

Tante nach Arizona kam, um auf meine beiden Brüder und mich aufzupassen.

Tante Dovie ist klein von Gestalt. Wir waren ihr dann und wann auf Familientreffen begegnet und hatten den Eindruck, sie sei fromm wie ein Lamm. Was wir nicht ahnen konnten: Sie war hart wie Stahl, zumindest wenn es darum ging, Grenzen zu setzen und deren Einhaltung zu überwachen. Diese Stärke war ihr nicht von heute auf morgen zugefallen. Sie war das Ergebnis davon, daß sie eigene Kinder großgezogen und der Familie seit Jahrzehnten auf mustergültige Weise diente. Sie ist mittlerweile über 70 Jahre alt, aber ihre dynamische Persönlichkeit und ihr Glaube an Gott sorgen dafür, daß wir uns als ganze Familie immer noch an sie wenden, wenn wir irgendwie Hilfe brauchen.

Wir Jungen hätten es damals nie zugegeben, aber auch wir brauchten Hilfe. Als unsere Mutter abreiste, kamen wir uns wie Schüler vor, denen man gerade angekündigt hat, sie würden in nächster Zeit von einer Referendarin unterrichtet. Unsere alleinerziehende Mutter hatte es bis dahin erstaunlich gut geschafft, uns unter Kontrolle zu halten. Wir waren überglücklich, als wir hörten, daß die kleine, sanfte Tante Dovie diese Aufgabe übernehmen sollte. Jetzt könnten wir eine Fete nach der anderen feiern und dabei die ganze Nacht aufbleiben! Aber dann entdeckten wir, daß Tante Dovies sanfter Geist nicht bedeutete, daß sie nachzugeben bereit war. Sie bestand mit eisernem Willen auf das, was für uns das Beste und in Gottes Augen das Richtige war.

Ich muß es ehrlich zugeben: Sie hat mich von Zeit zu Zeit bestraft, und das hat mich unwahrscheinlich sauer auf sie gemacht. So habe ich mich beispielsweise einmal nachts durchs Fenster hinausgeschlichen, um mich mit ein paar zwielichtigen Typen zu treffen, die aus der Schule „ausgestiegen" waren. Dabei habe ich aber vergessen, den Fliegendraht wieder am Fenster zu befestigen. Tante Dovie stellte mich natürlich zur Rede. „Den Fliegendraht? Den muß – äh – der Wind weggeweht haben, Tante Dovie!"

Meine Tante hat mich nie angeschrien. Das hatte sie gar nicht nötig. Den Fliegendraht in der Hand, brauchte sie mich nur mit ihrem durchdringenden Blick anzusehen und mich mit kompromißlosen Worten um die Wahrheit zu bitten, da spürte ich heftige Gewissensbisse. Dennoch regte ich mich fürchterlich auf, als sie mich bestrafte. Meine Gewissensbisse reichten nicht aus, um mich Reue zeigen zu lassen.

Obwohl ich erst in die siebte Klasse ging, überragte ich Tante Dovie bereits um mehrere Zentimeter. Ich erinnere mich noch, wie ich auf sie herabsah, während sie mir sanft erklärte, wie wichtig es sei, bei der Wahrheit zu bleiben und mir Freunde auszusuchen, die einen positiven Einfluß auf mich ausüben würden. So leise sie auch sprach, ihre Worte hallten in meinem Kopf nach, so als hätte sie mir einen wütenden Vortrag gehalten. Als sie fertig war, eilte ich fort und knallte die Tür hinter mir zu.

„Die Frau hat vielleicht Nerven", schimpfte ich vor mich hin. „Niemand hat ihr das Recht gegeben, uns zu tyrannisieren. Für wen hält sie sich eigentlich? Sie ist nur 1,50 m groß und will mich davon abhalten, mein Leben zu ruinieren? Daß ich nicht lache!"

„Für wen hält sie sich eigentlich ...?" Heute ist mir im Rückblick auf diese entscheidende Phase meiner Jugend klar, wer sie „eigentlich" war: ein Engel vom Himmel. Tante Dovie war liebevoll genug, um sich einem törichten Jugendlichen, der sich an falschen Werten orientierte, in den Weg zu stellen und dem Bösen zu wehren. Ihr war so viel an mir gelegen, daß sie über ein Jahr lang meinem Zorn, meinen bissigen Bemerkungen und meiner Respektlosigkeit standhielt und kein einziges Mal nachgab. Sie hat nie aufgehört, mich zu lieben.

Ich wäre gewiß nicht der Mann, der ich heute bin, wenn meine Tante Dovie mich nicht geliebt hätte, als ich keineswegs liebenswert war. Ich zeigte als Kind immer wieder, wie töricht ich war, indem ich mich mit ihr anlegte. Aber dank ihres Mutes und ihrer Hingabe an das, was Gott und mich ehrte, wurde sie stets mit mir fertig.

Tief in meinem Herzen wollte ich auch in der Zeit, als ich mich so rebellisch verhielt, daß jemand mich genug liebte, um mich zu bestrafen. Aber ich begriff erst einige Jahre später, wie sehr Tante Dovie mich liebte, und dankte ihr dafür. Wenn ich heute, da ich viele Jahre älter und hoffentlich ein wenig klüger bin, all die Menschen aufzählen sollte, die mich im Laufe der Jahre wirklich geliebt haben, würden Tante Dovie und ein paar andere wie sie ganz oben auf meiner Liste stehen.

Wir haben uns bisher vier Gründe angesehen, warum wir unseren Kindern zu ihrem eigenen Schutz Grenzen setzen sollten. Wir haben zudem darauf hingewiesen, daß ein niedriges Selbstwertgefühl uns davon abhalten kann, dies zu tun. Jetzt sind wir bereit, uns damit zu befassen, welche Arten von Grenzen am effektivsten sind und wie wir solche Grenzen einrichten können.

Kapitel 11

Wie wir auf liebevolle Weise Grenzen setzen können:

Dritter Teil

Earl und Judy hatten es endlich geschafft, fernab der sich nach allen Seiten ausdehnenden Großstadt, dem ununterbrochenen Verkehrslärm und der um sich greifenden Umweltzerstörung ihr Traumhaus zu bauen. Es schmiegte sich an den Fuß eines Berges rund 35 Meilen nördlich von Phoenix. Vor der Haustür lag nichts als unberührte Wüste.

Die Wüste hat ihren eigenen Reiz: zahlreiche Brauntöne, aufgelockert durch das Khakigrün heimischer Bäume und Kakteen, durch schwarzes und milchweißes vulkanisches Quarzgestein, durch lavendelfarbige Sonnenaufgänge und helleuchtende, goldene Sonnenuntergänge. Allerdings hat die Wüste auch ihre eigenen Gefahren, aber Earl und Judy zogen es vor, sie zu ignorieren.

Die Fertigstellung des Hauses hatte sie jeden verfügbaren Dollar gekostet. Um weitere Kosten einzusparen, verzichteten sie auf den aufwendigen Zaun, den sie ursprünglich um den Garten errichten wollten. Ihre wenigen Nachbarn hatten zwar das Areal, wo die Kinder und Haustiere spielten, mit einer hohen Mauer aus Beton oder einem Stacheldrahtzaun umgeben, Earl und Judy waren jedoch der Meinung, ein niedriger Stakettenzaun reiche fürs erste aus.

Es war ein wunderschöner Frühlingstag, spät am Nachmittag. Earl würde bald, von seiner Arbeit in der Stadt heimkehrend, in die mit Kies befestigte Einfahrt einbiegen. Judy war in der Küche und machte gerade das Abendessen fertig; die Kinder, die bis dahin im Garten gespielt hatten, waren eben ins Haus gekommen. Und dann, mit einemmal, fing ihr kleiner Hund Muffin, der sich noch draußen im Garten befand, aufgeregt zu bellen an.

Judy, die am Spülbecken stand, schaute sofort zum Fenster hinaus. Es bot sich ihr ein gräßlicher Anblick. Muffin wurde gerade von vier über den Staketenzaun gesprungenen Kojoten angegriffen.

Noch ehe Judy die Küchentür aufmachen konnte, war der Kampf vorbei. Als sie aus dem Haus trat, zerrten die Kojoten die reglose Gestalt ihres Haustiers über den Zaun. Judy schrie die Tiere an, konnte jedoch nicht verhindern, daß sie ihre Beute in die Wüste schleppten und dort verschwanden. Obgleich sie weinen mußte, war Judy zutiefst dankbar, daß ihre beiden kleinen Kinder sich nicht ebenfalls im Garten aufgehalten hatten.

Kinder sind unendlich kostbarer als Haustiere. Deshalb rufen wir immer wieder dazu auf, für sichere Grenzen zu sorgen. So wollen wir auch Sie auffordern, einen Zaun zu errichten, der Ihre Kinder vor Ereignissen und Menschen schützt, die wie Kojoten hereinbrechen und ihnen emotionale oder physische Schäden zufügen und ihr Selbstwertgefühl zerstören können.

Welche Arten von Zäunen sind am ehesten dazu geeignet, Kinder zu schützen und ihr Selbstwertgefühl aufzubauen? Sollten Kinder mitbestimmen dürfen, was für Grenzen errichtet werden? Können Grenzen Sicherheit bieten und dennoch einen Freiraum zur positiven Entwicklung gewähren?

Die Hand, in der Sie dieses Buch halten, und die Augen, mit denen Sie es lesen, können uns zu Antworten auf diese Fragen verhelfen. Der Herr hat den menschlichen Körper so geschaffen, daß er ein Bild gutfunktionierender Grenzen abgibt.

Positives hereinlassen, Negatives hinauswerfen

Jeder Zentimeter unseres Körpers besteht aus Millionen von Zellen. Jede einzelne Zelle zeigt uns den Wert positiver Grenzen. Das können wir hier nur grob vereinfachend erklären. Dennoch wollen wir kurz eine einzige Zelle unter die Lupe nehmen.

Jede Zelle des menschlichen Körpers ist von einer „Grenze" (einer Plasmahaut) umgeben. Diese Grenze können wir uns als einen Zaun vorstellen, der um den gesamten Zellkörper errichtet ist. In diesem Zaun befinden sich in gewissen Abständen Tore, die wie Pumpvorrichtungen funktionieren. An jedem Tor steht ein Wachtposten, der dafür verantwortlich ist, das Tor auf- und zuzumachen.

Einige Tore gehen nur nach innen auf. Sie gewähren den gutartigen Substanzen, die die Zelle braucht – zum Beispiel lebenswichtigen Nährstoffen und Antikörpern zur Abwehr von Krankheiten – Einlaß. Andere öffnen sich wiederum nur nach außen. Durch diese Tore werden schädliche Substanzen, die in die Zelle eingedrungen sind, entfernt. Zu dieser Kategorie zählen gewisse Abfallprodukte der Zellentätigkeit sowie Giftstoffe, die sozusagen unter dem Zaun hindurchgeschlüpft oder durch ein unbemanntes oder schlecht funktionierendes Tor in den Zellkörper gelangt sind.

In einer gesunden Zelle bleiben die kleinen Wachtposten Tag und Nacht im Dienst. Wird jedoch die Zelle durch eine Krankheit oder Verletzung angegriffen, so kann der sie umgebende Zaun zu zerfallen beginnen. Wenn das geschieht, werden die kleinen Wachtposten in Mitleidenschaft gezogen: Sie machen ihr jeweiliges Tor nicht mehr ordnungsgemäß auf und zu. In der Folge bleiben viele Tore geschlossen, die geöffnet werden müßten, um notwendige Nährstoffe aufzunehmen oder schädliche Substanzen auszuscheiden. Das Versagen des Schutzzauns leitet den endgültigen Zerfall der Zelle ein.

Unsere Betrachtung dieser Zelle zeigt uns einiges über die Errichtung von Grenzen.

1. Wo Grenzen fehlen, tauchen fast immer Probleme auf. Ein Kind, dem der Schutzzaun fehlt, wird zu einer leichten Beute für typische Jugendprobleme (Gruppenzwänge, kleinere Ladendiebstähle usw.).

2. In jedem Zaun, den wir um ein Kind errichten, sollten sich mindestens zwei Tore befinden. Das eine ist dazu da, um positive Werte und Erfahrungen einzulassen, das andere, um negative Erfahrungen und schädliche Einflüsse hinauszuwerfen oder fernzuhalten.

Gott hat jede gesunde Zelle mit Toren beider Arten ausgestattet. Positives muß hereingelassen werden. Es ist aber ebenso Vorsorge dafür getroffen worden, daß Negatives hinausgeworfen wird. Eltern sollen wie Wachtposten vor den Toren zum Leben ihrer Kinder Wache stehen. Diese Aufgabe ist ebensowichtig wie die Errichtung der schützenden Grenze selbst.

Haben Sie sich mit folgender Frage noch nicht befaßt, dann sollten Sie es jetzt tun: „Komme ich meiner Pflicht, ein Wachtposten zu sein, in aller Treue nach?" Von Ihrer Antwort hängt sehr viel ab: die künftige Geborgenheit und Charakterfestigkeit Ihrer Kinder.

Im Buch der Sprüche (Sprichwörter) werden wir aufgefordert, über unser geistliches Leben zu wachen, indem wir das Böse von uns fernhalten und mit allem Fleiß nach dem Guten trachten, das Gott für uns bereithält:

Wie glücklich ist jeder, der mir zuhört,
der jeden Tag an meiner Haustür steht
und an der Schwelle auf mich wartet.
Wer mich findet, der findet das Leben,
und der Herr hat Freude an ihm.

(Sprüche 8,34f.)

Eltern, die vor den Toren zum Leben ihrer Kinder Wache stehen, sind für die Kinder ein Segen.

Vielleicht gehen Ihnen jedoch weitere Fragen durch den Kopf: „Wie viele Grenzen sollte ich um meine Kinder errichten? Und woher weiß ich, was ich hereinlassen und was ich hinauswerfen soll?"

Wir haben festgestellt: Nicht diejenigen Familien sind heil, in denen es die meisten oder die unbeweglichsten Grenzen gibt, ebensowenig die, in denen so viele Tore offen stehen, daß Erfahrungen jeder Art ungehindert über die Kinder hereinbrechen können. Vielmehr fördern diejenigen Eltern das Selbstwertgefühl ihrer Kinder, die den von ihnen gesetzten Grenzen folgende vier Fragen zugrunde legen. Diese Fragen sorgen für Ausgewogenheit innerhalb der Familie. Jeder, ob jung oder alt, muß sie immer wieder im Rahmen der täglichen Interaktion beantworten. Unsere Antworten haben entscheidenden Einfluß auf unser Selbstbild.

Vier Fragen, mit deren Hilfe wir gesunde Grenzen errichten können

Frage Nr. 1: „Wer bin ich?"

Jedes Kind stellt irgendwann einmal diese Frage, und deshalb sollten Eltern sie mit einem Schutzzaun umgeben. Ein Kind, das zu Hause auszieht, ohne daß es vorher die Antwort erfährt, wird zwangsläufig Schaden erleiden. Das beobachten wir immer wieder.

Wächst ein Kind ohne die Geborgenheit auf, die nur liebevoll gezogene, biblische Grenzen vermitteln können, dann bekommt es in der

Regel ein negatives Selbstbild. Sobald es zu Hause auszieht, gerät es in eine Identitätskrise. Auf der Suche nach einer befriedigenden Antwort auf die Frage nach der eigenen Identität probiert es womöglich schädliche oder entwürdigende Mittel aus. Junge Menschen suchen immer wieder eine Antwort im Alkohol, im außerehelichen Geschlechtsverkehr und im groben Materialismus. Diese können jedoch niemals befriedigen.

Wer auf eigenen Beinen stehen und dauerhafte zwischenmenschliche Beziehungen aufbauen will, der muß sich über die eigene Identität im klaren sein. Ohne ein klares Selbstbild irren wir wie im Spiegelkabinett umher und werden immer wieder mit Zerrbildern unseres Ich konfrontiert. Wenn wir mit anderen ins Gespräch kommen, stellen wir fest: Der eine hebt uns sogleich in den Himmel, beim nächsten stoßen wir auf eisige Ablehnung. So kommt es, daß wir entweder die Menschen, mit denen wir dauernd zusammen sind, oder aber irgendwelche Fernsehgrößen über unseren Charakter, unsere ethischen Maßstäbe und unser Selbstwertgefühl bestimmen lassen. Nur ein realistisches, positives Selbstbild kann uns aus dieser Zwangsjacke befreien.

Auch Jesus wurde von den Menschen, mit denen er zu tun hatte, unter Druck gesetzt. Die einen hätten ihn gern zum König ausgerufen, die anderen haben ihn als Gotteslästerer hingestellt. Er wurde laufend verfolgt und auf die Probe gestellt. Er blieb zwar in allem standhaft – aber nur, weil er wußte, wer er war (Johannes 8,58; 16,5-13). Sollen unsere Kinder der Zukunft mit Selbstvertrauen und Zuversicht entgegensehen, so müssen sie ihre wahre Identität erkennen. Wir können ihnen am besten zu einem positiven Selbstbild verhelfen, indem wir ihnen zeigen, was sie nicht sind.

Wir müssen sie auf die Gefahr hinweisen, sich selbst zu wichtig zu nehmen.

Wir Menschen neigen seit jeher dazu, die Frage nach unserer Identität mit falschen Behauptungen zu beantworten. Sehen wir uns einige alltägliche Beispiele an.

Aus mehreren wissenschaftlichen Studien geht hervor, daß wir eher bereit sind, für unsere Erfolge oder unsere positiven Eigenschaften die Verantwortung zu übernehmen als für unsere Fehlleistungen. Gewinnt meine Mannschaft, dann nur aufgrund meines überlegenen Könnens oder meiner lautstarken Unterstützung; verliert sie, dann ist der Schiedsrichter daran schuld. Weiß ich beim Quizspiel, wie der höchste Berg in

Nordamerika heißt, dann ist das eine intellektuelle Glanzleistung; muß ich bei der nächsten Frage passen, dann nur deshalb, weil „kein Mensch" weiß, wie die Hauptstadt von Tibet heißt.

In einem hervorragenden Aufsatz über Wichtigtuerei hat David Myers darauf hingewiesen, daß ein niedriges Selbstwertgefühl sich oftmals in einem übersteigerten Selbstbewußtsein äußert. Er argumentiert überzeugend, daß der Stolz ein ebenso weitverbreitetes Problem ist wie ein niedriges Selbstwertgefühl. Dem stimmen wir ohne Vorbehalte zu.

Stolz vernebelt unser tiefempfundenes niedriges Selbstwertgefühl und läßt uns, unvollkommen wie wir sind, nach einer überhöhten Identität streben, der wir uns, wenn wir ehrlich sind, nicht gewachsen fühlen.

Stolz hat Menschen schon oft dazu verleitet, sich selbst Gott gleich zu machen. Dabei bekamen sie vorübergehend das Gefühl, Macht auszuüben oder ein sinnvolles Leben zu führen. Aber ganz gleich, wie hoch wir uns emporschwingen, wir können uns unmöglich von den menschlichen Schwächen loslösen, die uns immer wieder auf den Boden der Tatsachen zurückfallen lassen.

Wir Christen sind bei der Beantwortung der Frage: „Wer bin ich?" im Vorteil, denn wir scheuen uns nicht, offen zuzugeben, daß wir tiefgefallene Sünder sind, die eines Erlösers bedürfen. Wir müssen weder Jahrhunderte warten, bis die Menschheit im Zuge der Evolution auf eine höhere Ebene der Sittlichkeit gelangt (ist der Mensch etwa, seitdem Sie auf der Welt sind, moralischer geworden?), noch uns, wie eine populäre religiöse Bewegung lehrt, für „Götter" halten (die Anhänger dieser Lehre glauben in ihrem tiefsten Herzen doch nicht daran, denn auch sie nehmen die Sünde und die Verdorbenheit wahr, die in ihrem Inneren am Werk sind).

Wir können die Frage: „Wer bin ich?" für uns selbst beantworten, zugleich auch unseren Kindern zu einer Antwort verhelfen, indem wir zugeben, daß wir von Natur aus Sünder sind, und uns von ganzem Herzen auf die Gnade Gottes verlassen. Nur so werden wir von der Notwendigkeit befreit, Gott zu spielen. Nur so erhalten wir die Kraft und das Gefühl des Angenommenseins, nach denen wir uns sehnen. Diese Freiheit erlangen wir nur, wenn wir uns so sehen, wie Gott uns sieht.

Wir müssen sie über ihre Identität in Christus aufklären.

Führen Sie Ihren Kindern immer wieder das vor Augen, was Gott in seinem Wort über sie sagt! Auf diese Weise werden Sie sie ehren und ihnen zu einem gesunden Selbstwertgefühl verhelfen. Die Bibel sagt, daß Gott seine Kinder liebt; daß er sie als sein persönliches Eigentum erwählt hat; und daß sie kostbar, wenig geringer als die Engel, in Gottes Liebe geborgen, Könige und Priester, im Ebenbild Gottes geschaffen, wertvoller als die Vögel am Himmel und für Gott so wichtig sind, daß er seinen einzigen Sohn dahingab, um sie aus der Finsternis zu erretten (siehe Johannes 3,16; 5. Mose 7,6; Matthäus 13,46; Psalm 8,6; Römer 8,37ff.; 1. Petrus 2,9; 1. Mose 1,27; Matthäus 6,26; Epheser 2,4+5).

Wenn Sie Ihre Kinder täglich im Worte Gottes unterweisen und es ihnen vorleben, und wenn Sie dafür Sorge tragen, daß sie sich christliche Musik anhören und im Gottesdienst wie auch privat mit anderen Gläubigen zusammenkommen, dann vermitteln Sie ihnen positive Werte und Gedanken, die ihre Identität in Christus fest verankern. Das wollen wir in einem späteren Kapitel noch einmal eingehender beleuchten (siehe Kapitel 17). Hier sei jedoch festgehalten: Wenn unsere Kinder wissen, wie Gott sie sieht, dann trägt das mehr als alles andere dazu bei, ihr Selbstwertgefühl zu stärken.

Geben Sie ihnen einen Namen, der ihnen als Leitbild dienen kann!

Führen Sie Ihren Kindern vor Augen, was sie in Christus sind und was sie getrennt von ihm nicht sind, so errichten Sie einen echten Schutzzaun um ihr Selbstbild. Sollen Ihre Kinder jedoch auf die Frage nach der eigenen Identität eine wirklich positive Antwort finden, so müssen sie auch wissen, wie wertvoll sie in den Augen ihrer Eltern sind. Das können sie bereits an ihrem Namen erkennen.

Erfährt ein Kind, warum es gerade diesen und keinen anderen Namen trägt, so fühlt es sich in der Regel unwahrscheinlich aufgebaut. Das gilt insbesondere dann, wenn der Name aus der Bibel stammt oder eine bestimmte Bedeutung hat. So haben beispielsweise beide Verfasser dieses Buches eine Tochter namens Kari. Der Name Kari stammt aus dem Griechischen und bedeutet „Liebe aus reinem Herzen".

Garys und Normas Tochter Kari ist mittlerweile Studentin. Ihre Eltern haben viel Freude an ihr. Das Wissen um die Bedeutung ihres Namens hat ihr im Lauf der Jahre immer neuen Antrieb gegeben, sich nach einem reinen, liebevollen Herzen auszustrecken. Johns und Cindys Tochter Kari – sie wurde übrigens nach Garys Tochter benannt – ist noch ein Säugling. Ihr Name bringt zweierlei zum Ausdruck: den Segenswunsch ihrer Eltern sowie deren Verpflichtung, sie in einer Umgebung aufwachsen zu lassen, in der „Liebe aus reinem Herzen" großgeschrieben wird.

In biblischer Zeit hatte der Name eines Menschen stets eine besondere Bedeutung[1]. Darum machte sich Gott die Mühe, bestimmten Menschen einen neuen Namen zu geben. Da ist beispielsweise Petrus. Daß Jesus ihn einen „Felsen" nannte, sollte ihn an seinen Auftrag erinnern, aber auch daran, daß andere sich nach der Auferstehung Jesu von ihm abhängig fühlen würden (Matthäus 16,18). Petrus sollte im Lauf der Zeit in die Bedeutung seines neuen Namens hineinwachsen.

Die Namensgebung schafft also eine besondere Verbindung zwischen Eltern und Kindern. Dazu kommt, daß Kinder sich häufig ihren Namen zum Leitbild nehmen und so in seine Bedeutung hineinwachsen. Dürfen wir Ihnen in diesem Zusammenhang eine recht heikle Frage stellen? Mit welchen Spitz– oder Kosenamen müssen Ihre Kinder zurechtkommen? Hoffentlich sind sie nicht so abschätzig wie die Bezeichnung, die der Besitzer einer Imbißstube in unserer Straße seinem Sohn beigelegt hat.

„Wir nennen ihn ‚Stumpf'", teilte uns der stämmige Bursche mit der Kochmütze mit. „Eigentlich heißt er Billy, aber sehen Sie sich einmal seinen Hals an! Zeig ihnen doch deinen Hals, Billy! Sehen Sie? Er hat doch gar keinen Hals. Darum nennen wir ihn ‚Stumpf'. Zeig ihnen doch deinen Hals, Stumpf! Haha!"

Er hatte gar nicht gemerkt, daß sein noch nicht schulpflichtiger Sohn den Kopf hängenließ und seine Frau resigniert und verletzt dreinblickte. Aber schließlich mußte auch sie mit einem besonderen Kosenamen fertig werden: „‚Cupcake' – weil sie rund ist wie ein Napfkuchen! Haha!"

Beleidigende Spitznamen sind grausam und unterminieren mit der Zeit das Selbstwertgefühl eines jeden Kindes. Einige Kinder haben sie schon so oft gehört, daß sie sich selbst sogar als „Dummerjan", „Tolpatsch", „Pummel" oder „Brillenschlange" bezeichnen, obwohl sie in Wirklichkeit Matthias, Elisabeth, Johannes oder Kerstin heißen. Wird einem Kind, und sei es nur spaßeshalber, ein negatives Etikett angehängt, fühlt es sich in der Regel so, als wäre es beim American Football von zwei gegnerischen Herkulessen umgerannt worden.

Freilich trifft auch das Gegenteil zu: Sie können das Selbstwertgefühl eines Kindes sehr effektiv aufbauen, wenn Sie ihm den Wert seines Namens erklären. Das habe ich (Gary) erst kürzlich beobachten können, als mein Sohn Greg mehr über die Person erfuhr, nach der er benannt wurde. Greg ist 18 Jahre alt und besucht ein College. Zu den Studienaufgaben des ersten Semesters gehörte die Erforschung des eigenen Familienstammbaums. Greg hatte ohne mein Wissen allerlei alte Fotos und Briefe von Verwandten aufbewahrt. In seinem Nachtschrank fand sich unter anderem ein Brief, den ich ihm geschrieben hatte, als er dabei war, das Lesen zu lernen. Ich hatte ihm in diesem Brief mitgeteilt, weshalb wir ihn Greg nannten und nach wem er benannt worden war. Dann hatte ich ihm die Lebensgeschichte des Geistlichen Hildebrand erzählt, der im elften Jahrhundert zum Kardinal und schließlich auch zum Papst aufstieg und den Namen Gregor VII. annahm. Ein fleißiger, mir verwandter Geschichtsforscher hatte mich wissen lassen, daß wir mütterlicherseits – meine Mutter war eine geborene Hildebrand – mit diesem mittelalterlichen Heiligen blutsverwandt sind. Ich hatte mich auf dem theologischen Seminar intensiv mit seinem Leben befaßt, und sein Charakter und seine Persönlichkeit hatten einen tiefen Eindruck auf mich gemacht. Hildebrand war mehr als nur ein Kirchenfürst; er hatte eine persönliche Beziehung zu Jesus.

Da ich Greg über die Schulter sah, während er den Brief noch einmal durchlas, schaute er zu mir hoch und sagte: „Papa, stimmt es wirklich, daß wir mit diesem Mann blutsverwandt sind und daß ich nach ihm benannt wurde?" Die Art, wie er diese Frage stellte, und die Bemerkungen, die er anschließend über seinen Namensvetter machte, zeigten deutlich, daß er sich geehrt fühlte.

Nehmen Sie sich die Zeit, Ihre Kinder auf die besondere Bedeutung ihres Namens hinzuweisen! Vermeiden Sie Spitz- oder Kosenamen, die als abschätzig oder verletzend empfunden werden könnten! So werden Sie das Tor aufmachen, um Positives hereinzulassen, und Ihren Kindern helfen, eine Antwort auf die Frage zu finden: „Wer bin ich?"

Es gibt allerdings noch eine Möglichkeit, Kindern zu einer Antwort auf diese Frage zu verhelfen. Versperren Sie all jenen Worten, Menschen und Gesinnungen den Weg, die Ihren Kindern einsuggerieren wollen, sie seien weniger kostbar, als sie es gemäß dem Worte Gottes wirklich sind. Lassen Sie uns hier von Karen erzählen.

Weitaus die meisten Grundschullehrerinnen verhalten sich vorbildlich. Es ist ihnen ein echtes Anliegen, das Selbstwertgefühl der ihnen anvertrauten Kinder zu stärken. Viele Erstkläßler lieben ihre Klassenlehrerin so, wie sie sonst niemanden außer ihren Eltern lieben. Diese positive Beziehung prägt auf Jahre hinaus die Erwartungen, die sie in die Schule setzen. Karens Lehrerin war leider eine Ausnahme. Mrs. Williams war eine grobe, gefühllose Frau, die ihren Schülern mit häufigen Wutausbrüchen Angst einjagte.

Karen war stets mit Begeisterung in den Kindergarten gegangen, und als sie im ersten Schuljahr Probleme bekam, machten sich ihre Eltern natürlich Sorgen. Es lag auf keinen Fall am Unterrichtsstoff. Karen hatte im Sommer ein besonderes Ferienlager besucht, wo man ihr das Lesen beigebracht hatte, und auch im Schreiben war sie den meisten Kindern in ihrer Klasse weit voraus. Dennoch beklagte sich Karen häufiger als je zuvor über Unwohlsein und wollte jedesmal dem Unterricht fernbleiben.

Die Eltern kamen erst nach einiger Zeit dahinter, was sich eigentlich abspielte. Mrs. Williams' wütende Worte hatten Karen ihres positiven Selbstbildes und ihres gesunden Selbstwertgefühls beraubt.

Die kleine Karen empfing sozusagen zwei Botschaften. Zu Hause und im Gottesdienst erfuhr sie, daß Gott und ihre Eltern sie ganz besonders liebhatten. Ihre Lehrerin ließ sie jedoch wissen, sie sei eine Plage, eine regelrechte Nervensäge. Sie nannte Karen ständig „Miß Neugierig".

Gleich am ersten Schultag hatte Mrs. Williams beschlossen, an Karen ein Exempel zu statuieren, um so der ganzen Klasse deutlich zu machen, wer das Sagen habe. Karen, ein recht gesprächiges Mädchen, unterhielt sich gerade mit einer Klassenkameradin, als es zum Unterrichtsbeginn läutete. Mrs. Williams warf sofort mit einem Radiergummi nach ihr und traf sie am Hinterkopf. Danach hagelte es böse Worte, die ihr, aber auch allen anderen Kindern, „die Furcht vor Mrs. Williams" einjagen sollten – und tatsächlich auch einjagten.

Karen war ein sehr sensibles Kind. In den darauffolgenden Tagen und Wochen fiel es ihr immer schwerer, mit Mrs. Williams' Wutausbrüchen fertig zu werden. Andere Kinder versuchten entweder, sich ihr zu widersetzen, oder ignorierten sie einfach. Karen konnte beides nicht. Die Lehrerin brauchte nur im Vorbeigehen einen strafenden Blick auf Karen zu werfen, da brach sie schon in Tränen aus. Daraufhin wurde sie als „verwöhntes Gör" hingestellt, das für die Grundschule zu „unreif" sei.

Ganz gleich, ob sie sich nach der Pause nicht richtig in die Warteschlange eingeordnet oder ihren Tuschkasten nicht pflichtgemäß weggeräumt hatte, der kleinen Karen wurden fast täglich emotionale Türen vor der Nase zugeschlagen, und zwar von gerade der Person, die sie am meisten hätte ermutigen und unterstützen müssen. „Kein Wunder, daß du deine Schulaufgaben nicht erledigt hast, Miß Neugierig!" schimpfte Mrs. Williams immer wieder. „Du schwätzt zuviel!"

Karen schämte sich zu sehr, um mit ihren Eltern darüber zu sprechen. Außerdem war sie, wie bei Kindern oft üblich, ihrer Lehrerin gegenüber viel zu loyal. Deshalb konnten ihre Eltern der Sache zunächst nicht auf den Grund kommen. Gleich beim ersten Elternabend sprachen sie Mrs. Williams extra auf Karens Verhalten an, erhielten jedoch eine sehr freundliche Antwort: Ihre Tochter müsse sich erst an die neue Schule gewöhnen, dann werde sich das alles von selbst erledigen. Leicht verwundert, kamen sie zu dem Schluß, das Problem müsse wohl bei Karen selbst liegen.

Ihre Schwierigkeiten wurden jedoch mit der Zeit immer größer. Schließlich sprach Karens Mutter eine Praktikantin an, die in Mrs. Williams' Klasse hospitierte, und erfuhr zum erstenmal von der schrecklichen Behandlung, die Karen im Unterricht zuteil wurde. Nach einer emotionsgeladenen Aussprache, bei der neben Karens Eltern und Mrs. Williams auch die Schulleiterin und die Praktikantin anwesend waren, wurde Karen in eine andere Klasse versetzt. Ihre Einstellung zur Schule änderte sich von heute auf morgen, was sich positiv auf ihre Noten auswirkte. Der Vorfall wurde von der Schulleiterin eingehend untersucht, und im nächsten Schuljahr wurde Mrs. Williams mit einer Verwaltungsaufgabe auf Bezirksebene betraut, die sie nicht mehr unmittelbar mit den Kindern in Berührung kommen ließ.

Wären Karens Eltern nicht sensibel genug gewesen, um vor den Toren des Lebens ihrer Tochter Wache zu stehen und die Worte zu kontrollieren, die sie immer wieder zu hören bekam, so hätte die kleine Karen womöglich nie eine eindeutige Antwort auf die Frage gefunden: „Wer bin ich?"

Leider sind wir alle mit einer sündigen Natur behaftet und haben deshalb einen Hang, das Positive, das wir hören, hinauszuwerfen und das Negative aufzunehmen. Darum ist es ebensowichtig, die Eindrücke zu überwachen, die von außen auf unsere Kinder eindringen, als darauf zu achten, daß wir selbst eine positive Botschaft übermitteln.

Gesunde Grenzen sind für das Selbstbild eines Kindes unerläßlich. Das gilt jedoch nicht minder in bezug auf die Frage: „Wem möchte ich gefallen?" Im nächsten Kapitel wollen wir den Nachweis dafür erbringen, daß bei Kindern, die eine ausgewogene Antwort auf diese Frage finden, das Selbstvertrauen sprunghaft anwächst.

Anmerkung

[1] Siehe Art. „Name und Namengebung" in: Lexikon zur Bibel, hg. v. Fritz Rienecker in Verb. mit Gerd Seewald und Lothar Coenen (Wuppertal: R. Brockhaus, 1960), Sp. 965f.

Kapitel 12

Wie wir auf liebevolle Weise Grenzen setzen können:

Vierter Teil

Die Erkenntnis, daß liebevoll gesetzte Grenzen ein Kind ehren und ihm das Gefühl geben, besonders wertvoll zu sein, verdanke ich (John) in erster Linie meinem Großvater. Durch ihn lernte ich, wie wichtig es ist, auf unsere nächste Frage die rechte Antwort zu finden.

Frage Nr. 2: „Wem möchte ich gefallen?“

Als ich in die dritte Klasse ging, gehörte ich einer Kinderbande an. Wir verbrachten unsere ganze Freizeit damit, sämtliche Straßen, Gassen, Orangenplantagen und Wüstengebiete unserer Gegend mit dem Fahrrad abzufahren. Meine Mutter machte mir dabei nur eine einzige Vorschrift: Wir durften fahren, wohin wir wollten, doch sollten wir unbedingt vor Einbruch der Dunkelheit wieder zu Hause sein, noch ehe die Straßenbeleuchtung eingeschaltet wurde. Zu meinem und meiner Brüder Leidwesen hing unmittelbar vor unserer Wohnung eine Straßenlaterne, so daß es praktisch unmöglich war, die vorgeschriebene Zeit unbemerkt zu überschreiten.

Eines Nachmittags entschloß ich mich dennoch – obwohl ich ganz genau wußte, daß es Zeit war, nach Hause zurückzukehren –, auf einen meiner Freunde zu hören. Der sagte: „Du willst doch nicht jetzt schon nach Hause fahren? Wir schaffen es allemal bis zum Camelback Mountain und zurück, ohne uns zu verspäten. Ist doch gar kein Problem!“ Im Nu beschloß ich, den Worten meines Freundes mehr Gewicht beizumessen als denen meiner Mutter und meiner Großeltern, und radelte in Richtung des genannten Berges los. Damit handelte ich mir jedoch ein echtes Problem ein.

Damals gab es im Gebirge fast nur unbefestigte Wege und weitaus mehr Kakteen als Häuser. Wir schätzten diese Gegend ganz besonders wegen der Unebenheiten und kleinen Erhebungen, die wir als Startrampen benutzten, um mit unseren Rädern kurz abzuheben.

Bei einem besonders gewagten Sprung verlor ich jedoch die Kontrolle über mein Fahrrad und flog mit voller Wucht gegen einen am Wegrand wachsenden Kaktus. Selbst überstand ich den Zusammenprall, ohne mich an den Stacheln zu verletzen, aber das gleiche konnte man von meinem Vorderreifen nicht behaupten. Er war platt, und ich mußte den ganzen weiten Weg nach Hause zu Fuß zurücklegen.

Als ich mitsamt meinem Fahrrad zu Hause ankam, brannte schon längst die ominöse Straßenlaterne. Mir war klar, daß ich mich mit meinem Platten nicht würde herausreden können. Und so war es auch: Ich wurde zu meinem Großvater geschickt, um mir eine Tracht Prügel abzuholen.

Danach begab ich mich mit mürrischer Miene in die Küche. Nach einer Weile bat Großmutter mich, Großvater zu sagen, daß das Essen fertig sei. Zunächst weigerte ich mich, aber als sie mich drohend anblickte und fragte, ob ich eine zweite Tracht Prügel haben wollte, schlich ich widerwillig über den Flur, um an Großvaters Tür zu klopfen.

Bei uns zu Hause gab es die Regel, daß wir erst anklopfen mußten, ehe wir jemandes Zimmer betraten. Großvaters Tür war aber nur angelehnt, und deshalb schob ich sie langsam auf und trat ein. Mein Großvater saß auf seinem Bett und weinte.

„Opa, was hast du denn?“ fragte ich.

Als er den Kopf hob und mich zu sich winkte, sah ich, daß ihm die Tränen über die Wangen liefen. Er schloß mich in die Arme. Dann sagte er: „John, ich habe dich und deine Brüder sehr lieb. Ich möchte, daß ihr zu Männern werdet, auf die ich stolz sein kann. Mir ist es äußerst zuwider, euch schlagen zu müssen. Ihr müßt jedoch lernen, eurer Mutter zu gehorchen. Hör doch bitte auf sie, damit ich auf dich stolz sein kann.“

Wir standen beide da, weinten und lagen uns in den Armen. Mein Großvater hatte mir bis dahin noch nie gesagt, daß er mich liebe und daß es ihm schwerfalle, uns zu schlagen. Mir wurde zum erstenmal klar, daß er mich zu meinem eigenen Wohl zum Gehorsam anhielt. Ich war sehr gerührt – so sehr, daß ich mir vornahm, ihm nie wieder Kummer zu bereiten. Danach ist es mir mindestens eine Woche lang gelungen!

Wenn ich mich auch nicht über Nacht zum Musterknaben entwikkelte, so bezog ich nach jenem denkwürdigen Tag immer seltener Prügel. Ich hatte einen Blick in das Herz meines Großvaters getan und erkannt, daß er mich liebhatte. Ich wollte ihm nie wieder Kummer machen. Es war mir jetzt klar, daß er recht hatte, wenn er mich aufforderte, die von meiner Mutter aufgestellten Regeln zu befolgen und nicht auf den üblen Rat meiner Freunde zu hören.

Mein Großvater starb knapp zwölf Monate später, aber die Worte, die ich während jener kostbaren Augenblicke in seinem Zimmer zu hören bekam, sind mir unvergeßlich geblieben. Sichern auch Sie Ihren Kindern Ihre Liebe zu! Fordern Sie sie auf, zuallererst Gott und den Eltern zu gefallen und die Gunst anderer erst an die zweite Stelle zu setzen! Dann werden vielleicht auch Ihre Worte unvergessen bleiben.

Nur anderen zu gefallen, fordert einen zu hohen Preis

Wenn unsere Kinder nur versuchen, anderen zu gefallen, und alles daransetzen, die Gunst anderer zu gewinnen, und wenn wir hier keinen Riegel vorschieben, so werden sie bald in arge Schwierigkeiten geraten. Je größer die Sehnsucht eines Kindes nach Annahme ist, desto verzweifelter bemüht es sich, sie zu bekommen. Nur, wer anderen um jeden Preis gefallen möchte, zahlt garantiert einen zu hohen Preis.

Wenn Eltern feststellen, daß ihr Kind ein unstillbares Verlangen danach hat, akzeptiert oder anerkannt zu werden, tragen sie eine ganz besondere Verantwortung, hier hilfreiche Grenzen zu setzen. Was passiert sonst? Sehen wir uns den alttestamentlichen König Saul an. Er entschloß sich, den falschen Menschen zu gefallen, und zerstörte dadurch die kostbarsten Beziehungen, die er hatte, nämlich die zu seinem Sohn und zum Herrn.

Nicht Menschen, sondern Gott gefallen

Saul hat folgende wichtige Lektion nie gelernt: Wir sollen zuallererst Gott gefallen und seinem Wort Ehre erweisen. Wir haben allen Grund, uns auf das Wort Gottes zu verlassen, denn es gibt uns Licht für jeden nächsten Schritt (Psalm 119,105). Gottes Weisungen gleichen einem Schutzzaun, hinter dem wir uns sicher und geborgen fühlen können.

Jedesmal, wenn wir das Gebot Gottes übertreten oder auf eine anderslautende Stimme hören, und sei es die eigene, verlassen wir die Schutzzone und betreten einen Weg, der unweigerlich in die Wüste führt.

Saul vergaß zweimal, wem zu gefallen seine Pflicht war, und er geriet beide Male außerhalb der von Gott eingerichteten Schutzzone. Beim erstenmal hatte ihn der Prophet Samuel angewiesen, sieben Tage auf ihn zu warten, ehe er gegen die Philister in den Krieg zog. Am Ende dieser Zeit wollte Samuel kommen und Opfer darbringen (1. Samuel 13,8ff.). Als jedoch seine Truppen sich darüber beschwerten und auseinanderzulaufen begannen, gab Saul nach und brachte selbst die Opfer dar. Ein anderes Mal erhielt er den Befehl, eine maßlos verdorbene Stadt zu erobern und die ganze Bevölkerung sowie alle dort lebenden Tiere umzubringen. Statt dessen hörte er jedoch auf das Volk und überließ seinen Soldaten die besten Tiere als Beute (1. Samuel 15,12ff.).

Versuchen wir, statt Gott Menschen zu gefallen, so können wir uns gehörig die Finger verbrennen. So erging es jedenfalls Saul. Er zerrüttete durch sein Verhalten zunächst seine Beziehung zu seinem Sohn Jonathan (1. Samuel 14,24ff.) und dann auch seine Beziehung zum Herrn. Samuel drückte es folgendermaßen aus: „Weil du gegen den Befehl des Herrn verstoßen hast, wird der Herr auch dich verstoßen: Du kannst nicht länger König über sein Volk sein“ (1. Samuel 15,23).

Wie kann man seinen Kindern helfen, die Frage, wem sie gefallen möchten, recht zu beantworten? Wie kann man dafür sorgen, daß der Name Gottes und die Namen der Eltern ganz oben auf ihrer Prioritätenliste stehen? Wie kann man ihnen helfen, dem oftmals so überwältigenden Druck zu widerstehen, der durch Freunde und Klassenkameraden ausgeübt wird? Es klingt zwar abgedroschen, aber die beste Methode ist meist die, seine Kinder zu lieben und ihnen klarzumachen, wie sehr Gott sie liebt.

Als Paulus die Gläubigen in Korinth davon abbringen wollte, sich dem unmoralischen Lebenswandel der meisten Stadtbewohner anzupassen, wies er sie auf die Liebe ihres himmlischen Vaters hin: „Ihr seid teuer [wörtlich: mit Ehre[1]] erkauft; darum preist Gott mit eurem Leibe“ (1. Korinther 6,20).

Möchten Sie, daß Ihre Kinder Ihnen gerne gefallen wollen, so müssen Sie es zu Ihrem Hauptziel machen, sie zu lieben. Sie bieten Ihren Kindern nur dann optimalen Schutz vor dem Druck, dem sie in der Schule oder im Freundeskreis ausgesetzt sind, wenn Sie beizeiten eine großartige Beziehung zu ihnen aufbauen. Ist Ihre Beziehung zu Ihren Kindern gestört, werden alle Maßnahmen gegen diesen Druck wirkungslos bleiben. Wenn Kinder jedoch wissen, daß sie geliebt werden, kann man sie getrost dazu auffordern, innerhalb der gesetzten Grenzen zu bleiben und zuerst ihren Eltern und dem Herrn gehorsam zu sein.

Es gibt zwei weitere Fragen, die Ihnen bei der Errichtung schützender Grenzen behilflich sein können.

Frage Nr. 3: „Welche Ziele möchte ich erreichen?"

Frage Nr. 4: „Wie weit bin ich mit der Verwirklichung meiner Ziele vorangekommen?"

Welche wichtigen Ziele haben sich Ihre Kinder gesteckt? Wissen Sie, wie Sie ihnen helfen können, diese Ziele zu erreichen? Wissen Sie über den Freundeskreis Ihrer Kinder Bescheid? Haben Sie sich mit ihnen über den Umgang mit dem anderen Geschlecht unterhalten? Bereiten sich Ihre Kinder auf das spätere Leben vor, indem sie heute schon Aufgaben und Verantwortung übernehmen? Wenn Sie Ihren Kindern nicht helfen herauszufinden, welche Ziele für sie wichtig sind, dann bleiben sie ohne Schutz. Mit anderen Worten: Wenn Sie Ihren Kindern nicht dabei helfen, Zukunftspläne zu schmieden und darüber zu entscheiden, was wirklich wichtig im Leben ist, dann wird es jemand anders tun.

Von Fernsehberühmtheiten bis hin zu negativen Einflüssen in der Schule, es gibt genügend Leute, die Ihren Kindern eine Richtung angeben, auch wenn sie nicht mit der übereinstimmt, die Sie für die beste halten. Kinder mögen es, Ziele zu erreichen und sich in irgendeiner Aufgabe als tüchtig zu erweisen. Wenn Sie nicht dazu bereit sind, die Ziele und Vorlieben Ihrer Kinder kennenzulernen, könnte es sein, daß sie statt zu Mitspielern einer bekannten Band zu stadtbekannten Drogenabhängigen werden.

Wenn Sie Ihrem Kind Ziele stecken, sollten Sie in erster Linie seine wirklichen Fähigkeiten berücksichtigen und es nicht mit Wunschvorstellungen von dem, was es einmal werden soll, überfordern. So hat beispielsweise Sammys Vater die Wünsche seines Sohnes nicht mit einbezogen, als er für sein Leben die Ziele absteckte. Dadurch hat er seinen Sohn beinahe um den Verstand gebracht.

Wenn Ziele zur Last werden

Als Sammy in die Grundschule ging, war er größer als die meisten Jungen in seinem Alter und außerordentlich sportbegabt, haßte aber Wettkämpfe. Dieser Haß vertiefte sich, da sein Vater jeden Abend mit ihm in den Park ging, um mit ihm Football zu üben und seine Fähigkeiten auszubauen. Sammy war so begabt, daß sein Vater damit rechnete, er würde eines Tages Profi werden.

Er brachte es so weit – bis in eine psychiatrische Klinik. Bis dahin wurden ihm alle möglichen Ehrungen zuteil, und er erhielt ein Stipendium an einem bekannten College. Während seines vorletzten Studienjahres erlitt er jedoch einen Nervenzusammenbruch, weil er den Druck, den seine innere Aversion gegen den Leistungssport erzeugte, nicht mehr aushielt. Er hat nie wieder Football gespielt.

Übertriebene Erwartungen können ein Kind zum seelischen Krüppel machen. Darum sollten Sie alles daransetzen, Ihrem Kind zu helfen, realistische Ziele zu stecken, die es auch erreichen kann. So habe ich (Gary) es auch mit meinem Sohn Michael gemacht.

Durch die vielen Berufssportler motiviert, die er auf den von John und mir geleiteten Konferenzen kennengelernt hatte, entschloß Mike sich letztes Jahr, Football-Spieler zu werden. Im vergangenen Frühjahr, noch lange bevor er ein Probetraining absolvierte, ließ er mich auf verschiedene Weise wissen, daß er sich zum Ziel gesetzt hatte, in der ersten Mannschaft zu spielen.

So setzten wir uns eines Nachmittags fast vier Stunden lang zusammen und arbeiteten einen Fitneß- und Übungsplan aus, so wie ich es auch mit seinem Bruder Greg gemacht hatte. Dabei habe ich Mike einige Fragen gestellt, wie zum Beispiel: „Wie weit möchtest du es in der Mannschaft bringen?“ – „Was, meinst du, kannst du am besten? Laufen? Passen? Schießen?“ – „Wieviel Zeit bist du bereit, in die Entwicklung der Fertigkeiten zu investieren, in denen du stärker werden mußt? Eine halbe Stunde pro Tag? Eine Stunde pro Woche? Eine Stunde im Monat?“ – „Wie oft soll ich dich fragen, wie du mit deinen Lauf- oder Paßübungen vorankommst? Einmal die Woche? Einmal im Monat?“

Mike wollte im Verlauf des Frühjahrs und Sommers in verschiedenen Bereichen stärker werden. Somit hatte er ein Ziel, auf das er hinarbeiten konnte, und das gute Gefühl, nach einem Plan vorzugehen und nicht einfach ins Blaue hinein. Unser Plan enthielt Gymnastik- und Bewegungsübungen, die ihm helfen sollten, seine Kondition zu verbessern und seine Fähigkeiten im Passen und Laufen weiter auszubauen.

Das ist ein Beispiel dafür, wie ich ihm geholfen habe, seine Ziele zu konkretisieren. Dadurch, daß ich ein Ziel, das er sich selbst für sein Leben gesetzt hatte, aufgriff und mit ihm zusammen einen Plan ausarbeitete, wie er es erreichen konnte, sorgte ich dafür, daß er dieses Ziel nicht aus den Augen verlor. Dann half ich ihm bei der Auswertung seiner Fortschritte.

Nehmen Sie sich Zeit, die Aktivitäten Ihrer Kinder zu überprüfen!

Wenn Sie dies auf eine liebevolle Art machen, wird Ihr Kind sich bestätigt fühlen. Welcher Vater hat nie, wenn er sein Kind ins Schwimmbad mitgenommen hat, hundertmal die Worte „Guck mal!" zu hören bekommen, wenn das Kind vom Sprungbrett ins Wasser gesprungen ist? Seien Sie jedoch bei der Auswertung nicht zu kritisch, sonst werden Sie Ihr Kind entmutigen und ihm seine ganze Mühe verleiden. Wenn jedoch Ihr Kind weiß, daß Ihnen so viel an ihm gelegen ist, daß Sie bereit sind, auf liebevolle Weise schwere Fragen zu stellen, dann geht es mit der Gewißheit, von Ihnen geliebt zu werden, an die Aufgabe heran, und dies stärkt wiederum sein Selbstwertgefühl.

Mike und ich kamen überein, daß ich ihn außerhalb der regulären Spielzeit einmal die Woche fragen würde, wie weit er mit der Verwirklichung seiner Ziele vorangekommen sei. Wir entschieden uns auch gemeinsam für eine „Disziplinarstrafe", die ich ihm auferlegen sollte, wenn er seine Übungen vernachlässigte. Zuletzt faßten wir das Ergebnis unseres Gesprächs in einem kurzen Vertrag zusammen, den wir beide unterzeichneten[2]. Er wußte also im voraus, wann ich ihm über seine Leistung Fragen stellen würde, und war selbst daran beteiligt, eine Disziplinarstrafe für den Fall festzulegen, daß er seine Ziele nicht verwirklichte.

Norma und ich verfuhren ähnlich mit Kari hinsichtlich der Jungen, mit denen sie ausgeht, mit Greg im Blick auf den Beruf, den er eines Tages ergreifen möchte, und mit allen drei Kindern im Hinblick auf ihre geistlichen Ziele und Ambitionen.

Geben Sie Ihrem Kind keinerlei Richtlinien im Hinblick auf das, was es mit den Begabungen, die Gott ihm in die Wiege gelegt hat, erreichen sollte, so werden Sie ihm womöglich seine gesamte Zukunft verbauen. Unzählige Erwachsene beklagen sich in der Seelsorge darüber, daß ihre Eltern sich nie die Zeit nahmen, ihnen auf mindestens einem Gebiet zu wirklichem Erfolg zu verhelfen, und daß sie sich deshalb ständig entmutigt fühlen. Andere haben am eigenen Leib zu spüren bekommen, daß wirklich stimmt, was das alte Sprichwort sagt: „Müßiggang ist aller Laster Anfang."

Wenn Sie einen Schutzzaun um Ihr Kind errichten, vermitteln Sie ihm Erfolge, die es auch als Erwachsener nicht vergessen wird. Setzen Sie ihm liebevoll Grenzen, so haben Sie die Möglichkeit, auf positive Weise in sein Leben einzugreifen, und zwar dadurch, daß Sie ihm verantwortliches Handeln beibringen und ihm zeigen, welche Lebensziele wirklich wichtig sind.

Wer steht an den Toren Wache?

Zum Abschluß unserer Besprechung über die Art der Grenzen, mit denen wir unsere Kinder ehren und ihnen unsere Wertschätzung vermitteln können, möchten wir noch folgende Frage stellen: Wer steht Wache an den Toren der Zäune, die Ihre Kinder umgeben?

Sie sollten sich zum Ziel setzen, Ihren Kindern sowohl verantwortliches Handeln beizubringen als auch die Fähigkeit, selbst darüber zu entscheiden, welche Dinge für sie nützlich sind und welche lieber ferngehalten werden sollten. Aber für diejenigen unter unseren Lesern, die noch dabei sind, ihren Kindern zu zeigen, wie sie kluge Entscheidungen treffen können, möchten wir folgende Warnung aussprechen: Wenn Sie Ihren Kindern erlauben, selbst an den Toren ihres Lebens Wache zu stehen, laufen Sie Gefahr, chaotische Zustände herbeizuführen. Damit wollen wir auf keinen Fall Ihre Kinder schlechtmachen, sondern wir möchten einfach darauf hinweisen, was passiert, wenn Kinder in Eigenverantwortung Entscheidungen treffen, an denen auch ihre Eltern beteiligt sein sollten. Lassen Sie ein Kind vor den Toren des eigenen Lebens Wache stehen, dann wird es sich möglicherweise nur noch von einfachen Schnellgerichten ernähren oder sogar der Versuchung erliegen, Drogen zu nehmen.

Bei Kindern muß man immer damit rechnen, daß sie sich von ihren Emotionen oder gar von ihrer Gier beherrschen lassen. Diese Gefahr besteht so lange, wie sie sich noch nicht persönlich für ethische Maßstäbe entschieden haben, die mit dem Worte Gottes übereinstimmen. Wenn wir unsere Kinder genügend lieben, um ihnen schützende Grenzen zu setzen, geben wir ihnen „das Geschenk der Ehre". Lehren wir sie aber zusätzlich, die von Gott gesetzten Grenzen zu respektieren, so haben wir unser möglichstes getan, um ihr Selbstwertgefühl aufzubauen und zu beschützen.

Wir haben uns im vorliegenden Kapitel mehrere Möglichkeiten angesehen, das Selbstwertgefühl unserer Kinder zu stärken. Als nächstes wollen wir uns mit einem Aspekt der Ehre befassen, der über große Entfernungen und lange Zeitspannen hinweg wirksam sein kann: mit der positiven Bindung an die Familie.

Anmerkungen

[1] Vgl. Walter Bauer, Griechisch-deutsches Wörterbuch zu den Schriften des Neuen Testaments und der übrigen urchristlichen Literatur (Berlin: De Gruyter, 1971), Sp. 1617f.

[2] Weitere Informationen darüber, wie Sie mit Ihren Kindern Verträge abschließen können, bitten wir Garys Buch „Der Schlüssel zum Herzen unseres Kindes" (Kehl: Edition Trobisch, 1988) zu entnehmen. Siehe insbesondere Kap. 4: „Verträge bilden das Gegengewicht zur liebevollen Unterstützung" (S. 68ff.).

Kapitel 13

Eine positive Bindung an die Familie:

Erster Teil

Kinder verhalten sich unwahrscheinlich loyal. Das wurde mir (John) klar, als ich darüber nachdachte, wie mein Bruder und ich nach nur einem Tag in der Vorschule den Beschluß faßten, nie wieder hinzugehen.

Da es in unserer Familie drei Jungs, aber keine Mädchen gab, wurden die Kinderreime, die wir auswendig lernten, leicht abgewandelt. So brachte man uns bei, daß Knaben aus „Zucker, Gewürz und allerlei Lekkerbissen“ gemacht seien, Mädchen hingegen aus „Schnipseln, Schnekken und Hundeschwänzchen“. Zu Hause war das kein Problem, aber in der Vorschule gab es deswegen nicht geringe Schwierigkeiten.

Wie alle Kinder, die ältere Geschwister haben, hatten mein Zwillingsbruder und ich uns schon lange danach gesehnt, zur Schule gehen zu dürfen. Doch hatten wir uns an unserem ersten Tag in der Vorschule kaum hingesetzt, als die Lehrerin just den erwähnten Kinderreim vorzulesen begann. Als sie an die Stelle kam, wo es heißt, Knaben seien aus allerlei Ekelhaftem gemacht, meldeten wir uns sofort. Das sei ganz verkehrt – die Lehrerin müsse sich verlesen haben. Aber dann stellte sich heraus: Nicht die Lehrerin allein, sondern die ganze Klasse befand sich im Irrtum. Wir waren zutiefst empört und verließen nach dem Unterricht fluchtartig den Raum.

Wieder zu Hause angelangt, kündigten wir mit großer Entschlossenheit an: „Wir gehen nie wieder in die Schule.“ Wir stellten recht umständlich die Intelligenz sowohl der Lehrerin als auch jedes einzelnen Kindes an dieser „blöden Schule“ in Frage. Uns war es völlig gleichgültig, wie die ursprüngliche Version des Kinderreims gelautet haben mag. Wir blieben dem in unserer Familie gängigen Text treu. Wir kannten doch die richtige Version!

Inzwischen sind wir erwachsen und sehen ein, daß es recht kindisch war, so hartnäckig an dem festzuhalten, was uns zu Hause beigebracht worden war. Indessen: Viele Menschen werden nie erwachsen, zumindest nicht, was die Bindung an ihre Familie betrifft. Und das bringt Probleme mit sich. Häufig vererben sich gewisse Charaktereigenschaften und familientypische Umgangsformen wie selbstverständlich von einer Generation auf die andere. Nehmen wir als Beispiel Kinder, die zu Hause mißhandelt werden.

Menschen, die als Kinder schrecklich mißhandelt wurden, weisen als Erwachsene oftmals das gleiche Verhalten auf wie die eigenen Eltern. Aus einer wissenschaftlichen Studie geht hervor, daß über 90% aller Eltern, die ihre Kinder mißhandeln, in ihrer Kindheit selbst mißhandelt wurden.

Ganz gleich, ob es sich um etwas Niedliches handelt, wie das Abwandeln eines Kinderreims, oder um das furchtbare Trauma der Kindesmißhandlung, wir alle verspüren den starken inneren Drang, dem Vorbild unserer Eltern treu zu bleiben und Verhaltensmuster beizubehalten, die uns von der eigenen Familie her vertraut sind. Und genau das ist gemeint, wenn von einer „Bindung an die Familie“ die Rede ist. Es geht um all die positiven wie negativen Verhaltensmuster, Einstellungen und Reaktionen, die wir als Kinder bei unseren Eltern und Verwandten beobachtet und freiwillig oder aus Gewohnheit, bewußt oder unbewußt übernommen haben.

Unsichtbare Bindungen ans Licht gebracht

Eine Bindung an die Familie liegt dann vor, wenn wir aufgrund der Seile, die uns an die Vergangenheit binden, Verhaltensmuster übernehmen, die wir im Leben unserer Eltern oder anderer naher Verwandter beobachtet haben. Es geht also um Verhaltensweisen, die wir unseren Eltern abgeguckt haben, und nicht so sehr um das, was sie uns gelehrt haben.

Als Eltern müssen wir uns darüber im klaren sein, daß derartige Bindungen in jeder Familie auftreten. Sie sind unumgänglich. Wir können höchstens darüber bestimmen, ob sie sich in unserer eigenen Familie segensreich oder zerstörerisch auswirken.

Wir können dann von einer positiven Bindung sprechen, wenn das übernommene Denk- oder Verhaltensmuster das Kind zum Licht Gottes zurückführt, falls es einmal auf Abwege gerät. Eine Bindung dieser Art sorgt dafür, daß das Kind bis zuletzt mit seinen Eltern verbunden bleibt – auch dann, wenn es nichts zu erben gibt. Eine positive Bindung überdauert Streitereien und Gezänk unter Geschwistern und führt sie, wenn sie älter werden, aufgrund ihrer besonderen Beziehung wieder zusammen.

Negative Bindungen üben einen ebenso weitreichenden Einfluß aus, bestehen jedoch in schädlichen Verhaltensmustern. Sie werden dann sichtbar, wenn beispielsweise ein Sohn, der sich gelobt hat, niemals übermäßig zu trinken, Alkoholiker wird wie sein Vater; wenn eine Tochter zum vierten Mal verheiratet ist und sich genauso wie ihre Mutter von dem Grundsatz leiten läßt: „In schweren Zeiten suche man sich einen neuen Partner"; wenn ein Mann genauso wie sein Vater nie „über jeden Zweifel hinaus" überzeugt werden kann, daß es einen Gott gibt, dem er eines Tages Rechenschaft ablegen muß.

Bande der Loyalität erstrecken sich wie unsichtbare, außerordentlich reißfeste Fäden über riesige Entfernungen und lange Zeitspannen. Sie haben, wie aus den nächsten Kapiteln deutlich wird, sowohl ihre positiven als auch ihre Schattenseiten.

Wir möchten vier Möglichkeiten beschreiben, wie Sie das Leben Ihrer Kinder durch die Förderung einer positiven Bindung an die Familie bereichern können. Dabei gehen wir von der treuen Bundesliebe Gottes aus. Wenn wir verstehen, worin diese Liebe besteht, und unsere Erkenntnisse praktisch anwenden, werden wir unsere Kinder auf großartige Weise ehren.

Bande der Loyalität

Was genau ist mit dem Begriff Loyalität gemeint? Hört ein Amerikaner dieses Wort, so denkt er womöglich an seinen treuen Hund, an ein Ehepaar, das seine goldene Hochzeit feiert oder gar an die berittene kanadische Polizei. Ich (John) denke als erstes an meinen älteren Bruder Joe.

Joe ist ein vorbildlicher älterer Bruder. Er ist immer da, wenn man ihn braucht, und nimmt immer Anteil an dem, was einen gerade beschäftigt. Braucht man beim Umzug freiwillige Helfer, so kommt er morgens als erster an und geht abends als letzter wieder weg. Er ist immer bereit, einem zuzuhören oder einen Rat zu erteilen. Was am meisten zählt: Er ist immer für einen da.

Ich weiß ganz genau, wenn ich mitten in der Nacht in New York eine

Reifenpanne hätte und Joe zu Hause in San Diego anriefe, um ihn um seine Hilfe zu bitten, so würde er sich gleich ins nächste Flugzeug setzen, wenn er meinte, mir dadurch behilflich sein zu können. Das ist Joes Art. Er hat es im Lauf der Jahre durch seine Liebe, Hingabe und Beständigkeit immer wieder bewiesen.

In Joes Liebe zu seinen Brüdern spiegelt sich etwas von der Bundesliebe Gottes, die uns allen gilt. Wir haben als Gläubige die wunderbare Gewißheit, daß die Liebe Gottes uns niemals im Stich lassen wird, ganz gleich, was sonst geschehen mag. Joes Liebe veranschaulicht sozusagen im Kleinformat die dauerhafte Verpflichtung, die Gott seinen Kindern gegenüber eingegangen ist. C. S. Lewis drückte es einst folgendermaßen aus:

> *Es ist großartig, daran zu denken, daß trotz unserer wechselnden Gefühle die Liebe Gottes uns gegenüber immer gleich bleibt. Sie gerät weder durch unsere Sünden noch durch unsere Gleichgültigkeit ins Wanken, sondern sie beharrt hartnäckig darauf, daß wir von diesen Sünden geheilt werden, koste es, was es wolle.*

Gottes Selbstverpflichtung, uns zu lieben, kommt besonders deutlich in dem biblischen Begriff „Bundesliebe“ (hebr. chesed) zum Ausdruck. Dieses Wort wird meistens einfach mit „Liebe“ oder „Güte“ wiedergegeben, bezeichnet jedoch bleibende Bande der Treue oder Loyalität.

Mit dem wichtigen Wort „Bundesliebe“ hängen die beiden Zwillingsbegriffe Liebe und Loyalität aufs engste zusammen. Hier zeigt sich, daß die Liebe Gottes voll Güte und Erbarmen ist und daß sich an seine unabänderliche Selbstverpflichtung keine Bedingungen knüpfen. Wir wollen uns mit diesen beiden Aspekten der Liebe Gottes etwas näher befassen, damit wir eine klare Vorstellung davon bekommen, wie Bande der Loyalität entstehen.

Die wesentlichen Bestandteile von Gottes „Bundesliebe“

1. Bande der Loyalität entstehen durch Zärtlichkeit.

Es gibt ein wichtiges Prinzip, das sich wie ein roter Faden durch die ganze Bibel zieht. Folgende Verse machen es besonders deutlich:

Eine versöhnliche Antwort kühlt den Zorn ab,
ein verletzendes Wort heizt ihn an.

(Sprüche 15,1)

Mit Geduld und ruhigen Worten kann man den härtesten Widerstand brechen und sogar mächtige Leute umstimmen.

(Sprüche 25,15)

Eine ruhige oder sanfte Antwort kann einer hitzigen Debatte ein Ende setzen. Wer beharrlich, aber ruhig seine Bitten vorträgt, kann den Widerstand des gefühllosesten Herrschers brechen. Diese Verse zeigen uns, wie wir in der Familie vorgehen sollten.

Wenn wir unsere Kinder ehren und ihnen eine gesunde Bindung an die Familie vermitteln wollen, sind Sanftmut und Zärtlichkeit unerläßlich. An vielen Stellen der Bibel wird das Wort chesed (Bundesliebe) mit Zärtlichkeit, Erbarmen oder Güte wiedergegeben. Als Gott sich an sein Volk „band“, tat er es mit sanften Banden der Zuwendung und der Fürsorge. Das sollten wir uns unbedingt merken, denn Kinder, denen im Elternhaus Zärtlichkeit, Zuwendung und Fürsorge reichlich zuteil werden, erhalten eine Prägung fürs ganze Leben: Sie fühlen sich besonders wertvoll und behalten dieses Gefühl bis zuletzt bei.

Besitzen Sie vielleicht ein kostbares Familienerbstück, das Sie besonders sorgfältig aufbewahren? Die Eltern eines Jungen namens Jimmy besaßen sogar mehrere davon. Ihr ganzes Haus steckte voller Antiquitäten und Kunstwerke. Es gab kaum ein Zimmer, das ihr kräftiger junger Sohn betreten durfte.

Von geringerem Wert als eine Vase. Jimmy wurde von seinen Eltern immer wieder ausgescholten, weil er dieses oder jenes angefaßt habe. Aufgrund seiner Neugier – für einen Jungen in seinem Alter etwas völlig Normales – kam es zu einer regelrechten Machtprobe zwischen ihm und seinen Eltern. Um sicherzugehen, daß Jimmy nichts kaputtmachte, pflegten die Eltern ihn im Wohnzimmer mit einem Strick anzubinden.

Zuletzt schienen die kostbaren Schätze für Jimmy keine Versuchung mehr zu sein. Ob es an den ewigen Strafpredigten lag oder, was eher wahrscheinlich ist, an den vielen Schlägen, die er von seinen Eltern bekam, jedenfalls schien er sich damit abgefunden zu haben, daß das Haus voller Gegenstände war, um die er einen Bogen zu machen hatte.

Freilich, Jimmy wurde mit der Zeit immer verkrampfter und introvertierter, aber wenigstens hatte er vor dem kostbaren Besitz seiner Eltern die gehörige Achtung – bis eines Tages etwas Tragisches passierte.

Als Jimmy in die vierte Klasse ging, fuhren seine Eltern eines Nachmittags in die Stadt zum Einkaufen. Als sie zurückkamen, bot sich ihnen ein schockierender Anblick. Der kleine Jimmy war in sein Schlafzimmer gegangen und hatte seine neuen Cowboystiefel angezogen. Dann war er systematisch von Zimmer zu Zimmer gegangen und hatte jeden „kostbaren“ Gegenstand, den er in die Hände bekam, zertrümmert.

Jimmy wußte, daß es in der Wohnung Gegenstände gab, die seine Eltern für besonders wertvoll hielten. Und ihm war klar, daß er selbst nicht zu ihnen zählte. Jeden Tag riefen ihm zahlreiche Vasen und Gemälde mit spöttischer Stimme zu: „Wir sind wertvoller als du. Denn mit uns geht man zärtlicher um als mit dir.“ Dieser Erkenntnis wegen hatte es so lange in ihm gegärt, bis er eines Tages übergekocht war. Sein aggressives Verhalten war eine unmittelbare Folge davon. Obwohl er erst neun Jahre alt war, mußte sich Jimmy in eine, wie sich herausstellte, sechs Jahre dauernde psychiatrische Behandlung in zwei verschiedenen Krankenhäusern begeben, um mit seinen Problemen fertig zu werden – mit Problemen, die darauf zurückzuführen waren, daß seine Eltern ihm zu wenig Wert beimaßen.

Jedes Kind braucht die Gewißheit, daß seine Eltern es für einen kostbaren Schatz halten. Das ist einer der wesentlichen Punkte unserer Definition von Ehre. Eltern, die zärtlich mit ihren Kindern umgehen, erweisen ihnen wirkungsvoll Ehre.

Kostbare Schätze in der Familie. Das nächste Mal, wenn Sie sich über Ihre Kinder ärgern, sollten Sie sich vorstellen, sie seien kostbare antike Vasen. Hätten Sie in Ihrem Wohnzimmer eine Vase von unschätzbarem Wert, würden Sie sie vermutlich weder grob anfassen noch durchschütteln. Der Wert, den Sie der Vase beimessen, würde Sie zu einer zurückhaltenderen Verhaltensweise zwingen. Das sollte aber auch im Hinblick auf Ihre lebendigen Schätze geschehen.

Kann es sein, daß Sie soviel Zeit damit verbringen, gewisse Gegenstände zu polieren und zu pflegen oder mit ihnen zu spielen, daß bei Ihren Kindern der Eindruck entsteht, diese Gegenstände seien für Sie wertvoller als sie selbst? So kennen wir beispielsweise eine junge Frau, die überzeugt ist, daß ihrer Mutter mehr an ihrem Pudel liegt als an ihr selbst. Warum? Wegen der Veränderung im Gesichtsausdruck und im Tonfall der Mutter, die sich dem Pudel gegenüber zärtlich und liebevoll verhält, aber der Tochter gegenüber eine strenge, ausdruckslose Miene aufsetzt und ihrer Stimme einen kalten, mißbilligenden Klang verleiht.

Wie zärtlich gehen Sie mit Ihren Kindern um? Geht schon aus Ihrem Tonfall hervor, welchen Wert Sie ihnen beimessen? Umarmen Sie Ihre

Kinder? Sagen Sie ihnen, wie wichtig sie Ihnen sind? Gehen Sie verständnisvoll auf sie ein, wenn sie verletzt sind? Wären Sie bereit, Ihren Ehegatten oder einen guten Freund der Familie zu bitten, Ihre Fortschritte auf diesem Gebiet zu beurteilen?

Kinder erinnern sich besonders deutlich an Zärtlichkeit und Zuwendung. Leider können sie sich ebensogut an böse Worte und rücksichtsloses Verhalten erinnern. Insbesondere Familienväter müssen begreifen, wie schädlich böse Worte sich auswirken können. Verhaltensforscher sind zu dem Ergebnis gekommen, daß aggressive, aufbrausende Väter im Leben ihrer Kinder schlimme emotionale Wunden schlagen können.

Es bedarf weder einer ausgeklügelten Geburtstagsfeier noch eines Urlaubs in Übersee, um ein Kind zu überzeugen, daß es etwas Besonderes ist. Gilt es, sein Selbstwertgefühl aufzubauen, so kann schon eine liebevolle Umarmung oder ein sanfter Ton Wunder wirken.

Vollkommene Eltern gibt es nicht. Auch Ihnen wird dann und wann der Kragen platzen. Manchmal wird Ihnen bei der Bestrafung der Kinder die Strafe selbst wichtiger sein als das, was sie bezwecken soll. Gehen Sie jedoch in der Regel zärtlich mit Ihren Kindern um, so werden Sie ganz gewiß Bande der Loyalität schaffen und ihnen eine positive Bindung an die Familie vermitteln. Wir empfehlen insbesondere folgende Verhaltensregeln:

- Merken Sie, daß Sie den Kindern ein Unrecht zugefügt haben, dann geben Sie es in aller Demut zu! Ein solches Verhalten baut ihr Selbstwertgefühl ganz sicher auf.
- Nehmen Sie sich immer wieder die Zeit, ihnen die Hand zu drücken oder sie zu umarmen!
- Wenn die Kinder etwas falsch machen, achten Sie beim Zurechtweisen darauf, daß Sie nicht zu laut werden!
- Hören Sie genau zu, wenn Ihre Kinder etwas erzählen! Halten Sie ihnen keine Strafpredigten!
- Wenn Ihren Kindern etwas weh tut, weinen Sie mit ihnen mit!
- Schreiben Sie ihnen einen Brief und bringen Sie darin Ihre Liebe und Ihre Verpflichtung ihnen gegenüber zum Ausdruck!
- Beten Sie mit ihnen, wenn sie eine unangenehme Erfahrung gemacht haben oder ihnen etwas Schweres bevorsteht!

Zärtlichkeit im Umgang mit unseren Kindern bedeutet weder, daß wir sie in Watte packen, noch daß wir der Freizügigkeit zuviel Raum geben. Dann und wann werden wir sie streng bestrafen müssen; bei anderen

Gelegenheiten werden wir zulassen müssen, daß sie die Härte des Lebens am eigenen Leib zu spüren bekommen. Kinder fühlen sich jedoch beim Auszug aus dem Elternhaus nur dann wertvoll, wenn Sie in der Regel mit zärtlicher Fürsorglichkeit behandelt wurden. Dann behandeln sie andere mit der gleichen Wertschätzung, die ihnen selbst entgegengebracht wurde.

2. Bande der Loyalität entstehen da, wo ein Liebesbund geschlossen wird.

Haben Sie schon einmal im Fernsehen einen Dokumentarfilm über das Bergsteigen gesehen? Was bei solchen Filmen stets ins Auge fällt, ist das Seil, mit dem sich die Bergsteiger anleinen. Dieses Seil erweist sich manches Mal als geradezu lästig, doch machen die Beteiligten keinerlei Anstalten, sich seiner zu entledigen. Sie wissen: Sobald sie ausgleiten oder stürzen, verwandelt sich das Seil, das sie miteinander verbindet, in eine Rettungsleine.

Kinder benötigen eine ständige, von treuer Bundesliebe geprägte Verbindung mit ihren Eltern. Nur so fühlen sie sich sicher und bringen den Mut auf, selbständig zu werden. Die Gewißheit, im Notfall jederzeit auf eine Rettungsleine der Liebe zurückgreifen zu können, kann für sie entscheidend sein. Wie schafft man eine solche Rettungsleine? Dadurch, daß man sich im Verhältnis zu seinen Kindern am zweiten Aspekt der treuen Bundesliebe Gottes ein Beispiel nimmt.

Wir haben bereits festgestellt, daß Gott durch Zärtlichkeit Bande der Loyalität schafft. Der zweite Aspekt seines liebevollen Umgangs mit seinen Kindern hängt mit dem Bund zusammen, den er mit uns geschlossen hat. Das hebräische Wort für „Bund" bedeutete ursprünglich „binden", „zusammenbinden". Als Gott seinen Kindern mitteilen wollte, wie sehr er sie schätzte, band er sich an sie durch einen Vertrag oder Bund. „So sollst du nun wissen, daß der Herr, dein Gott, allein Gott ist, der treue Gott, der den Bund und die Barmherzigkeit bis ins tausendste Glied hält" (5. Mose 7,9).

Aus der Gewißheit, daß wir auch dann, wenn wir straucheln oder fallen, eine liebevolle Verbindung mit unserem himmlischen Vater haben, resultiert Geborgenheit – eine überaus wertvolle Gabe. Und es ist beinahe ebenso wichtig, die gleiche Geborgenheit im Blick auf die Liebe unserer Eltern zu empfinden. Die Gewißheit, für immer mit unseren Eltern verbunden zu sein, befreit uns sowohl von der ständigen Last, beweisen zu müssen, daß wir annehmbar sind, als auch von der Angst, nicht annehmbar zu sein.

Bergsteigen ohne Rettungsleine. Während einer aufschlußreichen Studie untersuchten amerikanische Psychologen die Auswirkungen des elterlichen Verhaltens auf eine Anzahl leitender Angestellter beiderlei Geschlechts. Diese wurden in zwei Gruppen geteilt und später miteinander verglichen.

Die erste Gruppe bestand aus Männern und Frauen des Typs A. Es handelte sich durchweg um Personen, die ständig unter Zeitdruck standen, in jedem gleichrangigen Mitarbeiter einen Konkurrenten witterten und fest entschlossen waren, sich einen möglichst großen Besitz zu erwerben. Sie alle wiesen sehr starke Aggressionen auf.

Die zweite Gruppe bestand aus Personen des Typs B, Menschen von genau entgegengesetztem Charakter. Sie alle legten großen Wert auf Freizeit und Entspannung, waren mit ihrem persönlichen, beruflichen und finanziellen Stand mehr oder weniger zufrieden und wiesen kaum Aggressionen oder Grollgefühle auf.

Die Studie brachte zwei sonnenklare Ergebnisse. Das erste: Männer und Frauen des Typs A litten an einem völligen Mangel an innerer Geborgenheit. Auch wenn sie im Beruf wie auf persönlicher Ebene weit mehr erreichten als Menschen des Typs B, waren sie zutiefst von der Angst durchdrungen, das Erreichte wieder zu verlieren.

Worauf war diese Angst zurückzuführen? Das zweite wichtige Ergebnis der Studie besagte, daß Männer und Frauen des Typs A nur selten bezeugten, ihre Eltern hätten sie bedingungslos angenommen oder ihnen ein gesundes Selbstwertgefühl vermittelt.

Der Zusammenhang ist nicht zu übersehen. Wer sich gezwungen sieht, ohne die Rettungsleine unbedingten Angenommenseins die Gipfel des Lebens zu ersteigen, der wird es mit immer größeren Problemen zu tun bekommen. Viele richten ihren Blick, sobald sie den einen Gipfel erreicht haben, auf den nächsten, höheren und nehmen sich sogleich vor, auch diesen zu bezwingen. Und falls sie dabei nicht unter emotionalem Ausgebranntsein leiden, so ist die Wahrscheinlichkeit viermal größer als bei Menschen des Typs B, daß sie wegen einer Erkrankung der Herzkranzgefäße physisch zusammenbrechen.

Vor kurzem wurde in den Abendnachrichten eines amerikanischen Fernsehsenders die weltweit erfolgreichste Triathlonkämpferin interviewt. Als man sie fragte, was sie dazu bringe, mehrere Kilometer weit zu schwimmen, an einem Fahrradrennen von bis zu 160 km teilzunehmen und anschließend – ohne Pause! – einen Marathonlauf von 42 km abzulegen, gewährte ihre Antwort tiefen Einblick in ihr Inneres: „Ich gehöre zu den Menschen, die nicht mit dem Gefühl aufgewachsen sind, besonders wertvoll zu sein. Es fällt mir nicht leicht, mich aufzumachen und einen Wettkampf zu gewinnen, aber hinterher komme ich mir – eine Zeitlang zumindest – wertvoller vor."

Heute gibt es immer mehr Erwachsene, die sich in der Kampfbahn des Lebens ebenso angestrengt bemühen, ein „perfektes" Kind großzuziehen, eine bessere Stelle zu bekommen, einen Verlag für ihr neues Buch zu finden oder sich eine ganz bestimmte Automarke zu leisten. Den meisten fehlt das zweite Element der „Bundesliebe": das beruhigende Gefühl, in der Liebe eines besonderen Menschen geborgen zu sein. Dieser besondere Mensch sollte ihr Vater oder ihre Mutter sein.

Wenn Kinder wissen, daß ihre Eltern sich auf Dauer ihren Interessen verpflichtet haben, fühlen sie sich unglaublich geborgen. Gleiten sie im Leben einmal aus und stürzen, so ist ihnen das Vorhandensein einer Rettungsleine der Bundesliebe, die den Sturz abbremst und mit der sie wieder hinaufgezogen werden können, mehr wert als alles Gold oder Silber.

Sie können schon heute damit anfangen, Ihren Kindern Geborgenheit zu vermitteln. Dabei werden sich folgende Tips sicherlich als nützlich erweisen:

- Nehmen Sie sich jeden Abend ein paar Minuten Zeit, um Ihre Kinder zu fragen, wie es ihnen tagsüber ergangen ist! (Mädchen sind meist mitteilsamer als Jungen, doch sollten Sie beide gleichermaßen ansprechen.)
- Besuchen Sie alle Sportveranstaltungen, Konzerte und offenen Abende, die Ihre Kinder mitgestalten oder an denen sie teilnehmen!
- Verhalten Sie sich in Anwesenheit Ihrer Kinder stets liebevoll Ihrem Ehepartner gegenüber!
- Zählen Sie schriftlich oder auf einer Kassette zehn Gründe auf, weshalb Sie auf jedes Ihrer Kinder stolz sind, und teilen Sie den Kindern bei einer besonderen Familienzusammenkunft Ihre Überlegungen mit!
- Loben Sie die Kinder für Ihre Bemühungen – auch dann, wenn sie einmal ein Spiel verlieren oder bei einer Prüfung eine schlechte Note bekommen!
- Überreichen Sie ihnen eine Wandtafel mit einem kurzen Text, in dem Sie Ihre lebenslange Verbundenheit mit Ihrem Ehepartner und Ihren Kindern zum Ausdruck bringen!

Liebe und Güte hinterlassen positive Erinnerungen

Wenn Kinder auf diese Weise „angeleint“ werden, wissen sie intuitiv, daß sie im Falle eines „Sturzes“ sicher sind. Deshalb sind sie bereit, sich neuen Herausforderungen zu stellen und neue Beziehungen einzugehen. Sollen Kinder nach dem Verlassen des Elternhauses seelisch gesund bleiben, so brauchen sie die innere Ruhe, die ihnen nur die bedingungslose Liebe ihrer Eltern vermitteln kann.

Wie stark ist der Eindruck, den liebevolle Taten, an denen die Bundesliebe Gottes sichtbar wird, auf Kinder hinterlassen? Auch scheinbar unbedeutende Taten können, wenn sie Zärtlichkeit und Güte widerspiegeln, das Selbstwertgefühl der Betroffenen stärken. Das erfuhr General Dwight Eisenhower, Oberbefehlshaber der alliierten Streitkräfte, auf den vom Krieg verwüsteten Straßen Londons.

Während des Zweiten Weltkriegs wurde London von der deutschen Luftwaffe schwer bombardiert. Die Sirenen heulten fast täglich, während der nächtliche Himmel mit Scheinwerfern nach deutschen Bombern abgesucht wurde. Ehe diese zu ihren Stützpunkten in Frankreich zurückkehrten, waren jedesmal Dutzende von Engländern – Männer, Frauen und Kinder – tot, verletzt oder obdachlos geworden. Auch Monate nachdem die Luftangriffe eingestellt worden waren, stromerten immer noch viele Waisenkinder durch die Straßen.

In der Zeit, als Eisenhower dabei war, die alliierte Invasion Frankreichs vorzubereiten, entschloß er sich eines Tages, zu Fuß ins Hauptquartier zu gehen, anstatt sich wie sonst chauffieren zu lassen. Unterwegs kam er an einer Bäckerei vorbei, wo zwei schlechtgekleidete Knaben sich am Schaufenster die Nase plattdrückten. Vor der Tür duftete es herrlich nach frischem Brot und Gebäck. Der General erkannte sofort, was die Aufmerksamkeit der beiden Jungen auf sich gezogen hatte: Hier gab es mit Schokolade überzogene Krapfen zu kaufen.

Während einige Stabsmitglieder voller Skepsis zusahen, wies der General seinen Burschen an, zwölf Krapfen zu kaufen. Dann bückte er sich und legte den Jungen sanft je einen Beutel mit sechs Krapfen in die Hände. Wen wundert's, daß sie mit ungläubiger Miene zu ihm aufblickten! Schließlich fragte einer der beiden Jungen mit stockender Stimme: „Mister, sind Sie etwa Gott?“

Auch der Herr Jesus weiß, daß Zärtlichkeit und Güte im Herzen seiner Lieben einen dauerhaften Eindruck hinterlassen. Deshalb wird er jeden belohnen, der einem anderen in seinem Namen auch nur eine Tasse Wasser reicht (Matthäus 10,42). Deshalb sind die Psalmen voller Lob für einen Gott, der barmherzig ist und uns die Sünden vergibt. Und deshalb berichten die Evangelien von dem Erlöser, der uns so sehr liebte, daß er für uns ans Kreuz ging, als wir noch Sünder waren (Römer 5,6ff.).

Kapitel 14

Eine positive Bindung an die Familie:

Zweiter Teil

Wir haben uns im vorigen Kapitel mit zwei Möglichkeiten befaßt, Kindern eine positive Bindung an die Familie zu vermitteln. Dabei wurde deutlich: Die auf diese Weise geknüpften Bande bieten Kindern einen sicheren Halt. Sie fungieren sozusagen als Rettungsleine, und die Kinder wissen, daß sie sich darauf verlassen können. Im vorliegenden Kapitel beschäftigen wir uns mit zwei weiteren Möglichkeiten, Bande der Loyalität entstehen zu lassen. Auch sie helfen uns, unsere Kinder zu ehren und ihr Selbstwertgefühl aufzubauen.

3. Bande der Loyalität entstehen da, wo Kinder die Freiheit haben, kritische Fragen an ihre Eltern zu richten.

In einer gesunden Familie wird den Kindern erlaubt, den Eltern kritische Fragen zu stellen. Das paßt manchen Eltern nicht ins Konzept, denn ihre Lieblingsantwort lautet: „Weil ich es dir gesagt habe, darum!" Und dennoch: Durch das konstruktive Austragen von Meinungsverschiedenheiten wird Kindern Selbstvertrauen, Redegewandtheit, Selbständigkeit und nicht zuletzt mehr Achtung vor den Eltern vermittelt.

Im Zuge einer von Psychologen durchgeführten Studie wurde eine Anzahl Jungen und Mädchen im Grundschulalter gebeten, folgenden Satz zu bejahen oder zu verneinen: „Kinder sollten die Meinung ihrer Eltern niemals in Frage stellen." Von den Schülern, bei denen im Lichte des Gesamtergebnisses ein hohes Selbstwertgefühl anzunehmen war, war nur jeder sechste mit der Aussage einverstanden. Aber 90 Prozent von denen, die sich eher wertlos vorkamen, stimmten dem Satz zu.

Der Familienexperte S. A. Coopersmith schreibt:

Beachtenswert an der gesunden Familie ist der hohe Grad von Aktivität, den jedes einzelne Familienmitglied aufweist, zudem der feste Wille der Eltern im Umgang mit ihren meist selbständigen, selbstbewußten Kindern, die strenge Durchsetzung verhältnismäßig strikter Forderungen sowie die Möglichkeit, Meinungsverschiedenheiten offen zu erörtern.
Zum Gesamtbild gehören also feste Überzeugungen, häufige und möglicherweise heftige Auseinandersetzungen und Eltern, die sowohl die Fähigkeit als auch die Bereitschaft mitbringen, eine Leiterschaftsrolle zu übernehmen, und die ihre Kinder weder ungezogen noch unhöflich mit sich umspringen lassen.

Als ich (Gary) diese Beschreibung zum erstenmal durchlas, konnte ich mich der Vorstellung nicht erwehren, Coopersmith habe bei mir zu Hause vor der Tür gelauscht, während wir als Familie um den Abendbrottisch versammelt waren. Wir haben unseren Kindern von klein auf die Freiheit eingeräumt, uns sehr direkte Fragen zu stellen, und sie machen des öfteren von dieser Freiheit Gebrauch. So hat sich Mike erst vor einigen Tagen über eine von mir getroffene Entscheidung beschwert. Lassen Sie mich ausführlicher davon erzählen.

In den Wintermonaten, während die meisten Amerikaner vor Kälte zittern, gibt es bei uns in Arizona sonniges, warmes, beinahe ideales Wetter. Wen wundert's, daß wir zu dieser Jahreszeit sehr viel Besuch bekommen! Es reisen allerhand Verwandte und Freunde an, um sich gemeinsam mit uns an dem herrlichen Wetter zu erfreuen.

Kürzlich teilte uns eine alte Bekannte mit, daß sie uns für ein paar Wochen besuchen wolle. Eines Abends unterhielten wir uns beim Essen darüber, und ich sagte: „Ich denke, Nancy sollte in deinem Zimmer schlafen, Mike. Du kannst so lange im Wohnzimmer auf der Couch schlafen." Ich hielt das für eine hervorragende Lösung und hatte eigentlich nicht vor, mich auf lange Diskussionen einzulassen. Aber dann fiel mir auf, daß Mike still geworden war und seinen Teller anstarrte.

„Was ist?" fragte ich.

Mike sah mich an und sagte: „Vati, schon die letzten drei Besucher haben bei mir im Zimmer geschlafen und nicht etwa bei Greg oder Kari. Warum muß immer ich mein Zimmer hergeben? Weil ich der Jüngste bin vielleicht?"

Ich hätte eine von mehreren typischen elterlichen Reaktionen zeigen können:

Dein Egoismus ist schier unglaublich, Mike! Möchtest du etwa, daß ich Nancy anrufe und ihr sage, daß du sie nicht ausstehen kannst und sie deshalb auf der Couch schlafen lassen willst?

oder:

Du bist kein Rechtsanwalt, junger Mann, und ich lasse mich nicht im eigenen Hause ins Kreuzverhör nehmen. Entweder du schläfst auf der Couch oder in der Garage!

Zum Glück ließ ich mich nicht zu einer solchen Reaktion hinreißen. Norma und ich haben die Kinder von klein auf ermutigt, kritische Fragen zu stellen. Darum war es selbstverständlich, daß wir uns jetzt als Familie die Zeit nahmen, miteinander darüber zu reden, wie wir Nancy unterbringen wollten.

Ich hätte Mike eine Standpauke halten und ihn mit ein paar wohlüberlegten Worten zum Gehorsam auffordern können. Damit hätte ich jedoch nur bewirkt, daß er mir gegenüber sein Herz verschloß[1].

Statt dessen habe ich seine Frage durchaus ernstgenommen, mit dem Ergebnis, daß wir als Familie enger zusammengewachsen sind – und daß wir alle abwechselnd auf der Couch schliefen.

Aus irgendeinem Grunde empfinden wir kritische Fragen als bedrohlich, besonders wenn die eigenen Kinder sie stellen. Vielleicht kommt das daher, daß Fragen dieser Art unsere Fehlbarkeit bloßstellen und deutlich machen, daß wir mit unseren Entscheidungen nicht immer richtigliegen. Und doch: Je besser eine Beziehung ist, desto größer wird die Bereitschaft beider Seiten sein, schwierige Fragen zu stellen und zu beantworten.

Das beobachten wir häufig in der Eheberatung. Wie viele Eheleute haben durch bittere Erfahrung gelernt, daß es Themen gibt, die sie nicht ansprechen, und Fragen, die sie nicht stellen dürfen. Andere stoßen bei ihrem Partner auf eisige Ablehnung, wenn sie nur die verbotene Frage stellen: „Warum?“

Fühlen Sie sich sicher genug, um Ihren Kindern kritische Fragen zu erlauben, so tragen Sie in außerordentlichem Maße dazu bei, ihr Selbstwertgefühl zu stärken. Gestatten Sie Ihren Kindern jedoch niemals, Ihre Entscheidungen in Frage zu stellen, dann zwingen Sie sie, ihre wahren

Gefühle vor Ihnen zu verbergen. Unter diesen Umständen werden die meisten Kinder mit der Zeit entweder aggressiv und stellen alles, was ihre Eltern sagen, in Frage oder sie versuchen andauernd, die Eltern zu manipulieren. Einigen Kindern werden auf diese Weise emotionale Fesseln angelegt, so daß sie es nicht wagen, irgendeinen Ausspruch ihrer Eltern zu hinterfragen oder zu berichtigen, und sei er noch so unbiblisch oder falsch.

An dieser Stelle möchten wir noch einmal unterstreichen, worum es uns hier geht. Wir sagen nicht, daß Eltern das Gejammer ihrer Kinder über die Aufgaben hinnehmen sollen, die sie im Haushalt zu verrichten haben („Aber Mama, ich hab doch letzte Woche schon einmal den Papierkorb geleert!"). Wir sagen auch nicht, daß über ethische Fragen diskutiert werden soll, die Gott bereits in seinem Wort entschieden hat. Jede Familie braucht Normen und Regeln, an denen nicht gerüttelt werden darf.

In einigen Familien tun die Eltern jedoch so, als würden sie die Zehn Gebote außer Kraft setzen, wenn sie ihren Kindern erlaubten, kritische Fragen zu stellen. „Dies ist mein Haus, und in meiner Familie hat es so zu sein, und damit basta!" Es dürfen keine Fragen gestellt werden – und es werden keine Fragen beantwortet. Das ist bedauerlich, um nicht zu sagen unbiblisch. Jemand sagte einst im Scherz über seinen Vater: „Er mag zwar nicht immer recht gehabt haben, doch hatte er niemals unrecht!"

Unser himmlischer Vater hat seinen Kindern schon immer das Recht eingeräumt, schwierige Fragen zu stellen, und er scheut sich nicht, sie gelegentlich auch selbst zu stellen. So richtete er einige recht heikle Fragen an Adam und Eva im Garten Eden und später auch an Kain (1. Mose 3,9ff.; 4,6ff.). Gott flößt uns gerade deshalb so viel Achtung ein, weil er sich seiner Identität vollkommen sicher ist und es uns deshalb erlauben kann, uns mit unseren schwierigen Fragen an ihn zu wenden.

Hören Sie doch einmal auf die ergreifenden Worte des Psalmisten:

Gott, hast du uns für immer verstoßen?
Warum wütet dein Zorn so furchtbar gegen uns?
Wir sind doch deine Herde, und du bist unser Hirt!
...
Gott, wie lange darf der Feind dich verhöhnen?
Hört das nie auf, daß er deinen Namen beschimpft?
Warum siehst du so untätig zu?
Wann greifst du endlich ein?

(Psalm 74,1.10f.)

Der Herr Jesus hat einmal eine ähnliche Frage gestellt: „Mein Gott, mein Gott, warum hast du mich verlassen?" (Matthäus 27,46).

Sie bauen das Selbstwertgefühl Ihrer Kinder in dem Maße auf, wie Sie ihnen die Freiheit einräumen, Ihnen gegenüber offen und ehrlich zu sein. Wenn Sie jedoch auf legitime Fragen nichts als stereotype Antworten bieten – „Weil ich es gesagt habe, darum!" –, verweigern Sie Ihren Kindern nicht nur eine angemessene Antwort, sondern lösen eine oder mehrere der folgenden negativen Reaktionen aus:

a) Das Kind bekommt das Gefühl, es hätte eine dumme Frage gestellt.

b) Es wird auf Sie böse, weil Sie sich geweigert haben, ihm Ihre Gründe mitzuteilen.

c) Es kommt zu dem Schluß, daß Sie so sehr von „wichtigen" Dingen in Anspruch genommen sind, daß Sie keine Zeit haben, einem „unwichtigen" Kind etwas zu erklären.

Je niedriger das Selbstwertgefühl eines Elternteils, desto mehr machen ihm die Fragen seiner Kinder zu schaffen. Hat ein Elternteil ein niedriges Selbstwertgefühl, dann ist er normalerweise bestrebt, seine eigenen Fähigkeiten unter Beweis zu stellen. Er hat zuviel Angst, sich peinliche Blößen zu geben, als daß er auf die heiklen Fragen eingehen könnte, die ein Kind im Grundschulalter stellt, wenn es abends nicht länger aufbleiben darf, oder einem heranwachsenden Mädchen das sagt, was es über Sexualität wissen will.

Versuchen Sie nicht, Ihre Kinder dadurch an die Familie zu binden, daß Sie sie anschreien, denn das hat keinen Zweck. Sorgen Sie lieber dafür, daß Ihre Kinder sich geborgen fühlen, indem Sie ihnen erlauben, legitime Fragen zu stellen. Sind Ihre Kinder wertvoll genug, um geehrt zu werden, dann sollten sie auch die Gelegenheit erhalten, kritische Fragen zu stellen.

Zwei Schritte rückwärts – ein großer Schritt nach vorn

4. Bande der Loyalität entstehen da, wo wir unsere Bindung an die eigene Familie verstehen.

Die vierte Möglichkeit, Kinder in gesunder Weise an die Familie zu binden, besteht darin, über die Bande der Loyalität nachzudenken, die uns noch immer an die eigenen Eltern binden. Begreiflicherweise fällt uns das nicht immer leicht.

Einige unter uns gleichen dem Kaiser in seinen unsichtbaren neuen

Kleidern. Wir wollen anderen weismachen, weder unsere Eltern noch unsere Vergangenheit hätten irgendwelche Spuren in unserem Leben hinterlassen, doch springen die nackten Tatsachen jedem, der uns etwas näher kennt, sofort ins Auge.

Da ist beispielsweise ein Mann namens Bill. Er wuchs zusammen mit seiner Schwester bei der alleinerziehenden Mutter auf. Und wiewohl es eine sehr liebevolle Familie war, geschah einmal im Monat etwas, was Bills ganzes Leben negativ beeinflußt hat: Es mußten fällige Rechnungen bezahlt werden. Wie in vielen Familien mit nur einem Elternteil herrschte auch in Bills Familie Geldnot. Jeden Monat, wenn seine Mutter sich hinsetzte, um die Rechnungen zu begleichen, senkte sich auf die ganze Familie eine dunkle Wolke herab. Ganz gleich, ob die Ursache dafür die „blöde Stromrechnung" oder das „verflixte Kundenkreditkonto" war, jedenfalls wußten die Kinder, daß es zwei Tage lang das beste war, sich bei Freunden aufzuhalten und ihrer Mutter möglichst aus dem Weg zu gehen.

Bill ist inzwischen erwachsen und verheiratet. Aber es gibt auch in seiner jetzigen Familie ein großes Problem. Haben Sie schon erraten, welches? Sie haben natürlich recht – es hängt mit dem Bezahlen von Rechnungen zusammen. Obwohl Bill sehr gut verdient und recht sparsam lebt, macht er gegen Ende des Monats stets ein saures Gesicht und verdirbt so die Stimmung der ganzen Familie.

Damit wollen wir allerdings nicht sagen, daß wir lauter negative Bindungen in unsere späteren Beziehungen einbringen. So kennen wir beispielsweise eine junge Frau namens Sarah, die dem positiven Vorbild ihrer Eltern treugeblieben ist. Sie wuchs in einer Familie auf, in der Missionare, die auf Heimaturlaub waren, sowie notleidende Menschen stets willkommen waren. Als Kind erlebte sie mehrmals, wie ihre Eltern ein junges Mädchen aufnahmen, das außerhalb der Ehe schwanger geworden war, und es bis zur Entbindung liebevoll betreuten.

Sarah ist heute eine wunderbare junge Frau, die sich mit großer Sensibilität um andere Menschen kümmert. Die Bereitschaft, ihre persönlichen Wünsche und Bedürfnisse zurückzustellen, um anderen zu helfen, wurde ihr während der Kindheit zur zweiten Natur, und sie hat diesen positiven Charakterzug in der Ehe beibehalten.

Jeder, der heiratet, ist in gewisser Weise aufgrund der eigenen Vergangenheit „vorbelastet". Natürlich wirkt sich das auch auf unser Verhalten als Eltern aus. Sie werden als Ehemann oder Ehefrau, als Vater oder Mutter nur dann erfolgreich sein, wenn Sie sich die Zeit nehmen, diese starken Bindungen ans Licht zu bringen.

Ich (John) bewarb mich vor einigen Jahren bei einer lebendigen, wachsenden Kirchengemeinde um eine Stelle als Hilfspastor und wurde zu einem Vorstellungsgespräch eingeladen. Bei Vorstellungsgesprächen zeigen sich meist alle Beteiligten von der besten Seite, und ich war mir deshalb nicht sicher, ob ich wirklich Aufschluß über das Gemeindeleben erhalten oder ob man mir nicht eher ein unrealistisches Bild vermitteln würde. Meine Bedenken wurden jedoch gleich bei meiner ersten Zusammenkunft mit dem zuständigen Ausschuß und dem Pastor, der mein Vorgesetzter werden sollte, zerstreut. Der Pastor machte nämlich von sich aus folgende Bemerkung: „Wie jede Kirchengemeinde haben auch wir unsere ‚Problemkinder'. Am besten sprechen wir ganz offen darüber."

Auch in unseren Familien sollten wir ganz offen über die Bindungen sprechen, die uns aus der Vergangenheit erwachsen, gleich, ob sie positiver oder negativer Art sind. Wenn wir frei sein wollen, um unseren Kindern ein gesundes Selbstwertgefühl zu vermitteln, müssen wir uns unbedingt über die Einflüsse im klaren sein, die auf unser Verhalten einwirken.

Ehe Sie weiterlesen, sollten Sie sich die Zeit nehmen, folgende Fragen zu beantworten. Dadurch können Sie „Bande der Loyalität" erkennen, die in Ihrem eigenen Leben entstanden sind.

1. a) Welches Verhältnis hatten Ihre Eltern zum Geld?
   b) Wie gehen Sie selbst mit Geld um?
2. a) Welchen Stellenwert hatten geistliche Dinge in Ihrem Elternhaus?
   b) Wie steht es heute um Ihr geistliches Leben?
3. a) Welchen Beruf übte Ihr Vater bzw. Ihre Mutter aus?
   b) Welchem Beruf gehen Sie heute nach?
4. a) Wie wurden Sie als Kind bestraft?
   b) Wie bestrafen Sie Ihre Kinder?
5. a) Waren Ihre Eltern besonders gastfreundlich?
   b) Würden Sie sich selbst als gastfrei einstufen?
6. a) Hat man es in Ihrem Elternhaus verstanden, positive Gefühle in Worte zu kleiden und einander zu umarmen?
   b) Wie drücken Sie heute Ihre Liebe zu Ihrem Ehepartner und Ihren Kindern aus?
7. a) Welche Rolle spielte der Zorn in Ihrem Elternhaus?
   b) Wie werden Sie heute damit fertig, wenn Sie auf Ihren Ehepartner oder Ihre Kinder böse sind?
8. a) Hat man in Ihrem Elternhaus großen Wert auf Ehrlichkeit und Aufrichtigkeit gelegt?
   b) Sind Sie heute vor sich und anderen ehrlich?

9. a) In welches Extrem sind Ihre Eltern manchmal gefallen?
   b) Zeigt sich heute bei Ihnen irgendein extremes Verhalten?
10. a) Wie oft sind Sie während Ihrer Kindheit umgezogen?
   b) Wie oft sind Sie mit Ihrer jetzigen Familie umgezogen?

Wir können Gott in vielen Fällen für die Verhaltensweisen danken, die wir aus unserer Vergangenheit übernommen haben. Fällt uns jedoch auf, daß bestimmte „emotionale Gewitterwolken" nur deshalb entstehen, weil es „in unserer Familie schon immer so geregnet hat", dann tun wir sowohl uns selbst als auch unseren Kindern einen großen Gefallen, wenn wir uns aufrichtig mit unseren familientypischen Verhaltensweisen auseinandersetzen.

Salomo schrieb: „Die Weisheit des Klugen gibt ihm Einsicht in seinen Weg, aber die Dummheit der Toren führt zu Täuschung" (Sprüche 14,8; Einheitsübers.). Es ist auf jeden Fall klug, darüber nachzudenken, wie sich aus unserer Kindheit herrührende „Bande der Loyalität" auf unser Leben auswirken, denn wir werden in der Folge möglicherweise offener sein für das Wirken des Geistes Gottes und so das Selbstwertgefühl unserer Kinder eher stärken können.

Wir haben uns mit vier Möglichkeiten befaßt, unseren Kindern eine gesunde Bindung an die Familie zu vermitteln. Wenn wir uns daran halten, werden uns unsere Kinder lebenslang lieben und sich auch nach unserem Hinscheiden sicher und geborgen fühlen.

Nutzen wir diese Möglichkeiten aus, so fördern wir in außerordentlichem Maße die Verbundenheit unserer Kinder mit ihrer Familie. Andererseits laufen Eltern, die sich passiv oder abwartend verhalten, Gefahr, in ihren Kindern eine Neigung zur dunklen Seite der Familienbindung zu bewirken. Die ist so kalt und leblos wie die Schattenseite des Mondes, geprägt von Entehrung und einem niedrigen Selbstwertgefühl. Aus diesem Grunde wollen wir uns jetzt mit fünf verschiedenen Familientypen näher befassen, in denen Entehrung und ein niedriges Selbstwertgefühl den Ton angeben.

Anmerkung

[1] Siehe hierzu: Gary Smalley, „Wie man den Hauptzerstörer der Familie überwinden kann" in: Der Schlüssel zum Herzen unseres Kindes (Kehl: Edition Trobisch, 1988) S. 10ff.

Kapitel 15

Die dunkle Seite der Bindung an die Familie:

Erster Teil

Es wäre wundervoll, wenn jedes Kind in einer Familie aufwachsen könnte, in der positive „Bande der Loyalität" und die treue Bundesliebe Gottes reichlich vorhanden wären. Leider ist das nicht immer der Fall. So ungern wir es uns eingestehen, die Bindung an die Familie hat auch ihre Schattenseiten.

In den letzten beiden Kapiteln haben wir uns mit Maßnahmen befaßt, die Eltern ergreifen können, um positive Gewohnheiten und Charaktereigenschaften zu fördern, die ihren Kindern im Lauf der Zeit in Fleisch und Blut übergehen werden. Negative Bindungen entstehen im Grunde auf die gleiche Weise. Dank ihres ausgeprägten Wahrnehmungsvermögens gucken Kinder ihren Eltern ebensoschnell negative Verhaltensweisen ab wie positive. Einige dieser Bindungen können ihre Fähigkeit hemmen, ein gesundes Selbstbild zu entwickeln, ihnen die Freude rauben und sie an aus der Vergangenheit herrührende, entehrende Verhaltensmuster fesseln. Sofern sie nicht aufgedeckt und ausgeräumt werden, tauchen diese schädlichen Verhaltensmuster immer wieder auf, da sie sich über Generationen hinweg von den Eltern auf die Kinder vererben.

Klingt das womöglich überspitzt? Es ist trotzdem wahr. „Ich, der Herr, dein Gott, bin ein eifernder Gott, der die Missetat der Väter heimsucht bis ins dritte und vierte Glied an den Kindern derer, die mich hassen" (2. Mose 20,5; Lutherübers.). Der Tod Jesu am Kreuz hat uns Christen von dem negativen Anspruch dieses Verses befreit; Gott gibt uns die Freiheit, uns für Verhaltensmuster zu entscheiden, die zum Leben führen. Dennoch erfahren viele Menschen nie die Befreiung von früherem

Unrecht. Statt dessen halten sie von einer Generation zur anderen mit unwahrscheinlicher Zähigkeit an negativen Verhaltensmustern fest. Sie sind mit Menschen zu vergleichen, die ein Sparkonto mit einer Million Dollar geerbt haben, aber sich lieber um Sozialhilfe anstellen, als einen Scheck auszuschreiben und das Erbe anzuzapfen.

Im vorliegenden und im nächsten Kapitel beschreiben wir fünf Familientypen, die eine deutliche Tendenz aufweisen, starke negative Bindungen hervorzurufen. (Wir erleben fast täglich Menschen, die mit Bindungen dieser Art zu kämpfen haben.) Werfen Sie einen ehrlichen Blick auf diese Verhaltensmuster, so können Sie schnell feststellen, ob eines davon auch zu Ihrem elterlichen Stil – oder dem Ihrer Eltern – gehört, und etwas unternehmen, um es zu überwinden. Die hier besprochenen Verhaltensweisen können ein Kind gewissermaßen umschlingen und es davon abhalten, sich wertvoll vorzukommen. Sie entehren das Kind und untergraben möglicherweise sein Selbstwertgefühl. Werden sie nicht ans Licht gebracht und beseitigt, dann haben sie die Macht, das Kind sein ganzes Leben lang an schädliche Verhaltensmuster zu fesseln.

Wir bieten außerdem einiges an praktischer Hilfe und an Hoffnung für Menschen, die vielleicht schon seit Jahren mit negativen Bindungen dieser Art ringen. Gottes Wort kann das stärkste negative Band durchschneiden – doch wäre es weit besser, niemals eine solche Erfahrung machen zu müssen.

Es ist alles andere als einfach, sich negativen Bindungen zu entziehen. Diese entehrenden Praktiken haben Macht über uns, und es fällt uns schwer, uns von ihnen loszureißen. Um ihre Auswirkungen zu verdeutlichen, wollen wir uns mit einem Brauch befassen, der etwas Licht auf die vor uns liegende Aufgabe werfen kann.

Wenn man an Fesseln aus der Vergangenheit zerrt ...

Den meisten unter uns ist seit ihrer Kindheit immer wieder gesagt worden: „Elefanten vergessen nie." Vielleicht entstand dieses alte Sprichwort aufgrund einer bestimmten Dressurmethode, die in Indien angewandt wird. Sobald ein Elefantenbaby entwöhnt ist, wird es von der Mutter fortgetrieben und an einen schweren Pfahl gekettet. Das Tier erhält weder Nahrung noch Wasser, bis ihm der Wille gebrochen ist.

Elefanten sind außerordentlich intelligente, beharrliche Tiere, und es gibt viele Hinweise, die darauf schließen lassen, daß sie in bestimmter Hinsicht wirklich nie vergessen. Viele junge Tiere zerren tagelang an der

Kette, die sie festhält, und scheuern sich dabei das Bein wund. Eines Morgens jedoch wacht der Dresseur auf und stellt fest: Der Kampf ist vorbei. So als hätte es eine endgültige Entscheidung getroffen, zerrt das Tier nicht länger an der Kette und wird es auch nie wieder tun.

Deshalb sieht man oft beim Zirkus riesige Elefanten, die nur mit einem Strick angebunden sind. Die voll ausgewachsenen Tiere könnten den dünnen Strick im Nu zerreißen, aber sie versuchen es gar nicht erst, sondern bleiben ruhig auf ihrem Platz, als wären sie mit schweren Ketten gebunden. Manche Elefanten schaukeln zwar ständig hin und her, solange sie dort stehen müssen, doch riskieren sie nie wieder den Schmerz, den sie vermeintlich erleben würden, wenn sie sich von etwas losrissen, was sie früher verletzt hat.

Allzuoft zeigen wir bei negativen Familienbindungen eine ähnliche Reaktion. Viele Kinder, die in einer entehrenden Familie aufwachsen, sagen sich zunächst von den verletzenden Praktiken ihrer Eltern los. So hört man sie oft folgendes sagen: „Ich werde niemals das wiederholen, was meine Eltern mit mir machten, als ich jünger war.“ Oder: „Wenn ich selbständig bin und eine eigene Familie gründe, wird alles anders sein.“ Oder: „Ich kann es kaum abwarten, aus meinem Elternhaus auszuziehen!“

Sind sie aber älter geworden, so bleiben viele dieser Menschen an genau die Verhaltensweisen gebunden, die sie so verzweifelt zu vermeiden wünschen. Viele sind nach jahrelangen Kämpfen emotional so ausgelaugt und wund, daß sie den Versuch aufgeben, ihr Verhalten zu ändern, und sich mit ihren aus der Vergangenheit herrührenden Fesseln und ihrer eingeschränkten Bewegungsfreiheit abfinden.

Finden Sie sich selbst in einem der nun folgenden Beispiele wieder, dann verlieren Sie bitte nicht den Mut! Eine Patentlösung haben wir zwar nicht zu bieten, doch möchten wir Ihnen zeigen, wie Jesus Ihre aus der Vergangenheit herrührenden Bande beseitigen kann. In seiner Kraft sind Sie durchaus in der Lage, sie zu zerreißen (Römer 8,37). Und nur so können Sie sicher sein, daß Sie Ihre Bindungen nicht an Ihre Kinder weitergeben.

Wenn Sie den Mut haben, negative „Bande der Loyalität“, die lange im Schatten geblieben sind, ans Licht zu bringen, dann machen Sie die Tür für echte Veränderungen auf. Die Befreiung von diesen Bindungen kommt im Normalfall ebenso wie geistliches Wachstum allmählich zustande. Sie gewinnen über viele Tage und Wochen hinweg ein Verständnis für die eigene Situation und treffen täglich die Entscheidung, an alles zu glauben, was Gott gesagt hat.

1. Der ausersehene Sündenbock

Zur Zeit des Alten Testaments vollzogen die Juden jedes Jahr am Großen Versöhnungstag einen besonderen Ritus. Leider spiegelt sich in diesem Ritus wider, was heute in vielen Familien vor sich geht.

Der Ritus sah folgendermaßen aus: Es wurden zwei Ziegenböcke ausgelost, der eine als Opfertier, der andere als Sündenbock. Tieropfer kommen im alttestamentlichen Gesetz recht häufig vor. Wozu benötigte man aber einen Sündenbock?

Der Hohepriester Aaron sammelte das ganze Volk um sich, dann legte er dem Sündenbock die Hände auf. Mit dieser symbolischen Handlung machte er deutlich, daß die Sünden des ganzen Volkes auf das Tier übertragen worden waren (siehe 3. Mose 16). Danach wurde der Sündenbock aus dem Lager geführt und in die Wüste gejagt, wo er verendete.

Als Jesus vor der Stadtmauer Jerusalems gekreuzigt wurde, legte der Vater unsere Sünden auf ihn. Jesus wurde dort zu unserem Opferlamm und zugleich zu unserem Sündenbock. Der alttestamentliche Ritus mit dem Sündenbock war ein Schattenbild, das auf das herrliche Geschehen auf Golgatha hinwies.

Weil Jesus für uns gestorben ist, bedürfen wir heute keiner Tieropfer mehr. Aber leider setzen einige Familien, wenn auch unbewußt, die alttestamentliche Tradition fort. Sie haben ein Mitglied der Familie dazu auserkoren, ihr „Sündenbock“ zu sein, und schieben dieser Person die Schuld an sämtlichen Familienproblemen zu.

Kinder, denen eine solche Last aufgebürdet wird, werden oft, wie der alttestamentliche Sündenbock, ausgestoßen und fortgejagt. Dadurch werden sie jedoch von den Banden, die sie an ihre Eltern fesseln, nicht befreit, sondern nur noch stärker an ihr negatives Selbstbild gebunden. Ein Kind, das in einer Familie diesen Typs aufwächst, wird vollends herabgewürdigt. So erging es jedenfalls einem Mädchen namens Gretta, das in seiner Familie immer wieder zum Sündenbock gemacht wurde.

Gretta wurde zu Anfang des Zweiten Weltkriegs als jüngste von vier Geschwistern geboren und von vornherein als Urheberin sämtlicher Familienschwierigkeiten abgestempelt. Kurz nach der Geburt stellte sich heraus, daß sie an einer schrecklichen Hautkrankheit litt. Ihr ganzer Körper war mit eiternden Wunden und Geschwüren bedeckt.

Darüber hinaus litt Gretta an einer furchtbaren Atemnot, die es ihr unmöglich machte, länger als ein paar Stunden zu schlafen, weil sie immer wieder unter Husten und Würgen aufwachte. Als Baby schrie sie oft stundenlang und brauchte Tag und Nacht Pflege, so daß ihre Mutter sich bald überfordert fühlte.

Heute helfen viele Ehemänner bei der Versorgung der Kinder mit, aber damals war das noch nicht üblich. Weil auch die anderen drei Kinder im Haus lärmten und seine Frau durch Gretta so gestreßt war, blieb Grettas Vater immer häufiger von zu Hause fort.

Als der Krieg in Europa immer ernstere Formen annahm und es so aussah, als würden die Vereinigten Staaten mit hineingezogen, entschloß sich Grettas Vater, Soldat zu werden. Wenn er gewollt hätte, hätte er einer verhältnismäßig harmlosen Erkrankung wegen den Militärdienst umgehen können. Doch sagte er im Scherz zu seiner Frau, als Soldat könne er ihr wenigstens einen Gehaltsscheck schicken und müsse sich nicht mehr Tag und Nacht Grettas Gejammer anhören.

Daraufhin wurde das Verhältnis zwischen Gretta und ihrer Mutter noch gespannter. Die Schwierigkeiten erreichten ihren Höhepunkt an Grettas zweitem Geburtstag, als ein Telegramm vom Kriegsministerium eintraf, in dem der Familie mitgeteilt wurde, daß der Vater bei der Schlacht von Palermo in Italien gefallen sei.

Grettas Mutter wurde von der Nachricht hart getroffen. Sie kannte keine andere Möglichkeit, mit ihrem Schmerz fertigzuwerden, als Gretta die Schuld an allem zuzuschieben. Keines der anderen Kinder verursache ihr so viel Leid, nur Gretta. Keines der anderen Kinder koste sie so viel Zeit und Mühe, nur Gretta. Keines der anderen Kinder brauche eine so teure ärztliche Behandlung, nur Gretta. Es sei allein Grettas Schuld, daß ihr Vater Soldat geworden sei und jetzt tot auf dem Schlachtfeld liege.

Ein Jahr später heiratete Grettas Mutter wieder. Danach erging es Gretta freilich nicht besser. Das arme Mädchen wuchs mit dem Gefühl auf, der alleinige Grund für alle Familienschwierigkeiten zu sein.

Die anderen Geschwister übernahmen die negative Einstellung der Mutter Gretta gegenüber und zeigten ihr immer wieder die kalte Schulter. In ihren Augen war Gretta daran schuld, daß ihr Vater nie wieder heimkehren würde. Auch der neue Stiefvater ärgerte sich über die Kosten der ständigen ärztlichen Pflege, die Gretta ihrer Atemnot wegen brauchte, und hatte für sie nichts als Hohn und Verachtung übrig. Doch am meisten verletzte sie all das, was ihre Mutter über sie sagte.

Grettas Mutter hatte vor ihrer ersten Ehe einen unmoralischen Lebenswandel geführt. Bis zum Tod ihres Mannes war sie keineswegs fromm gewesen, doch jetzt interessierte sie sich plötzlich für die Bibel und das Christentum. Sie erkannte darin eine Möglichkeit, mit ihren Schuldgefühlen und ihrem Zorn fertigzuwerden. Statt jedoch Hilfe oder Trost zu empfangen oder eine persönliche Beziehung zu Jesus einzugehen, bekam sie völlig verdrehte Ansichten und schmiedete aus ihrem „Glauben" eine weitere Waffe, mit der sie Gretta traktieren konnte. So schrie sie das Mädchen eines Tages in heftiger Erregung an: „Gott hat dich mir gegeben zur Strafe für alle meine Sünden und für alles Unrecht, das ich begangen habe!"

Man könnte vielleicht meinen, Gretta wäre ohne Bande der Zuneigung zu ihrer Mutter aufgewachsen und hätte sich bedenkenlos von ihr abgenabelt. Das war jedoch nicht möglich. Gretta war regelrecht gebunden, und zwar an ein negatives Selbstbild, das erst nach Jahren zurechtgerückt werden konnte.

Zur Schande bestimmt

Kinder, die in der eigenen Familie zum Sündenbock abgestempelt werden, sehnen sich nach der Liebe und Zuwendung, die sie niemals empfangen haben. Ihr niedriges Selbstwertgefühl äußert sich häufig in Zornesausbrüchen und Rebellion. Daß sie von den übrigen Familienmitgliedern geringschätzig behandelt und abgelehnt werden, empfinden sie als himmelschreiende Ungerechtigkeit. Ihre Frustrationen führen oftmals zu Verhaltensstörungen in der Schule, zu offener Auflehnung gegen jegliche Autorität und zu krasser Unmoral. Es ist beinahe so, als hätten sie die Entscheidung getroffen, den niedrigen Wert, den ihre Familie ihnen beimißt, in die Tat umzusetzen und die Behandlung, die ihnen zuteil wird, auf diese Weise zu rechtfertigen.

So verhielt sich jedenfalls Gretta. Eigentlich haßte sie die negativen Reaktionen, die sie durch ihr aufbrausendes Temperament und ihre Aufsässigkeit auslöste, doch war ihr aufgrund dieses schlimmen Verhaltens wenigstens etwas Aufmerksamkeit sicher! Ihr Bedürfnis, sich angenommen zu fühlen, war so groß, daß sie durchaus bereit war, der ihr zugewiesenen Rolle des Familiensündenbocks gerecht zu werden.

Mittlerweile sind viele Jahre verstrichen, und Gretta hat eine eigene Familie gegründet. Aber ihr niedriges Selbstwertgefühl hält sie bis heute davon ab, sich von ihrem Mann wirklich geliebt zu fühlen, und macht sie ihren Kindern gegenüber weit kritischer, als sie es eigentlich sein will oder sein sollte.

Gretta mag vielleicht ein extremes Beispiel sein, doch kommt es recht häufig vor, daß jemand innerhalb der eigenen Familie wie ein Sündenbock behandelt wird. Nehmen wir als weiteres Beispiel Mark, der in einer „zusammengewürfelten“ Familie als Sündenbock herhalten mußte. Da seine Stiefmutter befürchtete, er könne ihre beiden Söhne „verderben“, stempelte sie ihn zum Unruhestifter ab und hielt ihn jahrelang auf Distanz. Mark merkte, daß man ihn nicht akzeptierte, dennoch sehnte er sich nach einer Beziehung zu seinen Stiefbrüdern. Er wuchs mit dem schrecklichen Gefühl auf, ein schlechter Mensch zu sein, obwohl er tief in seinem Inneren vom Gegenteil überzeugt war.

Da ist auch Sara, in deren Familie die Tradition, jemanden zum Sündenbock zu bestimmen, bereits in der dritten Generation fortgesetzt wurde. Schon in der Familie ihrer Urgroßmutter und dann auch ihrer Großmutter hatte eine der Töchter einen Angehörigen einer anderen Religionsgemeinschaft geheiratet und war deswegen ausgestoßen worden. Als Sara ihren Eltern erklärte, daß sie gläubige Christin geworden sei, wurde auch sie als schwarzes Schaf gebrandmarkt und zum Verlassen der Familie aufgefordert. Unter den übrigen Familienangehörigen fand wie in den beiden vorigen Generationen ein Schulterschluß statt, der verhindern sollte, daß die Liebe ihrer Tochter oder Schwester zu ihnen durchdrang.

Um Ihnen Hoffnung zu machen für den Fall, daß auch Sie von Ihrer Familie als Sündenbock behandelt wurden, wollen wir später schildern, wie Gretta, Mark und Sara sich von diesen negativen Bindungen losreißen und von vielen negativen Folgen ihrer schmerzvollen Vergangenheit frei werden konnten. Vorher wollen wir jedoch einen zweiten Familientyp beschreiben, in dem die Kinder mit negativen Banden der Loyalität gefesselt werden können. In diesem Fall sind es die den Kindern aufgebürdeten Pflichten, die sie gefangenhalten.

2. *Pflichten, die gefangenhalten*

Wird ein Kind zum Familiensündenbock abgestempelt, so wird es an ein negatives Selbstbild gebunden. Werden einem Kind unerträgliche Pflichten aufgebürdet, dann geschieht etwas Ähnliches. Kinder, die in entehrenden Familien diesen Typs aufwachsen, sind meist so stark an unrealistische Erwartungen gebunden, daß sie nur selten in der Lage sind, im Leben auf eigenen Beinen zu stehen. Das traf jedenfalls auf einen jungen Mann namens Wayne zu, der davon träumte, in eine ferne Gegend zu ziehen und dort selbständig zu werden. In Wirklichkeit ließen die negativen Bande, die ihm seine Mutter angelegt hatte, nur zu, daß er auf die andere Straßenseite zog. Die dunkle Seite der Bindung an die Familie sorgte tragischerweise dafür, daß er auch seine Ehefrau und seine Tochter entehrte und herabwürdigte.

Wayne, ein Einzelkind, wuchs am Stadtrand einer ländlichen Kleinstadt auf. Sein Vater war häufig auf Geschäftsreisen und hatte selten Zeit für ihn, auch wenn er zu Hause war. Seine Mutter nahm jedoch eine ganz andere Haltung ein. Weil ihr Mann seine Gefühle kaum zeigte und so oft unterwegs war, machte sie ihren Sohn zum Mittelpunkt ihres Lebens. Dies empfand Wayne über viele Jahre hinweg als idealen Zustand. Seine Mutter wurde seine stetige Begleiterin und seine engste Freundin.

Wayne träumte oft davon, die Kleinstadt, in der er aufgewachsen war, zu verlassen, um in der Großstadt sein Glück zu suchen. Er sprach des öfteren mit seiner Mutter darüber. Als er jedoch in das Alter kam, in dem er den Traum hätte verwirklichen können, trat etwas Unvorhergesehenes ein. Der Gesundheitszustand seiner Mutter, die bis dahin wie das blühende Leben ausgesehen hatte, verschlechterte sich zusehends. Sie hatte ständig mit der einen oder anderen Krankheit zu kämpfen. Und obwohl nichts Bestimmtes diagnostiziert werden konnte, verlangte ihre zarte Gesundheit die ständige Nähe ihres Sohnes. So schaute sie immer wieder mit einem tapferen Lächeln von ihrem Krankenbett hoch und sagte: „Wayne, ich weiß nicht, was ich ohne dich tun würde. Das Leben kommt mir nur deinetwegen lebenswert vor." Dann fügte sie mit einem Seufzer hinzu: „Doch weiß ich, daß du eines Tages anderswohin ziehen mußt. Ich werde schon irgendwie zurechtkommen."

„Das Leben kommt mir nur deinetwegen lebenswert vor." Damit hatte sie recht: Wayne war ihr einziger Lebensinhalt. Und mit ihren manipulierenden Worten und Taten schuf sie immer neue negative Bande, um ihn an sich zu binden. So erinnerte sie ihn daran, wie viele Stunden sie mit ihm gespielt hatte, als er noch ein Kind war, und ließ ihn nie vergessen, daß ihr „nur noch wenig Zeit" beschieden sei. Auf diese Weise hielt sie ihren Sohn in stählernen Fesseln der Schuld gefangen.

Im Alter von 26 Jahren heiratete Wayne ohne die Zustimmung seiner Mutter. Er marschierte einfach in ihr Zimmer und sagte, er habe es endlich satt, nur für sie dasein zu müssen. Er wolle seine Freundin heiraten und in die Großstadt ziehen.

Bis zur Hochzeit war Wayne in Hochstimmung. Er freute sich ganz besonders darüber, daß er seiner Mutter entgegengetreten war und klar Stellung bezogen hatte. Doch mußte er es gleich nach der Trauung bitter büßen. Seine Mutter erlitt einen Kollaps, und er sah keine andere Möglichkeit, als seine Flitterwochen drei Tage früher als geplant abzubrechen und an ihre Seite zurückzueilen.

An ihrem Bett flehte Wayne seine Mutter um Vergebung an, weil er abgereist sei, als sie ihn so dringend gebraucht habe. Sie blieb jedoch untröstlich – bis er versprach, sich in der Nähe eine Arbeit zu suchen und zusammen mit seiner jungen Braut ein auf der gegenüberliegenden Straßenseite freigewordenes Häuschen zu beziehen. Natürlich versprach er auch, mindestens zweimal am Tag bei ihr reinzuschauen oder sie anzurufen.

Danach weigerte sich Wayne jahrelang, an den Ketten negativer Loyalität zu zerren, die ihn gebunden hielten. Er ärgerte sich zwar oft darüber, daß er so viel Zeit bei seiner Mutter verbringen oder alles stehen- und liegenlassen mußte, um sich um irgendeinen „Notfall" zu kümmern, der sich stets als Vorwand entpuppte, ihn einmal mehr ans Bett seiner Mutter zu holen. Doch schluckte er jedesmal seinen Zorn hinunter, wenn der Schatten der Schuld auf ihn fiel. Schließlich war er seiner Mutter bereits einmal entgegengetreten und hatte damit einen „Anfall" ausgelöst. Er fürchtete, er werde sie mit einem erneuten Versuch umbringen.

Obwohl Wayne in einem freien Land lebte, befand er sich im Würgegriff der Knechtschaft. Da ihm nicht bewußt war, wie außerordentlich fehl am Platz seine Hingabe an die Mutter war, fehlte ihm der Wille, diese Hingabe fahrenzulassen. Und deshalb wurde er durch die negative Bindung an seine Familie gefesselt und gefangengehalten.

Verbindlichkeit dieser Art löst eine Kettenreaktion aus

Gewiß, Wayne hat im Lauf der Jahre viel gelitten. Aber das Leiden seiner Ehefrau Susan war vermutlich noch größer. Die Dauereinladung, bei Waynes Mutter vorbeizuschauen, galt nur ihm, nicht ihr. So bereitete Susan abends manches Mal eine leckere Mahlzeit für ihren Mann zu, aber nur um zu erleben, wie er gleich nach Feierabend zu seiner Mutter ins Haus spazierte und sich dort an den gedeckten Tisch setzte – und sich keinen Deut um seine Frau kümmerte. Und saß Susan mit ihrem Mann und ihrer Schwiegermutter zusammen, sprachen die beiden trotzdem über sie, als wäre sie gar nicht anwesend.

Je stärker die Bindung eines Menschen an seine Eltern ist, desto schwerer fällt es ihm, in der Ehe für eine andere Person dazusein. Und Waynes Bindung an seine Mutter war so stark, daß er sich überhaupt keine Mühe gab, für Susan dazusein. Immer wenn er vor die Wahl gestellt wurde, gab er seiner Mutter vor seiner Frau den Vorzug. Wen wundert's, daß Susans Selbstwertgefühl immer niedriger wurde. Nach zehnjähriger Ehe war ihr

Selbstbild in der Tat so angeschlagen, daß sie von ständigen Selbstmordgedanken geplagt wurde. Um diese Zeit haben wir Susan kennengelernt.

In der Eheberatung sprach Wayne über die Krankheiten seiner Mutter und erklärte, ihr Bedürfnis nach Aufmerksamkeit und Zuwendung sei im Grunde ein Faß ohne Boden – er könne es wohl nie befriedigen. Susans Augen füllten sich daraufhin mit Tränen, und sie sagte: „Und wie steht es um mich, Wayne? Ich weiß, daß deine Mutter Bedürfnisse hat, aber ich bin innerlich am Verdursten."

Susan hatte jahrelang still gelitten, ohne jemals einer Freundin oder Verwandten ihr Verletztsein und ihre Enttäuschung anzuvertrauen. Das ist bezeichnend. Wie oft hält die dunkle Seite der Familienbindung Kinder davon ab, einer Lehrerin oder einer Bekannten zu erzählen, daß sie mißhandelt worden sind! Wie oft hindert sie Ehemänner und Ehefrauen daran, um Hilfe zu rufen! Die dunkle Seite der Familienbindung macht es zudem schwer, Alkoholiker zu behandeln. Es ist äußerst mühevoll, die Familie, insbesondere den nichttrinkenden Ehepartner, davon zu überzeugen, daß sie aufhören müssen, den Trinker in Schutz zu nehmen, und ihn statt dessen mit der Wahrheit konfrontieren müssen. Unangebrachte Loyalität kann zwar eine Person eine Zeitlang „schützen", doch verhindert sie allzuoft ihre Heilung.

Wir haben bereits gesehen: Positive „Bande der Loyalität" sind für die Ehe und für das Familienleben unerläßlich. Sie bedeuten, daß man des anderen Bestes sucht, auch wenn dies eine Bestrafung oder eine Konfrontation mit sich bringt. Negative „Bande der Loyalität" hingegen binden den Betroffenen an seine Probleme, statt ihn davon zu befreien.

Susan war nicht bereit, ihre wacklige Beziehung zu ihrem Mann aufs Spiel zu setzen. Sie hat sich nie mit ihrer Schwiegermutter über die ihr zuteil gewordene Behandlung unterhalten, und obwohl sie ständig mit ihrem Mann zankte, achtete sie sorgfältig darauf, es nicht zu weit zu treiben. Diese Verdrängung ihrer Gefühle bewirkte, daß ihr Gesundheitszustand sich genauso verschlechterte wie der ihrer Schwiegermutter. Und endlich widmete ihr Wayne zumindest ein wenig Aufmerksamkeit.

Diese beiden Eheleute wurden durch Verpflichtungen unterschiedlicher Art gefangengehalten. Beide machen einen anderen Aspekt der dunklen Seite der Familienbindung deutlich. Ein derartiges Verhalten muß man allerdings nicht lebenslang beibehalten. Wir werden in einem späteren Kapitel schildern, wie Wayne sich Gott zuwandte und anfing, ihn zu ehren. Daraufhin fand in seiner Familie eine positive Veränderung statt, durch die all diese negativen Bindungen rückgängig gemacht wurden.

Waynes Mutter machte sich die natürliche Neigung ihres Kindes, seinen Eltern gegenüber loyal zu sein, skrupellos zunutze. Wie tragisch, daß sie das Leben in ihrem eigenen Sohn zu finden versuchte und es dabei versäumte, den Sohn Gottes kennenzulernen. Dazu kommt, daß sie das Leben und die Ehe ihres Sohnes beinahe völlig ruiniert hätte.

Viele Menschen wachsen, wie Wayne, mit einem übertriebenen Pflicht- und Loyalitätsgefühl auf, das ihnen irgendwann zur Last wird. Da sie Angst haben, den „besonderen Stellenwert" zu verlieren, den ihre Eltern ihnen einräumen, nehmen sie es einfach in Kauf, sie viermal am Tag anzurufen, immer wieder alles stehen- und liegenlassen zu müssen, um mit ihnen einkaufen zu fahren, oder sie bei jedem Familienausflug und jeder Urlaubsreise mitzunehmen. Für solche Menschen wird es mit der Zeit undenkbar, selbständig eine Entscheidung zu treffen; das Handeln auf eigene Faust halten sie für unverzeihlich.

Selbstverständlich gibt es Zeiten, in denen die legitime Sorge um die Gesundheit unserer Eltern oder die Bewältigung irgendwelcher anderen Lebenskrisen uns enger zusammenführt und uns sehr viel Mühe aufwenden läßt, einem notleidenden Elternteil zu helfen. Wie wir bereits erwähnt haben: Prüfungen dieser Art schaffen positive, wertvolle „Bande der Loyalität" zwischen Eltern und ihren Kindern. Den Kindern wird nur dann ein niedriges Selbstwertgefühl vermittelt, wenn die Erkrankung vorgetäuscht wird oder Forderungen an sie gestellt werden, die von den unstillbaren, egoistischen Bedürfnissen eines schwierigen Elternteils herrühren.

Sind Sie in einer Familie aufgewachsen, in der Sie durch die Ihnen aufgebürdeten Pflichten gefangengehalten wurden, dann brauchen Sie keine weiteren Erklärungen. Sie haben bereits am eigenen Leib zu spüren bekommen, wie leicht man sich an diesen Fesseln wundscheuern kann. Sind Sie aber nicht in einer Familie dieser Art aufgewachsen, dann sollten Sie dankbar sein. Sie sollten erkennen, daß ein unbedingtes Beharren auf Loyalität den Eltern gegenüber die Gefahr in sich birgt, Kinder über Jahre hinweg zu entehren.

Nicht nur beim Familiensündenbock, sondern auch bei einem in einem übertriebenen Pflichtbewußtsein Gefangenen können sich unglaublich starke Bindungen sowohl an die Vergangenheit als auch an die eigenen Eltern entwickeln. Ehe wir uns ansehen, wie verletzende Fesseln dieser Art gesprengt werden können, müssen wir noch drei weitere Familientypen untersuchen, in denen starke, negative „Bande der Loyalität" entstehen können.

Kapitel 16

Die dunkle Seite der Bindung an die Familie:

Zweiter Teil

Stellen Sie sich einmal vor, zwei der kräftigsten Spieler einer amerikanischen Footballmannschaft würden Sie unsanft an den Armen packen und mit aller Gewalt in entgegengesetzte Richtungen ziehen! Das gleiche Gefühl bekommen Kinder, die zum Gegenstand eines Tauziehens zwischen den Eltern werden. Und damit wären wir bei dem dritten Familientyp angelangt, in dem die Kinder in ihrer Bewegungsfreiheit eingeschränkt werden. Kinder, die ständig zwischen den Eltern hin- und hergerissen werden, finden es später sehr schwer, sich von diesem Denkschema zu lösen und sich einen gesünderen Lebensstil anzugewöhnen.

3. Zwischen den Eltern hin- und hergerissen

So erging es auch Jim, denn seine Eltern lebten im ständigen Streit miteinander. Zwar hatten sie nach seiner Geburt einige Jahre lang so viel Freude an ihm, daß sie den Blick von ihren Eheschwierigkeiten abwandten und ihm ihre ganze Aufmerksamkeit widmeten. Aber gerade darin lag das Problem. Einzelkinder verbringen im allgemeinen mehr Zeit mit den Eltern als andere, aber Jim wurde mit Aufmerksamkeit regelrecht überhäuft. Und deshalb hatte es der Zwölfjährige so schwer, als seine Eltern beschlossen, sich zu trennen, denn es wurde von ihm verlangt, sich für einen der beiden zu entscheiden.

Die Liebe und Zuwendung, die Jim zuteil geworden waren, hatten in ihm eine tiefe Loyalität gegenüber beiden Eltern hervorgerufen. Sie können sich also vorstellen, wie verwirrt er war, als er feststellte, er müsse die Verbindung zu einem Elternteil abbrechen, um weiterhin des Wohlwollens des anderen sicher zu sein. In der Zeit, als seine Eltern zu Hause und vor Gericht Klage und Gegenklage gegeneinander erhoben, wußte Jim nicht, wohin er sich wenden sollte. So ergeht es vielen Kindern, die sich zwischen beiden Eltern entscheiden müssen. Nehmen wir als weiteres Beispiel ein Mädchen namens Sharon.

Sharons Mutter war stets offen für Neues. Leider geriet sie deshalb unter den Einfluß einer weitverbreiteten Sekte. Die 15jährige Sharon war hin- und hergerissen: Sollte sie in der Kirche, der ihr Vater angehörte, bleiben oder zum neuen Glauben ihrer Mutter übertreten? Wählte sie den einen Weg, so mußte sie den anderen ablehnen. Traf sie überhaupt keine Entscheidung, so könnte das von beiden Seiten falsch aufgefaßt werden. Nach tagelangem Ringen entschloß sich Sharon, in ihrer angestammten Kirchengemeinde zu bleiben. Daraufhin schnitt die Mutter wutschnaubend jeden Kontakt zu Sharon ab, bis auch sie „erleuchtet" wurde.

Wo Kinder gezwungen werden, sich entweder für den einen oder für den anderen Elternteil zu entscheiden, werden negative „Bande der Loyalität" gefördert. Nur zu oft zerren die sich streitenden Eltern an diesen Banden und versuchen dadurch, die Kinder auf ihre Seite zu ziehen.

Vermutlich fühlte sich Jonathan wegen seiner freundschaftlichen Beziehung zu David in ähnlicher Weise hin- und hergerissen (1. Samuel 19,1-10). Beschützte er David, dann mußte er sich gegen den eigenen Vater stellen. Ergriff er jedoch für seinen Vater Partei, so würde das für seinen Freund möglicherweise den Tod bedeuten. Und wirklich, als Jonathans Vater Saul merkte, daß die Loyalität seines Sohnes eher David galt, wurde er so wütend, daß er mit dem Speer nach David warf und ihn beinahe durchbohrt hätte.

Wer ein Kind zum Gegenstand eines Tauziehens macht, begeht an ihm ein Unrecht und untergräbt sein Selbstwertgefühl. Eltern, die ihren Kindern ein gesundes Selbstbild vermitteln wollen, werden darauf verzichten, die Loyalität der Kinder als Mittel zur Selbstverteidigung zu mißbrauchen.

4. Wenn Kinder erwachsen sein müssen

Haben Sie sich als Kind jemals auf den Dachboden oder in den Keller geschlichen, um ein paar Kleidungsstücke Ihres Vaters oder Ihrer Mutter anzuprobieren? Den meisten unter uns hat es sehr viel Spaß gemacht, sich die Kleidung von Vater oder Mutter anzuziehen. Es gab uns das Gefühl, etwas Besonderes zu sein. Wir kamen uns wie Erwachsene vor.

In manchen Familien wird aus diesem Spiel bitterer Ernst – dann nämlich, wenn eines der Kinder gezwungen wird, die Aufgaben eines Elternteils zu übernehmen. Einem solchen Kind wird im Grunde gesagt: „Überspringe deine Kindheit und werde sofort erwachsen!" Tut es das, so können ungesunde „Bande der Loyalität" entstehen, die es davon abhalten, sein volles Potential auszuschöpfen. So erging es jedenfalls einem jungen Mädchen namens Martha.

Marthas Mutter war Alkoholikerin. Als ihre Trinkgewohnheiten sie als Mutter untauglich machten, veränderte sich in der Familie nicht allzuviel, denn die erst neunjährige Martha war bereits seit einigen Jahren so etwas wie eine Ersatzmutter für ihre armen kleinen Geschwister.

Weil die Mutter völlig verantwortungslos war und sich nicht um die Kinder kümmerte, lasteten sämtliche elterlichen Pflichten auf Marthas jungen Schultern. Es war Martha und nicht die Mutter, die für die ganze Familie kochte, saubermachte und die Wäsche wusch. Immer wenn die Mutter sich bis zur Besinnungslosigkeit betrunken hatte, schlich sich Martha ins Wohnzimmer und entwendete Geld aus ihrem Portemonnaie, damit sie und die Kleinen zu essen hätten.

Die Jahre verstrichen, und Martha lernte, was es heißt, eine Mutter zu sein. Aber sie lernte nie, was es heißt, ein Kind zu sein und Verantwortung an andere abzugeben. Da sie gezwungen war, ihren Geschwistern eine Mutter zu sein, entwickelte sie ihnen gegenüber außerordentlich starke „Bande der Loyalität".

An einer engen Bindung zwischen Geschwistern wird niemand etwas auszusetzen haben. Martha und ihre jüngeren Geschwister standen sich deshalb so nahe, weil sie vieles gemeinsam durchlitten hatten. Aber Marthas Bindung an die Familie hatte auch ihre dunkle Seite. Wie viele Kinder, die einen Elternteil ersetzen müssen, fühlte sich Martha weiterhin für ihre Geschwister verantwortlich, als diese längst erwachsen waren. Und darum nahm sie in ihrer Persönlichkeit eine schiefe Entwicklung.

Im Alter von 39 Jahren spielt Martha bei sich zu Hause immer noch die Rolle eines Elternteils, aber das einzige „Kind" ist ihre eigene Mutter. Marthas Geschwister sprachen nie darüber, wer die Mutter pflegen werde, wenn sie zu alt oder ihres Alkoholkonsums wegen zu wirr und desorientiert würde, um allein zurechtzukommen. Sie gingen einfach davon aus, daß diese Aufgabe Martha zufallen werde. Schließlich habe sich Martha schon immer um alles gekümmert. „Es macht ihr wohl Spaß", folgerten sie.

Martha ist unverheiratet geblieben und hat immer noch das Bedürfnis, ihre Geschwister und deren Familien am laufenden Band zu kontrollieren. Diese sehen sie zwar gerne, sind jedoch ihres ständigen Sich-Einmischens in ihre Familienangelegenheiten überdrüssig. Aber negative „Bande der Loyalität" erlegen Martha aus ihrer Sicht die Pflicht auf, ihre Rolle weiterzuspielen – eine Rolle, die man ihr gar nicht erst hätte zuteilen dürfen.

Viele Kinder entwickeln eine gewisse Charakterstärke, wenn sie in einer Familie mit nur einem Elternteil aufwachsen oder aus anderen Gründen gezwungen sind, schnell erwachsen zu werden. Das trifft jedoch nicht auf Kinder zu, denen die Verantwortung aufgebürdet wird, die Vater- oder Mutterrolle zu übernehmen, noch ehe sie den Kinderschuhen entwachsen sind. Solche Kinder haben fast immer ein niedriges Selbstwertgefühl – und jede Menge Probleme.

5. *Entscheidet euch heute*

In dem fünften Familientyp, in dem Kinder herabgewürdigt werden, wird von ihnen große Loyalität verlangt. In Familien diesen Typs wird von den Kindern erwartet, sich auch dann für den Willen ihrer Eltern zu entscheiden, wenn dieser dem Willen Gottes entgegensteht. Ungesunde Loyalitätsforderungen dieser Art werden vor allen Dingen dann gestellt, wenn die Kinder einmal auszubrechen versuchen.

Mark stammte aus einer Familie, die man mit gutem Recht als Dynastie bezeichnen könnte. Sein Großvater hatte es mit Hilfe von zwei einfachen Regeln zu großem Reichtum gebracht. Die erste lautete: „Entdecke, wohin die Leute gehen, und sieh zu, daß du als erster ankommst." So hatte er beispielsweise mehrere Farmen in einem ehemals verschlafenen Tal im südlichen Kalifornien aufgekauft und durch seinen Weitblick Millionen verdient.

Die zweite Regel lautete: „Was du nicht willst, daß man dir tu', das füg dem anderen schneller zu." Marks Großvater und Vater hatten eine halsabschneiderische Firmenpolitik zur Grundlage ihres Unternehmens gemacht. Wer sich ihnen im Geschäft in den Weg stellte, der wurde erbarmungslos fertiggemacht. Sie logen und betrogen, solange sie sicher sein konnten, nicht erwischt zu werden. Steuerhinterziehung und die Zahlung von Schmiergeldern waren an der Tagesordnung. Wenn es um den „Erfolg" ging, heiligte der Zweck die Mittel.

Den in ihrer Firma Beschäftigten, sogar auch den leitenden Angestellten gegenüber blieben Marks Vater und Großvater auf kühler Distanz. So war es einfacher für sie, zu feuern, wen sie wollten und wann sie wollten – und den übrigen Angestellten die „Furcht Gottes" einzujagen.

Mark war rechtmäßiger Erbe des Familienunternehmens. So wurde er im Verlauf seiner Kindheit und Jugend intensiv auf die künftige Übernahme dieser Verantwortung vorbereitet. Seine Entwicklung entsprach völlig den Vorstellungen der Familie – bis zum letzten High-School-Jahr, als er eine kirchliche Jugendfreizeit besuchte und Christ wurde.

Als der einzige Gläubige in der Familie begann Mark Dinge in Frage zu stellen, die ihm vorher selbstverständlich waren. Warum wurde der Vizepräsident zwei Jahre vor seiner Pensionierung gefeuert? Warum hatte sein Vater so viele geheime Treffen, wenn es darum ging, seine persönlichen Gewinne und die Gewinne des Unternehmens zu investieren? Warum wurde er so merkwürdig angeschaut, wenn er Leuten, die geschäftlich mit seinem Vater zu tun gehabt hatten, das erstemal begegnete?

Im Gegensatz zu seinem Vater interessierte sich Mark neben dem geschäftlichen Bereich auch für geistliche Dinge. Als er noch zu Hause wohnte, arbeitete er aktiv in seiner Kirchengemeinde mit und wurde Jugendleiter. Am College beteiligte er sich an einer Jüngerschaftsschulung der Navigatoren, und innerhalb eines Jahres war er Gruppenleiter.

Mark fühlte sich in seinem Herzen zum geistlichen Dienst berufen. Diese Berufung wurde durch die Menschen bestätigt, mit denen er in der Jüngerschaftsschule zusammenarbeitete. Er hatte ausführliche Gespräche mit seinem Pastor und verbrachte Stunden im Gebet. Ein Jahr vor dem Collegeabschluß traf Mark die Entscheidung, sich an einem theologischen Seminar einzuschreiben, statt Jura zu studieren.

Als Mark seinen Vater über die Änderung seiner Pläne informierte, fand er sehr schnell heraus, was es mit der Familienloyalität auf sich hatte. Bei all der durch ihn verursachten Aufregung fühlte sich Mark illoyal und kam sich wie gebrandmarkt vor. Verpflichtungen und Erwartungen, die bis dahin im Verborgenen geblieben waren, kamen plötzlich ans Licht. Ob es die beunruhigenden Zeilen waren, die ihm seine Mutter auf einer Karte zukommen ließ, oder sein Onkel, der extra mit dem Flugzeug aus Boston anreiste, um ihn wieder „zur Vernunft zu bringen" – seine Entscheidung, das zu tun, was er für richtig hielt, löste innerhalb der Familie einen erbitterten Kampf aus.

Im Matthäusevangelium sind uns einige recht deutliche Aussagen Jesu über die Jüngerschaft überliefert: „Ihr sollt nicht meinen, daß ich gekommen bin, Frieden zu bringen auf die Erde ... Denn ich bin gekommen, den Menschen zu entzweien mit seinem Vater und die Tochter mit ihrer Mutter und die Schwiegertochter mit ihrer Schwiegermutter" (Matthäus 10,34f.). Gerade in solchen Familien, in denen negative „Bande der Loyalität" die Kinder von einer Beziehung zu Gott abhalten, tritt Jesus mit dem Schwert auf, um diese Bande zu durchtrennen. Er duldet keinen Kompromiß. Dennoch fällt es vielen Menschen schwer, solche Aussagen zu akzeptieren.

Unter dem anhaltenden Druck seiner Familie fiel es auch Mark sehr schwer, den Willen des Herrn zu erkennen. Verwirrt und verunsichert, wie er war, gab er nach einigen Monaten den Versuch auf, das Reden Gottes zu verstehen, und fügte sich den Wünschen seiner Familie. Statt seiner Überzeugung treu zu bleiben, brach er seine Verbindung mit den Navigatoren ab und zog sich allmählich auch aus dem Gemeindeleben zurück.

Eine allzu häufig vorkommende Entscheidung

Bevor Sie darangehen, Mark zu steinigen, sollten Sie lieber Ihr eigenes Leben etwas genauer unter die Lupe nehmen. Haben Sie vielleicht deshalb kein geistliches Wachstum aufzuweisen, weil Ihre Eltern geistlichen Dingen gegenüber eine negative Haltung einnahmen? Kann es sein, daß Sie Ihr aufbrausendes Wesen Ihrem Vater abgeguckt haben? Geht Ihr Hang, zuviel Geld auszugeben und sich nicht darum zu kümmern, daß Sie Ihre Ehe auf diese Weise einer ständigen Belastungsprobe aussetzen, auf Verhaltensmuster zurück, die in Ihrem Elternhaus gang und gäbe waren? Wurzelt Ihre Neigung, nicht ganz ehrlich zu sein, sondern ständig an der Wahrheit herumzudeuteln, im Verhalten Ihrer Eltern? Schmusen Sie deshalb so ungern mit Ihren Kindern – obwohl Sie wissen, wie sehr sie es brauchen –, weil Ihnen selbst als Kind liebevolle Berührungen vorenthalten wurden?

Ihre Beziehung zu Ihren Eltern kann in vielerlei Hinsicht einen positiven Einfluß auf Ihr Leben ausüben, aber es können auch überaus starke „Bande der Loyalität" entstehen. Wollen Sie frei sein, Ihren Kindern Ihre Liebe und Wertschätzung zu vermitteln, so müssen Sie diesen Faktoren Rechnung tragen.

Heute steckt Marks Ehe in der Krise, und seine Beziehung zu seinen Söhnen ist auch nicht die beste. Zudem hat die Staatsanwaltschaft gegen ihn selbst – nicht gegen seinen Vater – ein Ermittlungsverfahren wegen unlauterer Geschäftspraktiken eingeleitet. Bei einem seelsorgerlichen Gespräch führte Mark seine aufgestauten Groll- und Schuldgefühle, aber auch seine geistlichen Kämpfe auf einen wesentlichen Faktor zurück: auf die ungesunde Familienbindung, die sein ganzes Leben geprägt hat.

In vielen Familien werden die Karten ganz offen auf den Tisch gelegt. Die Kinder werden schlicht vor die Wahl gestellt, Gott die Ehre zu geben oder weiterhin an unbiblischen Familienbräuchen festzuhalten. So wird im Brustton der Überzeugung verkündet: „Was ein echter Mann ist, der trinkt! Die Folgen können uns egal sein." „Das Bedürfnis deiner Frau (oder deines Mannes), mit der eigenen Familie Zeit zu verbringen, braucht dich nicht zu interessieren. Deine eigene Verwandtschaft ist viel zu wichtig, als daß du dir dafür noch die Zeit nehmen könntest. Außerdem solltest du an die Kinder denken – weißt du doch, wer ihnen die schönsten Geschenke macht!" In anderen Familien wird eher mit verdeckten Karten gespielt, aber der ausgeübte Druck ist nicht minder wirksam.

In manchen Familien zeigt man dem, der sich für ein Leben nach dem Willen Gottes entscheidet, automatisch die kalte Schulter. Wenn man Eltern diesen Typs zu erklären versucht, warum das Christsein einen veränderten Lebensstil nach sich zieht, wird die Kluft, die sich zwischen ihnen und dem gläubiggewordenen Kind aufgetan hat, noch breiter.

Wir haben insgesamt fünf Familientypen beschrieben, in denen starke „Bande der Loyalität" die Kinder umschlingen und sie davon abhalten, ihr volles Potential auszuschöpfen. In solchen Familien werden die Kinder weder geschätzt noch geachtet, sondern entehrt. Besteht für sie irgendeine Möglichkeit, sich von diesen negativen Banden loszureißen und sie mit einer positiven Familienbindung von der Art zu ersetzen, über die wir bereits in einem früheren Kapitel gesprochen haben?

Im Blick auf die Menschen, die wir als Beispiele herangezogen haben, konnte diese Frage in jedem Fall mit Ja beantwortet werden. Jeder von ihnen unterzog sich dem schwierigen Prozeß, die negativen Bindungen, die sich in seinem Leben festgesetzt hatten, zu identifizieren und sie durch eine stützende Rettungsleine zu ersetzen, die ihnen Sicherheit und Geborgenheit bot.

In der Familie geschehenes Unrecht zum Guten wenden

Warum fällt es uns so schwer, aus familientypischen Bindungen auszubrechen, und warum fällt es uns so leicht, an eingeschliffenen Verhaltensweisen festzuhalten? Wir haben uns nicht nur mit Ehepaaren und Familien aus dem ganzen Land darüber unterhalten, sondern auch die Schrift zu diesem Thema befragt. Dabei sind uns drei Gründe klargeworden, weshalb Menschen oft in ihrer Knechtschaft bleiben und an Verhaltensmustern aus der Vergangenheit festhalten.

1. Man kann sich an seine Bindungen gewöhnen.

Negative Erfahrungen können starke, ungesunde „Bande der Loyalität" hervorrufen. Und bei vielen Menschen kommt erschwerend hinzu, daß sie Angst haben, gewohnte Verhaltensweisen aufzugeben. Diese Angst ist in vielen Fällen stärker als ihr Glaube.

Die Israeliten wurden im Verlauf ihres einige Jahrhunderte währenden Aufenthalts in Ägypten zu Sklaven degradiert und mißhandelt. Am Ende dieser Zeit wurden sie durch Mose befreit. Man könnte meinen, sie wären dafür äußerst dankbar, nicht wahr? Aber nein, drei Tage nachdem das Rote Meer sich durch ein Wunder geteilt hatte, fingen sie an, sich wegen des bitteren Wassers zu beklagen (siehe 2. Mose 15,23f.) – als könnte der Gott, der das Meer geteilt hatte, sie nicht mit einem Glas Wasser versorgen, wenn sie es brauchten! Einige Tage später rottete sich sogar das ganze Volk gegen Mose und Aaron zusammen und rief: „Hätte der Herr uns doch getötet, als wir noch in Ägypten waren! Dort saßen wir vor vollen Fleischtöpfen und konnten uns an Brot satt essen. Aber ihr habt uns in diese Wüste geführt und wollt nun die ganze Gemeinde verhungern lassen!" (2. Mose 16,3).

Obwohl sie erst vor einigen Wochen aus der Sklaverei befreit worden waren, kam ihnen Ägypten wieder attraktiv vor. Ihre negativen „Bande der Loyalität" wären fast stark genug gewesen, um sie nach kürzester Zeit in die Knechtschaft zurückkehren zu lassen. Auch nachdem Gott angefangen hatte, sie mit Manna zu versorgen, beklagten sie sich immer wieder: „Wie schön war es doch in Ägypten! Da konnten wir Fische essen und mußten nicht einmal dafür bezahlen. Wir hatten Gurken und Melonen, Lauch, Zwiebeln und Knoblauch. Aber hier gibt es tagaus, tagein nichts als Manna. Das bleibt einem ja allmählich im Hals stecken!" (4. Mose 11,5f.). Aus irgendeinem Grunde sieht die Knechtschaft anders aus, nachdem wir einmal frei geworden sind. Vielleicht schrien und stöhnten wir unter unserer Last. Haben wir aber unsere vertraute Gefängniszelle verlassen, kommt sie uns recht attraktiv vor.

Wahrscheinlich hat jeder schon einmal etwas Ähnliches erlebt. Haben Sie vielleicht früher einen Freund oder eine Freundin gehabt, mit dem oder mit der sie sich nach einiger Zeit nicht mehr verstanden haben? Nachdem Sie Schluß gemacht hatten, sagten Sie sich womöglich: „Mann, ich weiß wirklich nicht, was ich an ihm (oder ihr) gefunden habe!" Aber einige Wochen oder Monate später hielten Sie Rückschau und konnten sich des Gedankens nicht erwehren: „Eigentlich war unsere Beziehung gar nicht so übel. Ob es nicht besser wäre, wir würden wieder miteinander gehen?"

Männer wie Frauen sind seit dem Sündenfall so veranlagt, daß sie immer wieder zu ihren früheren Bindungen zurückkehren und vor neuen Wegen Angst haben. Wir mögen uns in unserer gegenwärtigen Lebenslage unglücklich fühlen, doch kennen wir uns wenigstens darin aus. Unsere Schuhe sind voller Löcher und halten unsere Füße längst nicht mehr warm, doch „sitzen sie so bequem"!

Wer darangeht, sich von früheren Verhaltensgewohnheiten zu befreien, der braucht vor allen Dingen Mut. Es braucht Mut, unsere Eltern und ihren Erziehungsstil mit ehrlichen Augen zu betrachten. Es braucht Mut, begangene Fehler zuzugeben und die Familie mit falschen Entwicklungen zu konfrontieren, ohne dabei Eltern oder Geschwister zu entehren. Es braucht nur Selbstzufriedenheit, um alles beim alten zu lassen[1].

2. *Unsere Angst läßt uns Entscheidungen auf die lange Bank schieben.*

Warum zögern so viele Menschen notwendige Konfrontationen und längst überfällige Veränderungen hinaus? Ein zweiter Grund ist der, daß sie, wie der römische Statthalter Felix, Angst vor Veränderungen haben – und diese Angst läßt sie Entscheidungen, von deren Richtigkeit sie überzeugt sind, auf Armeslänge vor sich herschieben.

Der römische Statthalter Felix führte ein unmoralisches Leben. Er ließ seinen Bruder töten, damit er seine Schwägerin heiraten konnte. Aber bekannt wurde er als einer der größten Zauderer aller Zeiten. Als der Apostel Paulus ihn auf notwendige Veränderungen in seinem Leben hinwies, verschloß er sich vor diesen aus Angst, und Zaudern machte sich in ihm breit. „Felix ... ließ Paulus kommen und hörte ihn über den Glauben an Christus Jesus. Als aber Paulus von Gerechtigkeit und Enthaltsamkeit und von dem zukünftigen Gericht redete, erschrak Felix und antwortete: ‚Für diesmal geh! Zu gelegener Zeit will ich dich wieder rufen lassen'" (Apostelgeschichte 24,24f.).

Vielleicht sind Ihnen während Ihrer Lektüre der Bibel oder des vorliegenden Bandes – oder eines anderen christlichen Buches – die Augen aufgegangen. Einige unserer Leser haben sicherlich zum erstenmal gemerkt, daß ihre Bewegungsfreiheit durch negative „Bande der Loyalität" eingeschränkt wird. Vielleicht haben Sie sich in einer der Geschichten, die wir erzählt haben, wiedererkannt, haben es jedoch nicht gewagt, sich Ihrer Vergangenheit zu stellen oder damit aufzuhören, Ihre Eltern zu entehren. Vielleicht ist Ihnen klargeworden, daß ein bestimmter Aspekt Ihres Verhaltens gegenüber Ihren Kindern ihnen ein niedriges Selbstwertgefühl vermittelt oder sie konfus macht, doch haben Sie die erforderliche Umstellung immer wieder hinausgezögert. Warum schieben wir notwendige Veränderungen auf die lange Bank? Weil wir Angst haben.

Jim hätte wirklich gern mit seinem Vater über ihre früheren Schwierigkeiten gesprochen, doch fürchtete er sich vor der Reaktion, die er mit einem solchen Gespräch auslösen könnte. Martha wußte, daß sie ihre Geschwister nicht anschreien sollte, aber wenn sie sich diesem Problem stellte, wäre sie möglicherweise gezwungen, auch andere Probleme ans Licht zu bringen, und sie hatte Angst davor. Gretta war es müde, in ihrer Familie den Sündenbock abzugeben, aber ihre Angst hinderte sie daran, ihre Verletzung offen an den Tag zu legen. Es fällt niemandem leicht, negative „Bande der Loyalität" aufzudecken. Es geht uns grundsätzlich gegen den Strich.

Schmerzliche Erinnerungen. Vor einigen Jahren hat man bei einer aufschlußreichen Studie ein Verständnis dafür zu gewinnen versucht, wie Erinnerungen an vergangene Ereignisse im Gehirn gespeichert werden. Mit Hilfe elektrischer Impulse aktivierten die Forscher gewisse Teile des Gehirns, von denen sie annahmen, sie würden Erinnerungen „enthalten". Zu ihrem Ergötzen konnten viele Versuchspersonen sich daraufhin Erinnerungen von frappierender Deutlichkeit ins Gedächtnis zurückrufen, auch an Begebenheiten, die sich vor vielen Jahren zugetragen hatten. Indessen stellte sich im weiteren Verlauf des Experiments eine unerwartete Nebenwirkung ein. Immer wenn die Versuchspersonen sich eine Begebenheit ins Gedächtnis zurückriefen, erlebten sie von neuem die mit der Erinnerung verbundenen Gefühle. Diese Gefühle waren zeitweise so schmerzlich, daß die Versuchspersonen eine Weiterführung des Experiments ablehnten.

Viele Menschen fürchten sich, über die Vergangenheit zu sprechen, weil ihre Erinnerungen von allzu schmerzlichen Gefühlen begleitet werden. Und doch: Negative Verhaltensmuster und Bindungen verlieren ihre Macht nur da, wo sie aufgedeckt und offen angegangen werden.

3. Veränderungen stellen sich nicht von selbst ein.

Einigen unter unseren Lesern fällt es schwer, sich von negativen „Banden der Loyalität" zu lösen, weil sie sich an den damit verbundenen Schmerz gewöhnt haben, anderen wiederum, weil ihnen die Angst vor Veränderungen in den Gliedern sitzt und sie fällige Entscheidungen immer wieder hinausschieben. Aber es gibt noch einen dritten Grund, warum notwendige Veränderungen manchmal nicht vollzogen werden. Viele Menschen wiederholen schädliche Verhaltensmuster, weil sie der Meinung sind, diese würden irgendwann einmal von selbst verschwinden. Sie sind überzeugt: Wenn sie nur so weitermachen wie bisher, wird ihnen das Glück in den Schoß fallen. Obwohl sie die Angel seit Jahren an der gleichen Stelle auswerfen, ohne auch nur einen einzigen Fisch zu fangen, bilden sie sich ein, sie würden irgendwann den Fang ihres Lebens machen.

Stellen Sie sich einen Augenblick vor, Sie beobachten, wie jemand vor einem Fernsehgerät sitzt und gespannt auf den Beginn seiner Lieblingssendung wartet. Bei näherem Hinsehen merken Sie, daß der Bildschirm, den er anstarrt, dunkel bleibt. Der Fernseher ist überhaupt nicht an den Strom angeschlossen! Sie machen ihn darauf aufmerksam, er aber antwortet folgendermaßen: „Lassen Sie mich damit in Ruhe! Als ich das letztemal hier saß, funktionierte das Gerät einwandfrei. Sicherlich muß es erst warm werden."

Was hat das mit Leuten zu tun, die Verhaltensänderungen vor sich herschieben? Nun, in unserer Seelsorgepraxis wird uns immer wieder deutlich, daß viele Menschen überzeugt sind, Veränderungen würden sich von selbst einstellen. Sie wollen zwar, daß einiges in ihrem Leben anders wird, sind jedoch nicht bereit, selbst irgend etwas zu diesem Wandel beizutragen. Sie sind wie der Mann, der gespannt vor dem Bildschirm sitzt und vergeblich auf die Sendung wartet. Sie meinen, ein guter Wille und langes Warten würden ausreichen, um notwendige Veränderungen herbeizuführen.

Aus seelsorgerischer Sicht ist es durchaus sinnvoll, Menschen aufzufordern, Veränderungen am eigenen Verhalten vorzunehmen. Deshalb werden heute so viele Eheseminare und Kurse über spirituelles Wachstum abgehalten. Die Besucher solcher Seminare zahlen beträchtliche Summen, um sich zu Verhaltensänderungen motivieren zu lassen. Doch werden sie nur selten über einen längeren Zeitraum hinweg betreut und für ihre Lebensführung zur Rechenschaft gezogen. Aus diesem Grunde sind bleibende Veränderungen rar. Und deshalb legen wir bei den von uns geleiteten Seminaren großen Wert auf die Nacharbeit in kleinen Gruppen.

Tatsache ist, daß Veränderungen sich nicht von selbst einstellen. Wer sich nicht vom Fleck rührt, sondern zuläßt, daß er von Vater oder Mutter manipuliert wird, der wird ebenso wie der betreffende Elternteil sein Leben lang unter den negativen Folgen zu leiden haben[2].

Darryl DelHousaye, der großartige Pastor unserer Kirchengemeinde, macht uns in seinen Predigten immer wieder darauf aufmerksam, daß nach biblischem Verständnis „stets der Stärkere die Versöhnung in die Wege leitet“. Um mit Ihren Problemen fertigzuwerden, müssen Sie stark sein. Andernfalls sind Sie mit einem Menschen zu vergleichen, der darauf wartet, daß seine kaputte Armbanduhr von selbst wieder heil wird. Ein solcher Mensch wird sich möglicherweise jahrelang nach der falschen Uhrzeit richten.

Wenn Sie motiviert sind, sich zu ändern, und bereit, auf vertraute Bindungen zu verzichten und Ihre Angst vor neuen Wegen aufzugeben, werden Sie jetzt wissen wollen, wie Sie damit anfangen können, Veränderungen vorzunehmen. Als erstes müssen Sie an die Quelle des Lebens „angeschlossen“ werden, aus der Sie die notwendige innere Kraft schöpfen können, um zerstörerische Verhaltensmuster aus der Vergangenheit auszuschalten.

Wir müssen ganz genau wissen, woran wir angeschlossen sind und wann der Stecker gezogen ist

Greifen wir auf ein Beispiel zurück, das wir bereits im vorigen Kapitel verwendet haben. Wir wollen unsere Gedanken mit Hilfe der Geschichte dieser einen Frau erläutern, haben aber allen Personen, aus deren Leben wir in diesem und dem vorigen Kapitel berichtet haben, den gleichen Rat erteilt.

Gretta ist die junge Frau, die in ihrer Familie den Sündenbock abgab und deshalb so entsetzlich leiden mußte. Ihre Mutter haßte sie, ihre Geschwister wiesen sie zurück. Sie wollte in ihrem Elternhaus und später auch in ihrem eigenen Leben und ihrer eigenen Familie Veränderungen vornehmen. Manchmal sehnte sie sich so sehr danach, daß sie sich abends in den Schlaf weinte. Wie konnte sie mit all den Verletzungen, die sie erfahren hatte, fertigwerden und sich von ihren negativen Bindungen losreißen?

Als sie zu uns in die Seelsorge kam, stellten wir fest, daß sie in vielerlei Hinsicht die gleichen Wünsche und Vorstellungen hatte wie jeder andere Mensch. Sie sehnte sich nach Wertschätzung, Glück, Ruhe und Zufriedenheit. Doch erlebte sie ihres negativen Familienhintergrunds wegen nichts als Zorn, Bitterkeit und Niederlagen.

Gretta kam uns vor wie eine Lampe mit nur einem Anschlußkabel. Sie hegte das verzweifelte Verlangen, ihr Leben mit positiven Gefühlen und warmem inneren Frieden zu erhellen. Sie wollte die freudige Gewißheit erleben, von ihrer Mutter bedingungslos angenommen und von ihren Geschwistern geliebt zu werden. Aber jedesmal, wenn sie versuchte, sich an ihre leibliche Familie „anzuschließen", brannte entweder die Birne nicht oder, was noch schlimmer war, sie erhielt schmerzhafte Stromschläge.

Wissen Sie, was Menschen passieren kann, die auf positives Verhalten hin Schläge bekommen, statt belohnt zu werden? Einige zumindest werden so depressiv, daß sie sich das Leben nehmen.

Wenn es schmerzt, auf einen Hebel zu drücken

Vor Jahren einmal wurde bei einer klassischen Studie das Verhalten von Mäusen untersucht. Die Mäuse wurden in Versuchskäfige eingesperrt, an deren äußerstem Ende sich ein Hebel befand, der, sobald er niedergedrückt wurde, ein Nahrungskügelchen in den Käfig fallen ließ. Da Mäuse nun einmal neugierige, unternehmungslustige Tierchen sind, dauerte es nicht lange, bis sie entweder zufällig auf den Hebel drückten oder auf ihn hinaufkletterten und auf diese Weise an ein Nahrungskügelchen herankamen. Schon nach kürzester Zeit drückten die Mäuse mit wachsender Begeisterung auf ihren Hebel, sobald sie Hunger verspürten.

Aber dann änderten die Forscher etwas an den metallenen Hebeln. Mit Hilfe von Drähten schlossen sie sie an eine große Batterie an. Jedesmal, wenn eine Maus ihren Hebel berührte, erhielt sie nicht nur ein Nahrungskügelchen, sondern zugleich einen schmerzhaften Stromschlag.

Meistens drückte die Maus trotz ihrer durch den Schmerz verursachten Verwirrung ein zweites, vielleicht auch ein drittes Mal auf den Hebel, erlitt jedoch jedesmal einen äußerst unangenehmen Stromschlag. Und was geschah weiter? Auch dann, als sie zu verhungern drohten, wollten die meisten Mäuse lieber in ihrem Käfig verenden, als noch einmal solch einen schmerzhaften Stromstoß zu riskieren. Aber das wirklich Tragische daran war, daß die Forscher mittlerweile die Batterie abgeschaltet hatten. Drückte eine Maus auf ihren Hebel, erhielt sie jetzt keinen Stromschlag mehr! Sie konnte ihn so oft niederdrücken wie nötig, um ihren Hunger zu befriedigen – doch war sie nicht bereit, sich dem vermeintlichen Schmerz noch einmal auszusetzen.

Im Lauf der Jahre hatte Gretta von ihrer Familie so viele Stromschläge versetzt bekommen, daß auch ihr danach zumute war, das Handtuch zu werfen. Gerade die Menschen, die ihr Liebe und Annahme hätten entgegenbringen sollen, hatten ihr nichts als Leid und Schmerz zugefügt, und sie dachte allen Ernstes darüber nach, sich das Leben zu nehmen.

Gretta beging nicht Selbstmord, doch war sie der Dunkelheit und der Stromschläge so überdrüssig und wünschte sich so innig einige Lichtblicke, daß sie sich an alles „anschloß", wovon sie meinte, es könne ihr Kraft und Wärme verschaffen. So versuchte sie, ihr Leben dadurch zu erhellen, daß sie es an Freundinnen, Verabredungen, die Schule, Arbeitsstellen, Wohnungen, sogar an Drogen und Alkohol anschloß. Aber jedesmal, wenn sie sich an eine dieser vermeintlichen Kraftquellen anschloß, blieb sie genauso wie vorher in ihrer dunklen Gefängniszelle eingesperrt. Zuletzt fürchtete sie, sie werde das Licht, nach dem sie sich sehnte, niemals zu sehen bekommen.

Kennen Sie vielleicht jemanden, dem es so ergeht wie Gretta? Kann es sein, daß diese Person aufgrund eines entehrenden Familienlebens voller Dunkelheit, Angst und Verzweiflung steckt und sich nach Licht, Liebe und Frieden sehnt? Hoffentlich macht sie bald die gleiche Entdeckung, die Gretta machte. Es gibt nur eine Kraftquelle, an die ein Mensch sich „anschließen" kann, um die Befriedigung zu erfahren, nach der wir alle ein so starkes Verlangen haben.

Sich an die Quelle des Lebens anschließen

Als Gretta endlich entdeckte, daß sie sich an Jesus Christus, die Quelle des Lebens, anschließen mußte, erlebte sie zum ersten Mal, wie sich ihr Leben erhellte. Durch die Liebe Jesu wurde ihr bedingungslose Annahme zuteil (Römer 8,38f.; Johannes 10,1ff.; Hebräer 13,5). In seiner Stärke fand sie die Kraft, sich trotz ihrer Umstände zu freuen (Philipper

4,11ff.; 1. Petrus 1,6ff.). Mit Jesu Hilfe fand sie in einer Kirchengemeinde Menschen, die sie vorbehaltlos liebhatten und bald zu ihrer geistlichen Familie wurden. Und sie empfing von Jesus den Frieden, der ihr bis dahin so sehr gefehlt hatte (Johannes 14,6; 1. Johannes 5,1ff.).

Vielleicht müssen auch Sie sich fragen, woran Ihr Leben angeschlossen ist. Viele Menschen bemühen sich, Dutzende von Anschlußkabeln mit sich herumzuschleppen und sich nicht nur an den Herrn, sondern auch an viele andere Dinge anzuschließen. Aber Gott hat uns mit nur einem Anschlußkabel geschaffen. Ewiges Leben und bleibende Kraft finden wir nur, wenn wir an den Herrn selbst angeschlossen sind – und an nichts anderes.

Eines Nachmittags traf Gretta bei uns im Büro eine der wichtigsten Entscheidungen, die ein Mensch jemals treffen kann. Sie schloß sich zum ersten Mal an die Quelle des Lebens an. Und im Verlauf der nächsten anderthalb Jahre traf Gretta eine tägliche Entscheidung, nur auf den Herrn zu schauen, damit er ihr Leben erhelle. Wie wir bereits an anderer Stelle erwähnt haben, muß man eine Sache 30 Tage lang konsequent durchziehen, ehe sie zur festen Gewohnheit wird. Gretta gab nicht auf, und bald entdeckte sie, daß sie sich morgens als erstes und abends als letztes sagte: „Es ist an der Zeit, mich an das anzuschließen, was Gott über mich sagt, und aus all den enttäuschenden Quellen, an die ich angeschlossen bin, den Stecker herauszuziehen, damit Licht in mein Leben kommt!“

Immer wenn sie sich dabei ertappte, auf ihren Ehemann wütend oder mit ihren Kindern ungeduldig zu werden, nahm sie sich die Zeit, sich klarzumachen, daß sie sich wieder an sie angeschlossen hatte und daß sie im Grunde versuchte, sich durch sie Befriedigung zu verschaffen. Kein Wunder, daß sie sich frustriert und enttäuscht vorkam und wieder das Gefühl hatte, einen Stromschlag versetzt zu bekommen! Ebenfalls für sie sehr wichtig war folgendes: Jedesmal, wenn sie sich an ihren Familienhintergrund erinnerte und ihr Licht deshalb nur noch schwach leuchtete, zog sie den Stecker ihres Selbstwertgefühls aus der Vergangenheit heraus und schloß sich an das an, was ihr himmlischer Vater über sie zu sagen hatte.

Dieser Gedanke ist so wichtig, daß ich (Gary) ein ganzes Buch darüber geschrieben habe[3]. Falls Sie mit ähnlichen Problemen oder mit einer ähnlichen Vergangenheit zu kämpfen haben wie die Personen, die wir hier beschrieben haben, möchten wir Sie ermutigen, einen Schritt weiterzugehen, sich an eine persönliche Beziehung zu Gott anzuschließen und aus all den enttäuschenden Erwartungen, die Sie in irgendwelche Menschen oder Dinge gesetzt haben, den Stecker herauszuziehen.

Gretta mußte anderthalb Jahre lang immer wieder die richtige Entscheidung treffen, sich an Gott anzuschließen und andere Stecker herauszuziehen, ehe sie sich von ihren früheren Verletzungen wirklich frei fühlte. Aber damit ist die Geschichte noch nicht zu Ende.

Im Alter von 51 Jahren rief Gretta bei ihrer 86jährigen Mutter an und sagte ihr zum erstenmal seit Jahren, daß sie sie liebhabe. Weil Gretta jetzt nicht mehr darauf angewiesen war, ihr Leben durch ihre Mutter erhellen zu lassen, war sie frei, sie zu lieben, ohne bestimmte Erwartungen in sie zu setzen. In der Folge empfand sie für ihre Mutter Erbarmen statt Haß und entdeckte zudem Einzelheiten aus der Vergangenheit der Mutter, die ihr vorher nicht bekannt waren. So fand sie beispielsweise heraus, daß ihre Mutter als Kind fast ständig von anderen Familienmitgliedern sexuell belästigt worden war. Gretta war schockiert, aber statt ihre Mutter zu entehren (und dadurch ihren eigenen Selbstwert herabzusetzen), traf sie die Entscheidung, sie zu ehren und ihr Wertschätzung entgegenzubringen.

„Wen wundert's, daß meine Mutter nie imstande war, mich zu lieben", erzählte uns Gretta, nachdem sie diese Entdeckung gemacht hatte. Und von diesem Zeitpunkt an wurden all die Jahre des Verletztseins und der Dunkelheit durch Liebe zum Herrn, Liebe zu ihrer Familie und sogar Liebe zu sich selbst ersetzt – eine Liebe, die sie vorher nie gekannt hatte. Wenn Gott unser Leben erhellt und uns mit seiner Liebe erfüllt, so ist dies eine Gabe, die wir anderen ohne Gegenleistung weitergeben können. Es handelt sich nicht um ein künstliches Licht, das nur angeht, wenn andere unsere Liebe „verdient" haben.

All die Menschen, deren Geschichte wir in diesem und im vorigen Kapitel erzählt haben, – Wayne, der ein Gefangener seines Pflichtgefühls war, Jim, der sich zwischen seinen Eltern hin- und hergerissen fühlte, Mark, dessen starke Familienbande ihn vom geistlichen Dienst zurückhielten, und nicht zuletzt auch Gretta – sie alle setzten sich als erstes damit auseinander, warum sie sich nicht hatten ändern können, dann schlossen sie sich an die Quelle des Lebens an. Als ihr Leben durch den Anschluß an Jesus Christus erhellt wurde, wurden sie der negativen Bindungen gewahr, die sie so lange festgehalten hatten. Dadurch bekamen sie die Freiheit, sowohl die Liebe Gottes zu empfangen als auch die innere Kraft, mit den Folgen ihrer Vergangenheit fertigzuwerden.

Das alles widerfuhr ihnen nicht über Nacht, und sie mußten auch lernen, ihren Prüfungen Positives abzugewinnen. Doch sind sie heute freier als je zuvor. Diese Freiheit resultiert daraus, daß sie an die einzige dauerhafte Quelle der Liebe, der Freude und des Friedens angeschlossen sind.

Die sechs Aspekte der Ehre, mit denen wir uns bisher befaßt haben, vermögen am Selbstbild unserer Kinder eine dauerhafte, positive Veränderung zu bewirken, aber nur, wenn der siebte Aspekt der Ehre hinzukommt. Bei diesem letzten Aspekt kommen wir zu der Kraftquelle, die wir brauchen, um zwischen den anderen Elementen ein Gleichgewicht herzustellen und sie richtig aufeinander abzustimmen, damit sie auch in unserem eigenen Leben eine bleibende Veränderung bewirken.

Anmerkungen

[1] Siehe hierzu: James Dobson, Gemeinsam oder einsam (Kehl: Edition Trobisch, 1986).

[2] Ebd.

[3] Gary Smalley, Joy that Lasts (Grand Rapids: Zondervan, 1986).

Kapitel 17

Wir bringen Gott die Ehre dar, die ihm gebührt

Eltern lehren ihre Kinder täglich, Gott entweder zu ehren oder zu verunehren, auch dann, wenn ihnen niemals irgendwelche religiöse Vokabeln über die Lippen kommen. In Dons Familie war das ganz sicher der Fall. Dons Eltern waren der Ansicht, zur Bildung gehöre neben den intellektuellen Fragen um ein „höchstes Wesen“, die in den Schulen der Oberschicht erörtert werden, auch eine gesunde Portion Skepsis. Sie interessierten sich nicht im geringsten für die organisierte Frömmigkeit und äußerten sich oft recht kritisch über die „religiösen Fanatiker“, die heute noch an Gott und die Bibel glauben. So hörte man Dons Vater wiederholt sagen: „Wir Spencers sind ohnehin erfolgreich und brauchen uns nicht auf eine emotionale Krücke zu stützen.“

Wenn man's ganz genau nimmt, interessierten sich Dons Eltern nur für das, was sie auf ihr Konto einzahlen oder womit sie im Verein angeben konnten. So lag ihnen auch nicht allzuviel an Don selbst. Woher wußte er das? Daher, daß sie ihre kostbare Zeit konsequent dem Erwerb von Geld und Prestige widmeten. Don empfand die wenigen Minuten, die sie für ihn erübrigten, wie Hohn. Immer gab es irgendein Grundstücksgeschäft, das sein Vater tätigen, oder irgendeine Veranstaltung des Kreissportverbandes, die seine Mutter besuchen mußte, und diese Dinge hinderten sie immer wieder daran, auf die tiefsten Bedürfnisse ihres einsamen Jungen einzugehen.

Don verspürte durchaus ein Verlangen nach Gott. Wie die meisten Kinder folgerte er aus seiner Betrachtung der Natur, daß es einen Urheber und Herrn der Schöpfung geben müsse (Römer 1,20). Diese Überzeugung vertiefte sich in den Gesprächen, die er mit Schulfreunden aus gläubigem Elternhaus führte. Mit den Jahren entwickelte Don ohne jegliche Ermutigung seitens seiner Eltern einen regelrechten Hunger nach Gott. Problematisch war nur der Ort, wo er diesen Hunger zu stillen gedachte. Wie viele Jungen und Mädchen, die trotz des hartnäckigen Widerstands ihrer Eltern mit einem tiefen Verlangen nach Gott aufwachsen, war Don innerlich so ausgedörrt, daß er bereit war, an jedem sich bietenden Brunnen zu trinken, auch an einem vergifteten.

Mit 17 Jahren schloß sich Don einer landesweit tätigen Sekte an, die ein intaktes Familienleben, Liebe und Annahme predigte, aber selbst Unterordnung und unbedingte Treue verlangte. Das hört sich nicht gerade anziehend an, aber Don war nur zu gern bereit, sowohl seine Beziehung zu seinen Eltern als auch seine berufliche Zukunft aufs Spiel zu setzen, um dieser Sekte beizutreten. Wie er uns später erzählte, kam er sich dort zum erstenmal wirklich wertvoll vor.

Genau wie Dons Eltern wissen viele Mütter und Väter nicht, welch einen starken Einfluß sie auf das geistliche Leben ihrer Kinder ausüben. Darum sind wir von der Vorstellung begeistert, Lesern, denen das geistliche Leben ihrer Kinder am Herzen liegt, zu erklären, wie sie mit Hilfe der bisher besprochenen Erziehungsmethoden ihre Kinder dazu bringen können, Gott einen höheren Wert beizumessen.

Wir führen unsere Kinder zur Quelle der Ehre

Wir haben uns bereits über mehrere Kapitel hinweg damit befaßt, wie wir unserer Pflicht nachkommen können, unseren Lieben Ehre entgegenzubringen. Wollen wir andere lieben und ihnen die gebührende Achtung erweisen – und ihnen beibringen, selbst ebenso zu handeln –, dann müssen wir uns als erstes vergewissern, daß unsere persönliche Beziehung zu Gott wächst und gedeiht.

Der Herr ist die Quelle aller Ehre, gewissermaßen ihr Urheber. Treten wir mit ihm in Kontakt, so wird uns die Kraft zuteil, die wir brauchen, um unsere Kinder oder andere zu lieben. Wir sind imstande, andere zu lieben, weil er uns zuerst geliebt hat (1. Johannes 4,10f.19.21). Wir vermögen andere als einen kostbaren Schatz zu behandeln, weil Gott uns so behandelt (Epheser 1,18f.). Wir räumen unseren Lieben einen besonderen Stellenwert ein, weil uns selbst ein Ehrenplatz in der Familie Gottes zuteil geworden ist (1. Johannes 3,1).

Die Heilige Schrift nennt uns nicht nur Grundsätze und Richtlinien, mit deren Hilfe wir unsere Kinder motivieren können, Gott und andere zu ehren. Sie nennt auch Vorbilder aus dem Leben, denen wir nacheifern können.

Kinder lieben Geschichten, und die Bibel erzählt immer wieder von vorbildlichen Männern und Frauen, die ihre Beziehung zu Gott als ihren kostbarsten Schatz erachteten und ihren Lieben deshalb Ehre erwiesen. So können wir unseren Kindern die Geschichte einer Frau wie Ruth nacherzählen, die ihre Schwiegermutter ehrte und in einer Zeit größter Not bei ihr blieb, als es durchaus nicht gesetzwidrig gewesen wäre, sie allein zu lassen (siehe Ruth 1,1ff.). Dann gibt es jene alttestamentlichen Heiligen, die ihre Kinder durch die Übermittlung eines besonderen Segens ehrten (1. Mose 49,1ff.), und schließlich auch Jakobus und die anderen Jünger, die das höchste Opfer brachten, weil sie ihren Glauben an den Herrn für wertvoller hielten als das Leben selbst.

Von allen großen Glaubensvorbildern ist der Herr Jesus selbst das größte. Er hat sogar denen, die seiner Zuwendung nicht würdig waren, höchste Wertschätzung entgegengebracht. Darum können wir uns von ihm inspirieren lassen, anderen mit Ehrerbietung zu begegnen und ihnen zu dienen.

Der Herr Jesus blieb mitten auf der Straße im Gedränge stehen, um den unbedeutenden Zachäus vom Baum herunterzuholen und um einer am Blutfluß leidenden Frau, die ihn im Glauben angerührt hatte, zu sagen, daß sie geheilt sei. Vor dem letzten Abendmahl legte Jesus seine Ehrenstellung ab und wusch den Jüngern die Füße. Ich (Gary) habe nur einmal erlebt, wie mir jemand die Füße wusch; für mich war dies eine der demütigendsten und ehrendsten Erfahrungen, die ich jemals gemacht habe.

Auf Golgatha ehrte Jesus seine Mutter, indem er sie der Obhut seines geliebten Freundes übergab. Er nahm sich die Zeit, auf die letzte Bitte eines gemeinen Verbrechers einzugehen, und betete um Vergebung für die Menschen, die ihn ans Kreuz genagelt hatten.

Weil unser himmlischer Vater die Entscheidung getroffen hatte, uns zu ehren und uns einen hohen Wert beizumessen, gab Jesus am Kreuz sein Leben für uns hin und öffnete so die Tür zum ewigen Leben. Niemand unter uns hat das ewige Leben und die Gnade oder das Wohlgefallen Gottes verdient, doch sind wir des stellvertretenden Opfertods Jesu wegen nicht mehr Feinde Gottes, sondern seine guten Freunde. Das hat C. S. Lewis folgendermaßen ausgedrückt:

Gott gefallen ... Teil der göttlichen Freude sein ... von Gott geliebt werden, nicht nur bemitleidet, ihn erfreuen, so wie ein Künstler sich an seinem Werk oder ein Vater sich an seinem Sohn erfreut – das erscheint uns unmöglich; unser Denken kann dies Gewicht, diese Last der Herrlichkeit kaum ertragen. Und doch wird es so sein[1].

In jedem Abschnitt des vorliegenden Buches weisen wir ausdrücklich auf bestimmte Möglichkeiten hin, unsere Kinder oder unsere Lieben zu ehren. Diese Hinweise können wir ebenso auf unsere Beziehung zu Gott anwenden.

- Wenn wir unsere eigenen Eltern ehren, gehorchen wir dem Worte Gottes, erwerben das Leben und sorgen dafür, daß es auch uns selbst gutgeht (5. Mose 5,16).
- Wenn wir in Zeiten der Prüfung bekennen, daß Gott einen besonderen Plan mit unserem Leben verfolgt, ehren wir ihn und machen uns von ihm als der Quelle des Lebens abhängig.
- Ein Verständnis unserer Stärken als Eltern kann uns anspornen, unseren Kindern und anderen besser zu dienen.
- Wie früher die Jünger Jesu, so können auch wir heute ein Gleichgewicht zwischen persönlicher Gemeinschaft mit Gott (Zugehörigkeit) und dem Dienst am Nächsten (Getrenntheit) anstreben.
- Wenn wir mit dem Worte Gottes Zeit verbringen, werden wir auf die Grenzen aufmerksam, die er um Menschen und Dinge errichtet hat, die in unserem Leben nichts zu suchen haben.
- Nehmen wir uns seine Bundesliebe zum Vorbild, so haben wir eine gute Grundlage, um positive „Bande der Loyalität" zwischen uns und unsere Kinder zu spannen.

Jeder einzelne Aspekt der Ehre sollte in unsere Beziehung zum Herrn aufgenommen werden, denn nur so können wir dem Herrn selbst näher kommen. Wenn wir die drei wichtigsten Aspekte unserer Definition von Ehre verstehen und anwenden, werden wir erleben, wie das geistliche Leben unserer Kinder blüht und gedeiht.

Wie wir aus unserer Definition von Ehre Gold gewinnen können

Ein Bild ist mehr wert als tausend Worte, insbesondere wenn es gilt, Kindern einen rechten Lebensstil schmackhaft zu machen. Folgende drei Wortbilder können uns helfen, unseren Kindern zu erklären, was es bedeutet, Gott zu ehren bzw. zu verunehren.

1. Eine „gewichtige" Lektion über die Entehrung anderer

Wie wir bereits in Kapitel 2 erklärt haben, liegt dem Begriff Unehre ein Wortbild zugrunde: „Dunst" oder „Dampf". Inwiefern vermag ein derartiges Wortbild einem Kind zu zeigen, was es bedeutet, einen anderen zu entehren? Nun, wir kennen eine kreativ denkende Mutter, die ihrer Tochter mit Hilfe gerade dieses Bildes erklärt hat, daß es das Wort Gottes entehrt, wenn man eine Freundin verletzt.

Die neunjährige Jammie wollte es unbedingt jedem recht machen. Darum ließ sie sich bei der Wahl der Gäste, die sie zu ihrer Nachthemdparty einlud, von den Ansichten ihrer Freundinnen leiten. Nun hatte Jammie eine gleichaltrige Cousine, die nicht weit von ihr entfernt wohnte und mit der sie seit Jahren gut befreundet war. Allerdings hatten sie sich in letzter Zeit auseinandergelebt, denn Jammie sah gut aus und wurde in der Schule von anderen umschwärmt, während ihre Cousine übergewichtig und deshalb bei den anderen unbeliebt war.

Jammie erwähnte ihren Schulfreundinnen gegenüber, daß sie ihre Cousine einladen wolle. „Nicht doch", antworteten diese mit großem Nachdruck, „sie ist viel zu fett!" Statt ihre Cousine zu verteidigen oder darauf zu bestehen, daß sie dabeisein müsse, stimmte Jammie unter Gekicher zu und beschloß, sie lieber nicht anzusprechen.

Als Jammies Mutter sie fragte, ob sie ihre Cousine einladen wolle, versuchte sie, das Thema zu wechseln und der Frage auszuweichen. Zu guter Letzt log sie und behauptete, ihre Cousine sei „beschäftigt" und könne nicht kommen. Aber nach der Party entdeckte Jammies Mutter zufällig, daß ihre Nichte keineswegs „beschäftigt" gewesen und sehr geknickt war, weil ihre ehemalige beste Freundin sie nicht beachtet hatte.

Jammies Mutter ist gläubig, und die Handlungsweise ihrer Tochter bereitete ihr einigen Kummer. Doch war sie klug genug, um ihrer Tochter anhand dieses Vorfalls den Unterschied zwischen ehrenden und entehrenden Worten und Taten deutlich zu machen. Da sie die buchstäbliche Bedeutung des Begriffs Unehre kannte, entschloß sie sich, sie ihrer Tochter auf kreative und überzeugende Weise zu veranschaulichen.

Als es an jenem Winterabend Zeit wurde, daß Jammie sich badete, ging ihre Mutter mit ihr zusammen ins Badezimmer und nahm dabei einen wuchtigen Briefbeschwerer aus dem Studierzimmer mit. Dann fragte sie: „Jammie, weißt du, was das bedeutet, jemanden zu ‚entehren'?" Als Jammie sagte, sie könne sich nichts darunter vorstellen, forderte ihre Mutter sie auf, nach dem Dampf zu greifen, der aus dem Wasserhahn strömte, während sie die Wanne mit heißem Wasser füllten.

„Nun, was meinst du, Jammie – wieviel wiegt der Dampf?" fragte die Mutter.

„Sicher nicht allzuviel!" rief Jammie kichernd und versuchte, eine Handvoll Dampf einzufangen.

Dann überreichte Jammies Mutter ihr den Briefbeschwerer und fragte: „Und wieviel wiegt der? Was meinst du?"

„Mindestens eine Tonne!" sagte Jammie, die den Briefbeschwerer nur mit größter Mühe mit beiden Händen festhalten konnte.

Dann erklärte die Mutter, daß das alles ein Bild war für das, was Jammie ihrer Cousine angetan hatte. „Jammie, wenn du einen anderen entehrst, behandelst du ihn wie Dunst, als wäre er so leicht wie der Dampf, der aus der Badewanne steigt. Aber wenn du einen anderen ehrst, behandelst du ihn so, als wäre er besonders wichtig oder als hätte er für dich so viel Gewicht wie der Briefbeschwerer. Liebstes, ist dir klar: Als du deine Cousine nicht zu deiner Nachthemdparty einludst und mich anlogst, hast du uns beide so behandelt, als wären wir so leicht wie der Dampf, den du vorhin einzufangen versucht hast. Darüber hinaus fordert uns das Wort Gottes auf, gerade die Menschen zu lieben, die uns vielleicht nicht so sympathisch sind, und vor allen Dingen nicht zu lügen. Du hast nicht nur deine Cousine beleidigt und mich angelogen, sondern du hast auch Gott so behandelt, als wäre er für dich ohne Gewicht. Hast du das mit deiner Handlungsweise beabsichtigt?"

Als Jammie klarwurde, was ihre Mutter mit diesen Worten sagen wollte, verwandelte sich ihr Lächeln in Tränen der Reue. Jetzt begriff sie zum erstenmal, wie ihre entehrende Handlungsweise sich auf ihre Cousine und ihre Mutter ausgewirkt und daß sie auch Gott damit entehrt hatte. Nachdem sie noch in der Badewanne tüchtig geweint hatte, bat Jammie ihre Mutter um Vergebung, betete und bat auch Gott, ihr zu vergeben. Was ihr aber am schwersten fiel: Sie ging hinunter in die Küche, rief ihre Cousine an und bat auch sie um Vergebung.

Die Bibel sagt: „Du rühmst dich des Gesetzes, entehrst aber Gott durch Übertreten des Gesetzes" (Römer 2,23; Einheitsübers.). Wenn wir wie Jammie das Wort Gottes mißachten und es wie Dunst behandeln, entehren wir Gott selbst. Je geringer die Wertschätzung ist, die wir der Bibel entgegenbringen, desto leichter fällt es uns, das gediegene Gold des Wortes Gottes wie Treibsand zu behandeln und es beiseite zu schieben, sobald es uns nicht paßt.

2. Auf der Suche nach einem kostbaren Schatz

Sie erinnern sich sicherlich noch: Hinter dem Begriff der Ehre steckt die Vorstellung, daß wir einen anderen für einen kostbaren Schatz halten und ihm in unserem Leben einen besonders hohen Stellenwert einräumen. Derartige Wortbilder und Vergleiche machen es uns wesentlich leichter, unseren Kindern anhand ganz praktischer Beispiele zu erklären, was es heißt, Gott zu lieben.

Noch während wir dieses Kapitel niederschreiben, bereiten sich die Geschäfte auf den großen Ansturm vor, der jedes Jahr zwischen Thanksgiving Day und Weihnachten zu erwarten ist. Auch daraus können wir einen Vergleich ziehen: Wenn unser Leben wie ein Kaufhaus wäre, mit welchem Preis würden wir da den Herrn Jesus auszeichnen?

Chuck Swindoll hat eine außerordentlich empfehlenswerte Theologie für Laien geschrieben: Growing Deep in the Seasons of Life[2]. Dort erzählt er die Geschichte einer Kaufhauskette, die kurz vor Weihnachten kuschelige, abwaschbare Jesus-Puppen aus Kunststoff anbot. Sie wurden komplett mit künstlichem Stroh geliefert und lagen in Kaufhäusern im ganzen Land aus. Die Idee erwies sich jedoch als Flop. Um diese Ladenhüter loszuwerden, ließ ein besorgter Zweigstellenleiter ein Schild mit folgender Aufschrift anfertigen: „JESUS, 50 % HERABGESETZT. NUR SOLANGE DER VORRAT REICHT!"

Ist das nicht bezeichnend für die Art und Weise, wie die Menschen dieser Welt mit unserem Herrn umgehen? Sie verarbeiten ihn zu einer Kunststoffpuppe und setzen ihn herab, dann versuchen sie, anderen mit unlauteren Methoden das Geld aus der Tasche zu ziehen (wie Felix, Apostelgeschichte 24,25f.; aber so oder ähnlich haben im Verlauf der Jahrhunderte viele Menschen gehandelt).

Aber von dieser Geschichte mit den Puppen einmal abgesehen: Mit welchem Preisschild würden Sie Jesus bei sich zu Hause versehen? Machen Ihre Handlungsweise und Ihre Einstellung allen deutlich, daß er bei Ihnen im Preis herabgesetzt ist – daß Sie ihm nur geringen Wert beimessen?

Sorgen Sie dafür, daß Ihre Kinder von Ihrer geistlichen Leidenschaft angesteckt werden. Kindern kann man den großen Wert des Herrn Jesus am deutlichsten am eigenen Vorbild vor Augen führen. Kinder sind die kleinen Kundschafter Gottes. Sie wissen, was man wertvoll findet, ohne daß man es ihnen sagen muß. Vielleicht sagen wir unseren Kindern, daß sie uns wichtig sind, aber wenn wir unseren Blick nicht vom Fernseher abwenden, wenn sie uns ansprechen, und ihnen keinen Augenblick liebevoll in die Augen schauen, dann wissen sie ganz genau, was uns wertvoller ist. Vielleicht sagen wir ihnen, daß unsere Beziehung zu Jesus bei uns an erster Stelle steht, beten jedoch bei Tisch nur, wenn Besuch da ist, und bleiben den Bibelstunden fern, um uns Fußballspiele anzusehen. Dadurch kommen unsere Werte zum Vorschein, und wir müssen damit rechnen, daß unsere Kinder sie als erste wahrnehmen.

Der beste Weg, unseren Kindern den hohen Wert Gottes vor Augen zu führen, ist der, unser geistliches Leben mit viel Leidenschaft zu betreiben. Eltern, die – wie wir alle von Zeit zu Zeit – auf diesem Gebiet zu kämpfen haben, empfehlen wir Gordon MacDonalds hervorragendes Buch „Zurück zur ersten Liebe“[3]. Es kann uns helfen, uns neu für das Wort Gottes zu begeistern und so Gott und anderen einen hohen Wert beizumessen. Eltern, denen es bereits gelingt, Gott Wertschätzung zu erweisen, möchten wir einen praktischen Vorschlag unterbreiten, der ihren Kindern helfen wird, den Herrn als einen kostbaren Schatz zu erachten.

Es ist eine Sache, aus einem Edelmetall wie Gold, das schon vorher gut aussieht, einen kostbaren Ring oder eine teure Halskette zu fertigen. Es ist etwas ganz anderes, aus offenkundig wertlosem Material etwas Schönes und Wertvolles herauszuarbeiten. Die Schrift nennt jedoch viele an sich unbedeutende Menschen, die Gott zu wertvollen Kreationen „verarbeitet“ hat. Wir kennen einen Vater, der seinen Kindern dieses zu erklären versuchte.

Die Kinder hatten kurz vorher ihre einzige Großmutter verloren, und der Vater wollte sichergehen, daß sie trotz dieses Verlustes keine Zweifel an der Güte oder Allmacht Gottes aufkommen ließen. Das war besonders wichtig, weil es einem der Söhne nach dem Tod der Großmutter recht schwer fiel, Gott weiterhin zu lieben oder ihm einen hohen Wert beizumessen. (Nach einem Trauerfall reagieren viele Erwachsene ähnlich.)

Wie wir bereits erwähnt haben: Es ist Kindern stets eine große Hilfe, wenn sie in Zeiten der Not die Gegenwart Gottes erleben und merken, daß man Prüfungen Positives abgewinnen kann. In diesem Fall wollte der

Vater den Kindern ein lebendiges Beispiel dafür vor Augen führen, daß Gott eine tragische Situation zum Guten wenden kann. Er rief sie also an einem Samstagvormittag zusammen und ließ sie je einen Wickensamen in einen Topf mit Blumenerde einsäen. Das machte natürlich Spaß, aber während sie dabei waren, erklärte er ihnen, was die Bibel über die Auferstehung zu sagen hat, nämlich daß unser Leib „in Niedrigkeit" gesät, aber „in Herrlichkeit" auferstehen wird (1. Korinther 15,43).

Er erklärte ihnen, daß die Samen bald sterben, eines Tages jedoch Blumenstauden hervorbringen würden. Diesen Vorgang verglich er mit dem Tod der Großmutter. Sie sei zwar dem Leibe nach gestorben und unter die Erde gebracht, doch werde Gott sie eines Tages auferwecken und ihr einen neuen, unvergänglichen Leib schenken, der so prächtig sein werde wie die schönste Blume.

Als er dies den Kindern erklärte, schienen seine Worte an dem einen Sohn, der die Schwierigkeiten hatte, abzuprallen. Er blieb jedenfalls mürrisch und verdrossen – bis sich in seinem Blumentopf das erste frische Grün zeigte. Dann erst ging ihm die Wahrheit dessen auf, was sein Vater gesagt hatte. Danach war er nicht mehr wegen des Verlustes seiner Großmutter auf Gott böse, sondern gewann eine neue Hoffnung und ein neues Verständnis für das, was ihm während der Bestattung am meisten Angst eingejagt hatte – er hatte nämlich beobachtet, wie die Urne seiner Großmutter in die Erde versenkt wurde.

Daß eine biblische Wahrheit sozusagen vor seinen Augen in die Höhe sproß, machte es diesem Jungen möglich, Gott zu ehren, denn er erkannte daran die unglaubliche Kraft Gottes, neues Leben hervorzubringen. Statt den „Preis" Gottes in der Familie herabzusetzen, nutzte ein kluger Vater die Gunst des Augenblicks, um den Wert, den seine Kinder Gott beimaßen, zu erhöhen.

Gemeinsame Gartenarbeit ist nicht der einzige Weg, unseren Kindern den Wert Gottes für ihr Leben deutlich zu machen. Wir können mit ihnen darüber nachdenken, was gemeint ist, wenn wir Jesus den „guten Hirten" nennen, oder ihnen Bibeltexte vorlesen, in denen seine unwandelbare Liebe zu uns hervorgehoben wird (Johannes 10,11ff.; 15,9f.). Schon eine einfache Schilderung des Kreuzesleidens Jesu kann Kindern anschaulich vor Augen führen, wie wertvoll sie für Gott sind, und gleichzeitig ihre Achtung vor Jesus steigern.

Wir haben uns bisher damit befaßt, daß unsere Kinder Gott höher achten, wenn sie erfahren, was es bedeutet, ihn zu entehren. Wir haben uns zudem damit beschäftigt, wie wir auch in schweren Zeiten dafür sorgen können, daß Jesus für sie ein kostbarer Schatz bleibt. Zu unserer Definition von Ehre gehört jedoch noch ein dritter Aspekt, der Ihnen ebenfalls eine Handhabe liefern kann, Ihren Kindern den hohen Wert Gottes zu zeigen.

3. Welchen Stellenwert hat Gott im Leben unseres Kindes?

Wollen Sie herausfinden, welchen Stellenwert Gott im Leben Ihrer Kinder hat, und diesen möglichst verbessern, dann empfehlen wir folgende Methode: Sofern Ihre Söhne oder Töchter bereits im schulpflichtigen Alter sind, könnten Sie sie danach fragen, welche Dinge im Leben sie für wertvoll halten. Die Antwort wird Sie vielleicht überraschen. So erging es jedenfalls Grant, als er seinem 12jährigen Sohn diese Frage stellte. Dabei fand er jedoch heraus, wie er seinem Sohn helfen konnte, Gott einen höheren Wert beizumessen.

Grants Sohn hatte eine echte Abneigung gegen die Sonntagsschule und blieb ihr an neun von zehn Sonntagen fern. Als Grant ihn nach den wichtigsten Dingen in seinem Leben fragte, stellte er fest, daß seine Beziehung zu Gott erst an sechster Stelle stand, knapp hinter dem Fernsehen.

Grant hätte sich womöglich darüber aufregen können, doch stellte er seinem Sohn statt dessen eine weitere Frage: „Wo steht deine Wertschätzung Gottes auf einer zehn Punkte umfassenden Skala, auf der die 10 für Dinge steht, denen du höchsten Wert beimißt, wie beispielsweise dem signierten Poster, der in deinem Zimmer hängt?"

„So um die 4", antwortete sein Sohn.

Statt böse zu werden oder ihm eine Strafpredigt zu halten, fragte Grant weiter: „Sohn, was müssen wir tun, damit der Wert Gottes in deinen Augen steigt?"

Ohne auch nur einen Augenblick zu zögern, antwortete der Sohn: „Ich komme mir in der Sonntagsschule so dämlich vor. Alle anderen kennen die Bibelverse, die drankommen, und wissen auch, wo sie stehen. Ich aber hasse es, wenn sie mich auffordern, sie aufzuschlagen. Es ist mir peinlich."

Für einen Jungen in diesem Alter sind peinliche Situationen in etwa so schlimm wie für einen Rechtsanwalt der Ausschluß aus der Anwaltskammer! Im Grunde war es nur die Befürchtung, die anderen Kinder könnten seine mangelnden Bibelkenntnisse spitzkriegen, die Grants Sohn davon abhielt, regelmäßig in die Sonntagsschule zu gehen.

Von da an traf sich Grant jede Woche mit seinem Sohn und ging sämtliche Verse und Lektionen mit ihm durch, die in der Sonntagsschulklasse für Kinder seines Alters dran waren. Nach mehreren Monaten konsequenten gemeinsamen Bibelstudiums begann Grants Sohn regelmäßig die Sonntagsschule zu besuchen, und Grant meinte, er sei seinem Sohn noch nie so nahe gekommen wie in den Zeiten, in denen sie gemeinsam das Wort Gottes studierten.

Ehe wir unsere Betrachtung des Begriffs „Ehre" zum Abschluß bringen, möchten wir noch eine letzte Geschichte erzählen, in der, wie wir meinen, der Kern dessen zum Ausdruck kommt, was wir in diesem Buch sagen wollen. Hier sehen wir, was für ungeheure Folgen es in einer Familie zeitigen kann, wenn ein Familienmitglied das, was er über die Ehrerbietung gelernt hat, konsequent in die Tat umsetzt.

Anmerkungen

[1] Clive Staples Lewis, Das Gewicht der Herrlichkeit. Aus dem Englischen von Barbara Trebing (Basel: Brunnen-Verlag, 1982), S. 18.

[2] Charles Swindoll, Growing Deep in the Seasons of Life (Portland: Multnomah Press, 1985).

[3] Gordon MacDonald, Zurück zur ersten Liebe. Wie Ihr geistliches Leben neue Leidenschaft bekommt. Aus dem Amerikanischen von Gabriele Niemz (Mainz-Kastel: Projektion J, 1990 [2. Aufl.]).

Kapitel 18

Ehre in Aktion

Wir haben den biblischen Begriff der Ehrerbietung erläutert und ein paar praktische Möglichkeiten aufgezeigt, wie Eltern diesen Begriff im Rahmen der Familie für sich arbeiten lassen können. Letzten Endes müssen wir aber fragen: Funktioniert das alles? Lösen wir wirklich die in diesem Buch beschriebenen Veränderungen aus, wenn wir Gott und andere ehren und mit Gottes Hilfe unseren Selbstwert steigern?

Zum Abschluß unserer Betrachtung dieses lebenverändernden Themas möchten wir die herrliche Geschichte eines Mannes erzählen, der als Heranwachsender die brutalen Folgen der Entehrung am eigenen Leib zu spüren bekam, uns jedoch voller Begeisterung von der wunderbaren Veränderung berichtete, die sich in seinem Leben und dem seiner Familie vollzog, als er damit begann, Gott, sich selbst und andere zu ehren.

Ein entehrendes Leben – eine Entscheidung für die Ehre

Denny war das älteste von fünf Kindern eines Alkoholikers. Wer in einer solchen Familie aufgewachsen ist, der weiß, daß es Trinker verschiedener Typen gibt. Einige werden passiv und verschlafen das halbe Leben. Andere werden gewalttätig und begründen ihr aggressives Verhalten im nachhinein mit ihrem Alkoholkonsum. Zum Leidwesen Dennys und seiner Schwestern vereinigte ihr Vater beide Typen in einer Person. Solange er ruhig und in sich gekehrt blieb, waren Denny und seine Schwestern vor ihm sicher. Aber sobald er anfing, wieder nüchtern zu werden, hörte er nicht auf zu toben, bis er jemanden verletzt hatte.

Seine Töchter verletzte er, indem er sie mißhandelte und sexuell mißbrauchte. Denny schlug und beschimpfte er am laufenden Band. Wie ein

Dieb, dem es vollkommen egal ist, was oder von wem er stiehlt, beraubte dieser Vater seine fünf Kinder ihrer Unschuld und ihres Vertrauens. Als Ersatz bot er ein verpfuschtes Leben und eine kaputte Zukunft.

Über die Jahre entwickelten sich Denny und seine Schwestern ganz nach dem Muster, das uns im vorliegenden Buch schon mehrmals beschäftigt hat. Sie kamen sich wertlos vor und fügten aufgrund ihrer inneren Leere sich und anderen Schaden zu. Zwei von Dennys Schwestern wurden Prostituierte, eine weitere Lesbierin. Und Denny? In seinem Leben bewahrheiteten sich die schmerzlichen Worte aus Harry Chapins rührendem Lied: „Papa, ich will so sein wie du."

Denny verfiel bereits im High-School-Alter dem Alkohol. Er haßte die Schule und hatte andauernd Streit mit Mitschülern oder Lehrern. Ein Ventil für seine Aggressionen bot sich ihm allerdings auf dem Footballfeld. Denny liebte den Football, nicht so sehr um des Spiels willen, sondern weil er ihm immer wieder Gelegenheit gab, Gegenspieler mit brutaler Gewalt und Schlägen unter der Gürtellinie fertigzumachen. Er beherrschte das Foulspiel wie kaum ein anderer und freute sich hämisch über jeden Spieler, den er hinterrücks anfallen oder mit einer Knieverletzung „ausschalten" konnte. Wäre er nicht so kräftig geraten wie sein Vater und ebensosehr von Zorn auf das Leben erfüllt, wäre er vermutlich nie ein guter Sportler geworden. Doch wurde ihm zu seiner und seiner Eltern Überraschung aufgrund seiner sportlichen Leistung ein Studienplatz an einer bekannten Universität angeboten.

Als Denny mit 18 Jahren zu Hause auszog, rechnete er nicht damit, jemals wieder zurückzukehren. Am Tag seiner Abreise war sein Vater besinnungslos betrunken, aber Denny wollte ihn ohnehin nicht sehen. Nicht daß er Angst vor ihm gehabt hätte. Noch während seines zweiten Jahres auf der High-School war Denny durch Bodybuilding und durch das Footballspielen so muskulös geworden, daß er imstande war, seinen Vater zusammenzuschlagen, was er eines Abends, als dieser der Mutter mit Gewalt drohte, wirklich tat. Sein Vater erhob nie wieder gegen ihn oder sie die Hand, obwohl Denny ihn oft dazu anstachelte; er hätte nur zu gern die Gelegenheit gehabt, seinen Vater noch einmal zu verprügeln.

Dennys Leben erinnerte ein wenig an die Geschichte vom Aschenbrödel. War abends im College ein Footballspiel angesagt, dann fühlte er sich in seiner Footballausrüstung obenauf. Aber sobald im Stadion die Lichter ausgingen, schwand sein Selbstwertgefühl ebensoschnell dahin. Und im vorletzten Studienjahr zog er sich eine Knieverletzung zu, die sowohl seinen akademischen Ambitionen als auch seinem Traum, einmal Football-Profi zu werden, ein jähes Ende bereitete. Denny hatte nichts mehr, wofür es sich zu leben lohnte; seine einzige Hoffnung war dahin.

Denny hatte während seines dritten Studienjahres eine frühere Freundin geheiratet, doch als er merkte, daß es mit seiner sportlichen Laufbahn vorbei war, wandte er sich wieder dem Alkohol zu. Nach sechsmonatigen Mißhandlungen verließ seine Frau sowohl Denny als auch das College und kehrte nach Hause zu ihren Eltern zurück. Zum Abschluß seines letzten Semesters erhielt Denny ein Diplom in Leibeserziehung – und ein Schreiben vom Rechtsanwalt seiner Frau, in dem er bestätigte, daß die Scheidung rechtsgültig war. Allerdings heiratete Denny noch einmal und frönte weitere fünf Jahre dem Alkohol, ehe er am absoluten Tiefpunkt anlangte – und die eine Tür entdeckte, durch die es ihm möglich wurde, wieder auf die Beine zu kommen.

Ein früherer Mannschaftskamerad aus der High-School-Zeit – er hatte als einziger unter Dennys alten Freunden den Kontakt nicht abreißen lassen – war in die gleiche Stadt gezogen, in der Denny jetzt wohnte. Dieser Freund strahlte Frieden und Freude aus, was er darauf zurückführte, daß er die Quelle des Lebens, Jesus Christus, kennengelernt hatte. Er lud Denny seit mittlerweile sechs Jahren immer wieder zum Gottesdienst ein, und erzählte ihm des öfteren bei einem Footballspiel oder einem gemeinsamen Frühstück von seinem christlichen Glauben. Als Denny auf dem absoluten Tiefpunkt angelangt war, brach er an einem Ostersonntag zusammen und begleitete seinen Freund zum erstenmal in die Kirche. „Schließlich ist so etwas zu Ostern üblich“, sagte er sich. Abgesehen von seiner ersten Trauung, hatte Denny keine Kirche mehr betreten, seitdem er als kleiner Junge einen Gottesdienst besucht hatte, damit er in der Softballmannschaft der Kirchengemeinde mitspielen durfte.

Denny hörte an diesem Vormittag, für ihn völlig überraschend, eine einfache Erklärung des Heilsweges. Anschließend übergab er alles, was von seinem verpfuschten Leben übriggeblieben war, dem Heiland Jesus Christus. In den darauffolgenden Jahren tat Gott eine ganze Anzahl Wunder in Dennys Leben. Der erste und größte Sieg wurde errungen, als Denny von der Notwendigkeit überführt wurde, von seiner Bindung an den Alkohol freizukommen. Nachdem er monatelang um eine Entscheidung gerungen hatte, begann er die Zusammenkünfte einer christlichen Ortsgruppe der Anonymen Alkoholiker zu besuchen.

Dann bereicherte der Herr Dennys Leben mit dem besonders kostbaren Geschenk einer gläubigen Witwe, die ihn trotz all seiner Unvollkommenheiten und seiner schrecklichen Vergangenheit liebgewann. Die

Jahre verstrichen, und ihre Ehe wurde mit mehreren Kindern gesegnet, die Denny mehr liebte, als er jemals für möglich gehalten hätte.

Nachdem Denny die Entscheidung getroffen hatte, Gott zu ehren und ihn als äußerst wertvoll zu betrachten, bestand sein zweiter Schritt darin, auch den Menschen Ehre entgegenzubringen. Früher hatte er seinen Frauen nie die gebührende Ehre erwiesen, aber jetzt lernte er, seiner Partnerin zuzuhören und ihren Bedürfnissen gegenüber sensibel zu sein. Früher wären zwischen ihm und seinen Kindern negative Bande der Loyalität entstanden; jetzt bemühte er sich, seinen Kindern eine gesunde Bindung an die Familie zu ermöglichen.

Denny gab sich über die Jahre große Mühe, seine Frau und seine Kinder zu achten und ihnen einen besonderen Stellenwert in seinem Leben einzuräumen. Dennoch gab es immer noch einen Aspekt der Ehre, dem er bisher ausgewichen war. Er hatte in all den Jahren nie den Versuch unternommen, mit seinem Vater wieder in Verbindung zu treten, obwohl er wußte, daß es eines Tages geschehen mußte. Erst im Alter von 35 Jahren rief er ihn, von mehreren Männern eines kleinen Hausbibelkreises dazu ermutigt, zum erstenmal seit über 15 Jahren wieder an. Ganz allein bei sich im Büro, nahm er den Hörer zur Hand und wählte die Nummer. Als sein Vater abnahm, sagte Denny: „Dad, hier spricht dein Sohn Denny. Ich wollte dich einfach wissen lassen, daß ich dich liebhabe." Aber ehe er weitersprechen konnte, hatte sein Vater schon aufgelegt.

Fünf Jahre später wurde Denny von neuem klar, daß er versuchen sollte, seine Beziehung zu seinem Vater ins reine zu bringen. Also rief er noch einmal an und begann das Gespräch mit den gleichen Worten wie beim vorigen Mal: „Dad, ich habe dich lieb." Aber sein Vater legte, sobald er diese Worte hörte, zum zweitenmal auf.

Zwei Jahre darauf besuchte Denny als Gast eines Mannes, mit dem er geschäftlich zu tun hatte, eine christliche Tagung. Dort lernte er ein junges Ehepaar kennen, das ihm besonders warm und herzlich vorkam. Denny hatte sein Herz ganz bestimmt nicht auf der Zunge, aber sie ließen ihn ihre Anteilnahme so deutlich spüren, daß er ihnen, noch ehe er es recht merkte, ein wenig über seine Auseinandersetzung mit seinem Vater erzählt hatte.

Am nächsten Morgen, als er zum Frühstück hinunterging, sah Denny das junge Paar in der Eingangshalle sitzen. Sie sahen so abgespannt und müde aus, daß er auf sie zuging und fragte, ob irgend etwas nicht in Ordnung sei. „Es ist nichts Schlimmes", erwiderte das Paar. „Wir sind nur die ganze Nacht aufgeblieben, um für Sie zu beten. Wir empfinden sehr stark, daß Ihr gestörtes Verhältnis zu Ihrem Vater Ihr ganzes Leben, insbesondere Ihre Beziehung zu Ihrer Frau, immer noch sehr negativ beeinflußt. Unserer Ansicht nach sollten Sie doch noch einmal versuchen, mit ihm Kontakt aufzunehmen."

Als Denny fortging, um seine Frau zu suchen, zitterte er fast. Als er sie gefunden hatte, gingen die beiden auf ihr Hotelzimmer, und Denny ließ den Anruf von der Vermittlung durchstellen. Als sein Vater sich meldete, begann Denny zu sprechen: „Dad, ich möchte, daß du weißt: Ich habe dich lieb." Ohne einen Augenblick zu zögern, legte sein Vater zum drittenmal auf.

Denny war wie benommen. Er wußte nicht, ob er heulen oder böse werden sollte. Er blieb einfach auf dem Bett sitzen, in Schweigen gehüllt, bis seine Frau ihn aufforderte, seinen Vater noch einmal anzurufen und diesmal darauf zu bestehen, daß er nicht auflege. Widerwillig tat Denny, worum seine Frau ihn bat, und ließ wieder bei seinem Vater klingeln. „Dad, leg bitte nicht auf", sagte er. „Ich möchte, daß du weißt: Ich habe dich lieb. Und ich möchte, daß du erfährst, warum."

Im Verlauf der nächsten 20 Minuten erzählte er seinem Vater, wie sehr er sich verändert habe. Er erklärte, daß er ihm jetzt vergeben und ihn ehren könne, weil ihm selbst vergeben worden sei. Sein Vater hörte zu, ohne ihn zu unterbrechen, und am Ende des Gesprächs war sich Denny sicher, das Richtige gesagt zu haben. Er hatte allerdings keine Ahnung, wie sein Vater darauf reagieren würde.

Einige Monate gingen ins Land, da bekam Denny eines Tages im Büro einen Anruf von seiner Mutter. „Denny, du solltest uns besuchen kommen. Ich glaube nicht, daß dein Vater sehr lange zu leben hat", sagte sie. Er ließ sich sofort einen Sitzplatz im Flugzeug reservieren und ging zusammen mit seiner Sekretärin daran, sämtliche Termine für die nächsten paar Tage abzusagen. Aber dann rief ihn seine Mutter noch einmal an.

„Du brauchst doch nicht zu kommen", meinte sie. „Dein Vater ist nicht auffindbar. Er ist einfach abgehauen!"

Denny fand ein paar Stunden später heraus, wohin sein Vater gegangen war, als seine Mutter noch einmal bei ihm anrief und sagte: „Eben hat sich dein Vater gemeldet. Er hat sich in ein Rehabilitationszentrum für Alkoholkranke einweisen lassen. Er wollte, daß ich dir folgendes ausrichte: Er möchte, daß du herkommst, ehe er stirbt, damit er sich mit dir über geistliche Dinge unterhalten kann. Und er möchte unbedingt nüchtern sein, wenn ihr miteinander sprecht."

Denny fuhr auch wirklich hin und hatte das freudige Vorrecht, seinen Vater zu Christus zu führen. Danach ging er mit seinem Vater in die Wohnung einer seiner Schwestern, die noch in derselben Stadt lebte wie die Eltern. Die Schwester wich ein paar Schritte zurück, als sie die beiden vor ihrer Wohnungstür stehen sah. Sie ließ sie jedoch herein, und während sie beisammensaßen, bat ihr Vater sie um Vergebung, streckte die Hand nach ihr aus und berührte sie an der Schulter. Aber sobald ihr Vater sie anrührte, beugte sie sich vor, nahm die Haltung eines Kindes im Mutterleib an und fing an zu schreien. Dann stand sie auf, verließ im Laufschritt die Wohnung und rief ihrem Vater im Gehen zu, er solle sich bei ihr nie wieder blicken lassen.

Ein paar Tage später erhielt Dennys Vater einen Brief von gerade dieser Tochter. Wir geben einige Zeilen daraus wieder:

> *Vater, daß du mich neulich in meiner Wohnung aufsuchtest, war eine hanebüchene Frechheit! Es geht nicht an, daß du zu mir kommst, um Vergebung zu predigen, nachdem du mir so viele Narben zugefügt hast. Seit Jahren bist du alles, woran ich denke – jedes Wort, jede Entscheidung, die ich treffe ...*
> *Es ist deine Schuld, daß ich Prostituierte wurde. Es ist deine Schuld, daß meine Ehe in die Brüche ging. Deinetwegen habe ich mich operieren lassen, damit ich keine Kinder bekomme – ich habe Angst vor dem, was ich ihnen vielleicht antun würde. Und du bittest mich um Vergebung? Dir kann man nicht vergeben. Dich muß man bezwingen. Ich bin fest entschlossen, die Erinnerung an dich auszulöschen – und wenn es mich den Rest meines Lebens kostet. Ruf mich nie wieder an! Komm mich nie wieder besuchen!*

Dennys Vater ist einige Monate später gestorben, doch konnte er vorher noch mit jedem der drei übrigen Kinder sprechen, sie um Vergebung bitten und diese Vergebung tatsächlich erhalten. Die eine Tochter, die nicht versöhnungsbereit war, kam zwar zur Beerdigung, ließ jedoch Denny gegenüber die Bemerkung fallen, sie habe dieses Ereignis um nichts auf der Welt verpassen wollen.

Das Geschenk der Ehre

Wir haben uns aus mehreren Gründen entschieden, das Buch mit gerade dieser Geschichte abzuschließen. Wie wir meinen, veranschaulicht sie in wunderbarer Weise sämtliche Prinzipien der Ehrerbietung. Denny war sein ganzes Leben lang entehrt worden und fühlte sich so wertlos wie

Dunst. Dennoch wurde er zum leuchtenden Beispiel dafür, daß sich die Kraft Gottes dann als wirksam erweist, wenn wir anderen das „Geschenk“ der Ehre überreichen.

Denny traf eine Entscheidung, andere zu ehren, und fing mit seiner Beziehung zu Gott an. Daraufhin empfing er sowohl eine Liebe zum Worte Gottes als auch die Kraft, den nächsten Schritt zu tun. Die Anonymen Alkoholiker und seine neuen gläubigen Freunde in der Gemeinde vermittelten ihm eine Grundlage, die es ihm möglich machte, mit der Vergangenheit zu brechen und ein starkes Familienleben aufzubauen.

Seine Frau und Kinder empfanden jetzt, da er sie ehrte, mehr Geborgenheit und Liebe, als Denny während seiner eigenen Kindheit je für möglich gehalten hätte. Und als er die Entscheidung traf, seinen Vater trotz des damit verbundenen Schmerzes zu ehren, kam es ihm vor, als hätte er das letzte fehlende Stück seines eigenen Selbstwerts entdeckt. Endlich war er von vielen Ängsten aus der Vergangenheit frei und fähig, in der Gegenwart Frieden zu verspüren.

An dieser Geschichte beeindruckt uns am meisten, daß sie so lebensnah ist. Obwohl Dennys Leben jetzt mit dem Licht Gottes erfüllt ist, gibt es in seiner Familie eine Schwester, die aufgrund ihrer Vergangenheit völlig andersgeartete Entscheidungen getroffen hat. Diese Schwester ist seit vielen Jahren unfrei, weil sie aus ihrem Verletztsein heraus die Entscheidung getroffen hat, anderen ebensowenig Wertschätzung entgegenzubringen, wie sie selbst empfangen hatte. Sie würdigt Gott herab und versucht, die dramatischen Veränderungen im Leben ihres Bruders und ihres Vaters wegzuerklären. Sie ist entschlossen, das Andenken ihres Vater nicht in Ehren zu halten, und ist deshalb weiterhin mit emotionalen und geistlichen Fesseln gebunden. Denny hingegen erlebt, wie sich aus seinen früheren Prüfungen ein Schatz nach dem anderen ergibt. Allerdings: Als er seiner Schwester diesen Gedanken nahezubringen versuchte, meinte sie, er sei nicht recht bei Trost.

Unsere Wege müssen sich jetzt trennen. Es ist uns ein Vorrecht gewesen, gemeinsam mit Ihnen den Begriff der Ehre zu untersuchen. Wir können Sie jedoch nicht länger begleiten. Wenn Sie dieses Buch schließen und aufblicken in die Augen Ihrer Kinder, Ihres Ehegatten, Ihres Herrn oder eines in weiter Ferne lebenden Elternteils, dessen Gesicht niemals aus Ihrer Erinnerung weicht, dann beginnt das wahre Leben.

Wir wissen: Gott ist würdig, „zu nehmen Preis, Ehre und Kraft" (Offenbarung 4,11). Wir wissen ebenfalls, daß wir, die wir in seinem Ebenbild geschaffen sind, aufgerufen sind, „jedermann zu ehren" (1. Petrus 2,17).

Wir beten, daß Sie nicht die leichte Straße des Vergessens und Aufschiebens einschlagen, sondern den schmalen, steilen Pfad, der Sie dahinbringen wird, das Selbstwertgefühl Ihrer Lieben aufzubauen. Sie werden unterwegs selbst dazulernen und in die Lage versetzt werden, auch Ihren Kindern zu zeigen, wie sie Gott, sich selbst und andere wirklich ehren können.

Gary Smalley / John Trent